CICÉRON

TRAITÉ DES LOIS

COLLECTION DES UNIVERSITÉS DE FRANCE
publiée sous le patronage de l'ASSOCIATION GUILLAUME BUDÉ

CICÉRON

TRAITÉ DES LOIS

TEXTE ÉTABLI ET TRADUIT
PAR
GEORGES DE PLINVAL

Cinquième tirage

PARIS
LES BELLES LETTRES
2022

Conformément aux statuts de l'Association Guillaume Budé, ce volume a été soumis à l'approbation de la commission technique, qui a chargé le R. P. Maurice Testard d'en faire la révision et d'en surveiller la correction en collaboration avec M. Georges de Plinval.

95 boulevard Raspail, 75006 Paris
www.lesbelleslettres.com

Premier tirage 1959

ISBN : 978-2-2-251-01085-4
ISSN : 0184-7155

INTRODUCTION

I

Le *de Legibvs* dans l'œuvre de Cicéron

Dans le vaste *corpus* de l'œuvre cicéronienne, les soixante-dix pages du *Traité des Lois* ne tiennent qu'une place restreinte. Gravement endommagée au cours des vicissitudes de la transmission écrite, cette œuvre mutilée, incomplète n'a pas, autant qu'elle l'aurait dû, retenu l'attention de ceux qui s'intéressent à la pensée ou au talent de l'écrivain latin. Évincé par le prestige traditionnel des plaidoyers ou des discours de combat, des grands traités de politique, d'éloquence ou de philosophie, le *de Legibus* donne l'impression d'une œuvre sacrifiée.

Ce discrédit est injustifié. Si l'on songe à la place que la Loi des XII Tables, apprise par cœur, tenait dans l'éducation, au prestige qui environnait les jurisconsultes, ces interprètes laïcs du *mos maiorum*, à l'importance que prenaient dans la vie quotidienne ou politique l'accomplissement des formalités judiciaires ou le recours aux garanties légales, on pourra mesurer toute l'étendue des enseignements que nous pourrions retirer du texte du *de Legibus*, si nous le possédions dans son intégrité. Il nous apporterait, commenté par l'une des intelligences les plus cultivées de l'antiquité, tout le trésor des lois, cet immense héritage de principes moraux, d'institutions et d'usages, *patrimonia iuris*, qui constituaient l'armature politique et sociale du peuple romain [1].

Mais s'il ne nous est pas permis d'embrasser dans son ensemble un livre qui eût ainsi exprimé en quelque sorte le génie profond de Rome, nous ne pouvons regarder avec indifférence les fragments qui subsistent — ou l'ébauche partielle qui a été réalisée — d'un travail aussi considérable [2].

Le *de Legibus* se situe parmi les écrits de la maturité de Cicéron. Rédigé selon toute vraisemblance au cours de l'été 52, il se place dans le prolongement immédiat du *de Republica* [3]. Après la grande « somme » des trois livres du *de Oratore*, dans lesquels il avait exposé à larges traits sa conception de l'éloquence, Cicéron, se voyant écarté de plus en plus de la participation directe aux affaires politiques, a voulu au moins formuler les conclusions de son expérience d'homme d'État, sous forme universelle et théorique d'abord, dans les six livres du *de Republica*, puis sous forme concrète et détaillée dans le *de Legibus*.

C'est l'époque où s'associent chez lui dans un

(1) *Publica patrimonia iuris*, Cicéron, *pro Caecina*, 75. Cf. *de Orat*, I, 195-196. — Sur l'empreinte de la culture juridique sur l'esprit romain, voir : Fr. Leo, *Geschichte der römisch. Literatur*, I (Berlin, 1913), p. 22 sq ; P. Lejay, *Hist. de la Litt. latine*, t. I, p. 23-123.

(2) Le *de Legibus* a-t-il été achevé ? Question controversée. La plupart des érudits croient que l'œuvre est restée en suspens ; la composition a dû en être interrompue par le départ de Cicéron pour la Cilicie en juillet 51. Voir Sig. Haefner, *Die literarischen Pläne Ciceros* (Diss. München, 1928, p. 94-103.)

(3) *De Leg.* I, 15. Voir A. Gudeman, *Zur Chronologie von Cicero de Leg.* (*Berliner philologisch. Woch.* 1892, p. 930 ; Rudolf Hirzel, *Der Dialog*, I, Leipzig, 1895, p. 471-479. Cf. E. Kalbe, *Quibus temporibus M. T. Cicero libros de Legibus III scripserit* (Diss. Leipzig, 1934) ; M. Pohlenz, *Der Eingang von Ciceros Gesetzen*, (*Philologus*, 93, 1938, 102-127). *Contra* : C.-W. Keyes, *Am. J. of Philology* 58, 1937, p. 403-407 ; E. A. Robinson, *T. A. Ph. A.*, 71, 1940, p. 524-531 et 77, 1946, p. 321 sq. ; *The date of... de Legibus* ; M. Ruch, *Les Études classiques*, 17, 1949, p. 3-21 ; R. Phillip, art. *M. Tullius Cicero* dans la *Real-Enc.*, VII, A. 1. col. 1198, (1939).

heureux équilibre le souci de la forme littéraire et la solidité de l'inspiration ; où, sans être emporté comme il le sera plus tard dans la fièvre des vulgarisations hâtives, il sait se garder de l'imitation indiscrète des modèles trop vite assimilés et maintient au contraire, à juste raison, la valeur de son jugement personnel et les résultats de son expérience propre [1].

(1) *De Leg* II, 17. « nisi plane esse uellem meus ». — L'hypothèse tendant à reporter en 46-45 la rédaction des chapitres politiques ou philosophiques du *de Legibus* (Reitzenstein, Laudien, Lörcher : cf. *Hermès*, 46, 1911, p. 108-143 ; *Bursian Jahresber.*, 162, 1913, p. 134 sq.) ne se justifie pas. Les rapprochements établis avec *de Finibus*, *de Officiis*, voire *de Diuinatione*, n'apportent aucune preuve décisive, car « déjà s'offraient à la pensée de Cicéron les problèmes qu'il devait traiter dans ses livres postérieurs ». (E. Ciaceri, *Cicerone e i suoi tempi*, II, 1930, p. 188.) De même, on ne saurait voir dans les invectives, *de Leg.* II, 43, une sortie contre Antoine (Reitzenstein). Les allusions historiques se rapportent toutes à la période 58-52 : pouvoirs de Pompée, violences et mort ignominieuse de Clodius (printemps 52). Les idées politiques concordent avec celles exprimées dans le *pro Sestio* (respect dû au Sénat) ; enfin, les confidences de caractère privé se rapportent à des opinions ou des projets déjà récemment émis dans le *de Oratore* : rêves d'une retraite vouée à la jurisprudence (*de Leg.* I, 17 ; *de Orat.*, I, 199) ; allusions à l'évolution du talent de Roscius (*de Leg.*, I, 10-11 ; *de Orat.*, I, 254) ; exigences littéraires du genre historique (*de Leg.*, I, 5 ; *de Orat.*, II, 54-55) ; aperçu des principales écoles philosophiques dérivées de Socrate (*de Leg.*, I, 38-39 ; *de Orat.*, III, 62-68. Cf. allusions aux grands Athéniens exilés : *de Leg.*, III, 26 ; *pro Sestio*, 141-142 (le *pro Sestio* est de 56). On peut admettre que l'ouvrage a été rédigé peu après le procès de Milon au commencement de l'été 52 et peut-être lors d'un séjour à Arpinum où Cicéron aimait à se reposer. Le livre ne fut jamais édité et ne figure pas dans la liste officielle des ouvrages de Cicéron établie en 44 (*De Diuin.*, II, 1).

On s'est fondé souvent sur une lettre à Varron (*ad Fam.*, IX, 2, 5) pour dire que Cicéron a dû reprendre en 46 les pages laissées du *de Legibus* (A. Gudeman, *Berlin. philolog. Woch.*, 1892, p. 930 ; Sig. Haefner, *op. cit.*, p. 97). Mais le changement total du régime politique aurait rendu cette révision illusoire. La lettre de Cicéron nous montre seulement qu'au début de l'année 46, Cicéron, désireux de renouer avec César, lui propose ses bons offices et met à la disposition de ce dernier son expérience politique. Il comptait alors sur l'entremise de Varron pour le « raccommoder » avec le dictateur. Dans des études plus récentes mentionnées ci-dessus, p. VIII, note 3, W. Keyes, E. A. Robinson et M. Ruch s'appuyant principalement sur un fragm. de Cornelius Nepos

La formation juridique de Cicéron

Cette connaissance réelle de la matière étudiée (droit ou rhétorique), cette compétence personnelle se relèvent aussi bien dans le *de Legibus* que dans le *de Oratore*. Cicéron n'est pas un amateur : sa connaissance du droit n'a rien d'une acquisition improvisée [1].

Dès son adolescence, son père l'a placé dans l'entourage d'un grand jurisconsulte, Mucius Scévola [2]. Avant même de s'appliquer à l'éloquence, il s'est donc initié pratiquement à la complexité des consultations juridiques. Il est resté pendant toute sa carrière en liaison avec Servius Sulpicius, son condisciple de Rhodes, le maître incontesté de la science du droit [3]. Plus tard, il s'est intéressé aux débuts du jurisconsulte Trébatius, mettant une sorte de coquetterie à discuter avec lui des questions de caractère technique [4]. Il pouvait noter avec une légitime satisfaction que ce qui le distinguait des autres orateurs, simples professionnels de la parole, c'était l'étendue de sa culture générale, dans laquelle entrait — à côté de ses connaissances

(*H. R. R.*, II, 40, 17) et une allusion peu claire du *Brutus*, 4, 15, ont cru pouvoir fixer entre décembre 44 et mai 43 la rédaction du livre. Une telle hypothèse ne tient pas compte : 1° de la brouille survenue entre Marcus et Quintus Cicéron ; 2° du caractère inactuel des considérations politiques dépassées par les événements ; 3° de l'insuffisance des renseignements d'histoire philosophique donnés *de Leg.*, I, 38 (l'auteur des *Académiques* et des *Tusculanes* devait savoir qu'entre l'Académie et les Stoïciens il y avait autre chose qu'un malentendu apparent et une différence de vocabulaire). Cf. Hirzel, *op. cit.*, p. 471, n. 2.

(1) Voir Emilio Costa, *Cicerone giureconsulto*, Bologne, 1927. Cf. Laurand, *Cicéron*, 1935, p. 107-108.

(2) Cicéron, *Lael*, 1, 1 ; *Brutus*, 306 ; *de Leg.*, I, 13.

(3) *Brutus*, 150-157, Cf. *Philipp.* IX, 5, 10.

(4) *Ad fam.*, VII, 22.

philosophiques et historiques — une information très poussée du droit [1].

Depuis trente ans bientôt qu'il exerçait le métier d'avocat, il n'avait cessé d'approfondir sa science. Les causes très variées qu'il avait dû traiter l'avaient conduit à aborder les questions les plus épineuses du droit commercial, criminel, civil, administratif ou financier. Nous relèverons parmi les plaidoyers qu'il eut à prononcer et qui ressortissent de la science du droit plus encore que de l'éloquence, son premier discours, le *pro Quinctio*, de 81, où il s'agissait de démêler une question très enchevêtrée de liquidation d'intérêts dans une société ; le *de Praetura urbana*, en 70, examen critique des innovations arbitraires introduites par Verrès dans son édit officiel ; enfin, le *pro Caecina* (vers 69-68), véritable manifeste où le jeune orateur proclame à l'encontre des procédés de violence l'incontestable suprématie du droit, affirme que l'intention des parties ou du juge doit prévaloir sur les insuffisances ou les exigences iniques des textes bruts, et montre enfin que l'économie entière de la Cité repose sur le droit civil, base de toute propriété, de toute sécurité. Sans lui, il n'y a plus rien : *Etenim hoc sublato nihil est* [2].

Cicéron n'ajoutera jamais rien de plus fort à cette brillante apologie du droit. Mais précisément l'idée qu'il se fait de ce qu'il considère comme le lien essentiel de la vie sociale (*uincula non modo iudiciorum sed etiam utilitatis uitaeque communis*) [3] l'invite à ne pas confondre le droit véritable avec ce qui n'en est qu'un simulacre ou une contrefaçon. Cicéron a toujours

(1) *Brutus*, 322 : ... nemo qui ius ciuile didicisset, rem ad priuatas causas et ad oratoris prudentiam maxime necessariam.

(2) *Pro Caecina*, 70.

(3) *Ibid.*

opposé le droit souverain, fondé sur le texte des lois, l'équité et le bon sens, au droit artificiel des juristes professionnels qui n'est plus qu'un art empirique d'exploiter les textes ou les formes légales pour en tirer parti. Ainsi compris le droit perd toute sa grandeur ; il se réduit à une infinité de cas d'espèce, vulgaires ou mesquins. Ce n'est plus une science, mais une routine, une *ars litigandi* [1]. Cicéron reproche aux juristes d'avoir méconnu ou faussé l'esprit du droit, de n'avoir su garder du *mos maiorum* qu'un ritualisme exigeant et grotesque. De là les épigrammes qu'il ne leur ménage pas, et qui trouveront leur plus mordante expression dans la diatribe du *pro Murena* [2].

Mais s'il discute les prétentions des interprètes en quelque sorte patentés de la justice, Cicéron, fidèle à des traditions chères à l'esprit romain, n'en continue pas moins de placer très haut le prestige du droit [3].

Les classiques de la jurisprudence à l'époque républicaine

Quelles étaient alors « les autorités régnantes » dans la science du droit [4] ?

Sauf dans des cas très particuliers, il est probable que l'on n'utilisait plus l'ouvrage archaïque de Sextus Aelius (cos. 198) ; le vieux et sec recueil des consultations de M. Junius Brutus gardait un caractère essentiellement concret et occasionnel ; il ne renfer-

(1) *De Leg.*, I, 18. Cf. *de Orat.*, 236 : Ita est tibi iurisconsultus ipse per se nihil nisi leguleius quidam cautus et acutus, praeco actionum, cantor formularum, auceps syllabarum.

(2) *Pro Murena*, 23-30. Noter c. 27, l'accusation : nam cum permulta praeclare legibus essent constituta, ea iuris consultorum ingeniis pleraque corrupta ac depravata sunt.

(3) *De Orat.*, I, 198-199 ; 235.

(4) Cf. F. P. Bremer, *Iurisprudentiae antehadrianae quae supersunt*, I, Leipzig (Teubner), 1896.

mait que des cas d'espèce, non classés, alignés au hasard.

Le seul monument juridique qui eût la prétention d'être une encyclopédie, était l'œuvre du pontife Quintus Mucius Scévola (cos. 95), fils d'un autre Scévola, également pontife, Publius (cos. 133).

C'est le premier auteur romain qui ait entrepris la tâche écrasante de fournir en 18 livres un tableau complet du droit civil. Mais c'était une compilation plutôt qu'un exposé : au moins avait-elle ce mérite de présenter l'ébauche d'un classement méthodique. L'ouvrage de Scévola s'imposait par son ampleur exceptionnelle, par la réputation de son auteur, par le talent avec lequel il avait posé des définitions précises et dégagé des solutions qui tout en demeurant respectueuses de la tradition suppléaient à l'insuffisance des textes ou en palliaient l'intransigeante rudesse. Cette œuvre sans précédent se trouva exposée aux reproches qui atteignent toute initiative de grande envergure : on y critiqua l'absence de méthode définie, les redites nombreuses, l'archaïsme de certaines solutions. Elle n'en resta pas moins la source fondamentale de la connaissance du droit [1].

Des juristes de valeur, appartenant à des générations plus jeunes, s'efforcèrent d'adapter à des conditions économiques plus complexes et à des exigences morales plus élevées le vieux droit dont Scévola avait constitué la somme. L'un des plus célèbres fut C. Aquilius Gallus (mort en 55) qui affirma la suprématie du concept d'équité, et remédia en inventant l'action *de dolo malo* à une lacune importante du droit antérieur [2].

Mais le véritable rénovateur de la science du droit

(1) *Brutus*, 152 : iuris ciuilis magnum usum apud Scaeuolam... fuisse. Cf. Gabriel Lepointe, *Q. Mucius Scaevola*, Thèse, Paris, 1926.

(2) *De Officiis*, III, 60. Cf. *pro Caecina*, 77-78.

fut le contemporain et l'ami personnel de Cicéron, Servius Sulpicius Rufus. Les réflexions ironiques du *Pro Murena* ne sauraient atteindre l'honneur du jurisconsulte savant et du grand citoyen auquel par ailleurs Cicéron a constamment rendu hommage et dont il a fait un émouvant éloge dans la IXe Philippique. Le mérite de Servius est d'avoir procédé à une révision attentive de l'œuvre de Scévola : il a modifié ou réformé les points sur lesquels sa doctrine ne s'accordait plus avec les conditions modernes de la législation ou de la vie ; surtout il a effectué le classement — un classement rationnel — des innombrables matériaux qu'avait rassemblés son devancier. C'est là aux yeux de Cicéron le titre de gloire incomparable de Servius Sulpicius : façonné par les disciplines du stoïcisme, il a introduit la logique, la méthode dans l'enseignement du droit ; il a élevé à la dignité de science ce qui n'était encore qu'un ensemble confus [1].

Cette conception consistant à vivifier grâce à l'esprit philosophique les éléments bruts et épars de la science répondait en tous points aux vues personnelles de Cicéron [2]. Aussi s'est-il associé aux innovations heureuses de Sulpicius et il l'en a chaudement félicité. La connaissance du droit a donc pris en l'espace d'un demi-siècle un aspect tout nouveau ; d'empirique qu'elle était, elle s'est organisée ; elle est devenue rationnelle. Cette évolution intellectuelle a dû, tant bien que mal, s'harmoniser avec la situation de fait : les transformations brusques de la législation positive.

(1) *Brutus*, 150-157 ; *Philipp.*, IX, 10 : omnes ex omni aetate qui in hac ciuitate intellegentiam iuris habuerunt..., cum Ser. Sulpicio non sint comparandi. Cf. Eug. Vernay, *Servius et son école* (thèse) Lyon, 1909, p. 45-46.

(2) *De Orat.*, I, 186-191 ; II, 144-145.

La crise de la législation romaine

Dans ses dispositions essentielles, le droit romain a longtemps présenté une constance qui convenait bien à l'esprit conservateur du peuple qui l'avait conçu pour son usage. Axé sur le texte de la Loi des XII Tables, établi d'une manière générale sur un ensemble de prescriptions sanctionnées par un usage immémorial, complété par des lois ou plébiscites qui n'en avaient modifié que par fragments la structure profonde, le droit national des citoyens romains constituait encore, un siècle et demi avant l'ère chrétienne, un tout homogène, soumettant à ses règles impérieuses et étroites la condition des personnes, les modalités des héritages ou des contrats et le statut des biens. Seul il offrait à ses participants des garanties réelles dans la sécurité de leur existence familiale et la jouissance de leurs propriétés ; mais en contre-partie, il les soumettait à des prescriptions intransgressibles, à des formalités incommodes et compliquées. Or, à côté de ce droit antique et absolu, le monde romain dans sa diversité reconnaissait, au moins à l'usage de ses protégés, l'existence d'un autre droit, un « droit de fait », pourrait-on dire, aux garanties encore très relatives mais qui offrait cet immense avantage de se prêter aux combinaisons variées que pouvait suggérer une activité économique devenue plus intense et qui, en reconnaissant plus expressément la validité des dispositions spéciales prises par les contractants, assurait mieux la loyauté mutuelle des transactions et la rapidité de leur exécution.

Ce droit des étrangers, *ius peregrinum*, plus souple, enrichi par l'expérience économique et sociale acquise dans les régions évoluées de Grande-Grèce et de Sicile, était couramment mis en pratique à Rome par tous les ressortissants ou domiciliés qui, exclus du droit quiritaire, exploitaient en avantages pratiques les conséquences de cette infériorité juridique. Il vint un moment — ce fut sans doute vers l'époque des Gracques —, où les vrais Romains intéressés à des affaires de spéculation foncière ou commerciale songèrent à se dégager des formalités encombrantes du droit quiritaire pour recourir aux commodités inappréciables du droit pérégrin [1].

La brèche fut ouverte légalement par la *Lex Aebutia.* En dehors des dispositions séculaires issues de la Loi des XII Tables, du droit pontifical et du *mos maiorum*, tout un droit pratique s'édifia, qui présentait surtout un caractère commercial et simplifiait la procédure judiciaire. Si grands étaient les avantages offerts, si variées les combinaisons possibles, que désormais l'Édit du Préteur, expression du droit nouveau, devint malgré son caractère encore provisoire, l'objet fondamental des commentaires des juristes [2].

Toute l'évolution juridique du premier siècle se caractérise ainsi par l'extension progressive du droit prétorien qui se substitue dans presque tous les domaines au droit des XII Tables et au droit pontifical. C'est à peu près à l'issue de ce conflit qui avait eu pour effet de faire admettre un organisme souple, un « droit ouvert » (au lieu et place d'un système figé, cristallisé) que Servius Sulpicius et Cicéron ont essayé de faire prévaloir leurs conceptions. Il est évident que

(1) Cf. Pietro Bonfante, *Histoire du droit romain* (traduc. Carrère et Fournier), Paris, 1928, p. 302-308. J. Declareuil, *Rome et l'organisation du droit* (Bibl. de synthèse historique, I, 19).

(2) *De Inu.*, II, 19, 57-58. Cf. sur la loi Aebutia : Aulu-Gelle, XVI, 10.

le vieux *corpus* de Scévola, fondé sur d'autres données, n'était plus au courant [1].

D'autant plus que non seulement l'esprit, mais la « matière » même de la législation avait fait l'objet de modifications profondes. Déjà en 169 la Loi Voconia réglant sur des principes nouveaux le régime des successions avait marqué une date importante dans l'histoire du droit civil [2]. Mais à l'époque même où Cicéron commence à exercer son activité d'avocat, c'est presque tout l'ensemble des lois qui est remis en question, lors de la vaste réforme de Sylla (Lois Cornéliennes, 81) ; non seulement refonte des lois constitutionnelles et judiciaires, mais encore dispositions d'ordre économique (limitation des cautionnements ; principes nouveaux du droit de propriété) et pénal (confiscations, etc.) [3]. La confusion est si grande que Pompée envisage un instant l'idée de codifier en un texte unique l'ensemble des lois romaines ; le projet sera également étudié par César [4].

C'est au milieu de ces fluctuations, mû par le désir d'apporter quelque lumière dans ce chaos de textes disparates, que Cicéron s'est attelé à la tâche de présenter un exposé systématique des lois de Rome. Sans proposer expressément l'élaboration d'un code unique, Cicéron semble croire qu'il lui suffira de reprendre en termes plus clairs la teneur des lois anciennes et d'en

(1) Cf. Eug. Vernay, *Servius et son école*, p. 75-80.

(2) *De Rep.*, III, 17.

(3) Cf. Carcopino, dans *Histoire générale* de Glotz : *Histoire romaine*, t. II, p. 474-477.

(4) Isidore de Séville, V, 1, 5 : Leges... redigere in libris primus consul Pompeius instituere uoluerit, sed non persuauerit obtrectatorum metu ; deinde Cæsar coepit id facere, sed ante interfectus est. Cf. Suétone : *Diu. Iul.*, 44 : ius ciuile ad certum modum redigere atque ex immensa diffusaque legum copia optima quaeque et necessaria in paucissimos conferre libros.

bien dégager l'esprit pour dissiper les obscurités et les contradictions : obscurités, contradictions et surcharges qui sont le fait de commentateurs à courte vue et ne sont pas inhérentes à la loi dans sa nature même [1].

A LA RECHERCHE DES PRINCIPES DU DROIT

Mais pour mener à bien cette tâche explicative et coordinatrice, il faut tenir un principe, un fil directeur. Où le trouver ?

Car si la confusion réelle des lois est alors à son comble — après la réforme réactionnaire de Sylla, on a eu en 70 la réforme opposée de Pompée, puis en dernier lieu les expédients des triumvirs et l'expérience révolutionnaire de Clodius —, la confusion morale est encore plus grande. Depuis que ne pèsent plus sur les consciences et les activités la crainte des dieux et la contrainte du *mos maiorum*, il n'y a plus de doctrine, plus de principe reconnu par tous qui permette de distinguer le droit du non-droit.

Cette réalité, naguère immuable et sainte, est devenue une production annuelle, altérable et ployable au gré de tous les intérêts, dépendant en fin de compte de la seule volonté du préteur. Sa validité, limitée dans le temps, est aussi limitée dans l'espace. La décision prise par le préteur de Rome ne s'impose pas au magistrat qui gouverne en Sicile ou en Asie. Elle ne s'impose même pas à l'auteur de l'Édit qui peut se déjuger — du moins jusqu'en 67 — et l'initiative du tribun Cornélius qui obligea les préteurs à se conformer aux termes de l'édit qu'ils avaient promulgué fut assez mal accueillie [2].

(1) *De Leg.*, II, 52-53. Cf. *De Orat.*, II, 145.
(2) Commentaire d'Asconius *in Cornelianam* (*Ciceronis... orationum*

Cette conception d'un droit arbitraire choquait l'honnêteté de Cicéron. Plus exigeant que la plupart des juristes anciens, prêts à tenir pour légitime tout texte, quel qu'il fût, du moment qu'il émanait de l'autorité qualifiée ou tout au moins du peuple, source suprême, Cicéron ne croyait pas qu'une loi tirât sa force du seul fait de sa promulgation [1]. Dès le début de sa carrière il a vivement ressenti — comme tous les démocrates, d'ailleurs — le caractère illégal des mesures édictées par Sylla ; mais il ne s'est pas incliné davantage devant les injonctions de la démagogie. Lui-même en a été victime : dans le *de Legibus* retentit encore l'écho des protestations du *de Domo* contre l'arbitraire des masses [2]. Cicéron s'est toujours fait de la Loi une idée trop haute, trop grave, pour n'être pas l'ennemi des lois de violence, des lois de circonstance, des lois d'exception.

Dans ces conditions, quels sont à ses yeux les caractères de la loi véritable ou plus exactement de cet ensemble de lois fondamentales dont est composé le *ius ciuile* ? Deux définitions nous renseignent à cet égard.

« Le droit civil a pour objet le maintien, fondé sur la loi et la coutume, de droits égaux en ce qui touche les biens et intérêts des citoyens » (*De Oratore*, I, 188) [3].

« Le droit civil, c'est l'égalité organisée entre

fragmenta, ed. Klotz-Schöll, Teubner, t. VIII, 1918, p. 405). Cf. Dion XXXVI, 40.

(1) Cf. la définition classique de la loi donnée par Aelius Capito : lex est generale iussum populi aut plebis rogante magistratu. Cité par Aulu-Gelle, X, 20. Cf. *Rhet. ad Herenn.* : II, 13-19 : lege ius est id quod populi iussu sanctum est.

(2) *De Leg.*, I, 42 ; *de Domo*, 43 (Lois de Sylla) ; 68-69, lois révolutionnaires de Clodius.

(3) *De Orat.*, I, 188 : Sit ergo in iure ciuili finis hic : legitimae atque usitatae in rebus causisque ciuium aequabilitatis conseruatio.

membres d'une même cité pour la sauvegarde de leurs biens » (*Topic.* 9)[1].

On voit immédiatement les « notes » essentielles qui résultent de ces définitions : le droit civil suppose tout d'abord l'appartenance à une communauté sociale organisée (*ciuitas*) ; il implique l'égalité de ses participants (*aequabilitas*, *aequitas*) ; il a un caractère permanent qui assure la stabilité des biens et des droits reconnus[2].

Telles sont les bases mêmes de l'ordre juridique, fondement de la Cité. Bien avant le *de Legibus*, Cicéron a exalté en termes magnifiques ce faisceau de lois traditionnelles qui, en consacrant et consolidant les droits individuels, assurait la cohésion sociale et la force de l'État. « L'âme de la Cité, disait-il, son moral, sa pensée, sa sagesse, reposent sur les lois » (*Pro Cluentio*, 146)[3].

Sources philosophiques du *De Legibvs*

Mais d'où procède cet ensemble d'institutions et de principes qui forment la base de la Cité ? Le *de Inuentione* apporte à cette question une réponse catégorique. Le droit procède de la Nature : il se rattache à notre être moral, au sentiment intime que nous

(1) *Topic.*, 9 : Ius ciuile est aequitas constituta iis qui eiusdem ciuitatis sunt ad res suas obtinendas. Cf. la définition d'Aristote. *Polit.*, I, 1253 : ἡ γὰρ δίκη πολιτικῆς κοινωνίας τάξις ἐστίν.. (La justice consiste dans l'organisation de la communauté sociale.)

(2) *De Rep.*, I, 49 : Cum lex sit ciuitatis uinculum, ius autem legis aequale, quo iure societas ciuium teneri potest, cum par non sit condicio ciuium ? *De Off.*, II, 4-15 : Vrbes aedificari... ; ex quo leges moresque constituti ; tum iuris aequa discriptio certaque uiuendi disciplina. Définition de Tacite, *Ann.*, III, 27 (Loi des XII Tables) : finis aequi iuris.

(3) *Pro Cluentio*, 146 : mens et animus et consilium et sententia ciuitatis posita est in legibus.

avons de la justice ; ce n'est pas une croyance, mais une puissance innée. Autour de ce donné primitif, l'expérience du temps, le développement de la vie sociale, finalement la volonté des peuples, ont apporté leurs enrichissements, mais en définitive la loi écrite à laquelle on se réfère n'est que l'expression ultérieure, le décalque d'une loi naturelle, le produit d'une force morale réelle agissant dans la conscience humaine [1].

Quel que soit l'auteur chez qui il l'ait directement puisée, cette théorie d'un fondement naturel du droit, rattachant la légalité concrète à un principe supérieur émanant, comme eût dit Montesquieu, « de la nature des choses » — cette affirmation d'un jeune étudiant de 22 ans — restera pendant toute sa vie la conviction inébranlable de Cicéron.

Il est d'autant plus intéressant de le constater qu'elle va à l'encontre de théories couramment admises dans les milieux intellectuels du monde gréco-romain. Non seulement une fraction importante des philosophes (cyniques, épicuriens ou sceptiques), mais d'une manière générale les esprits réalistes (Polybe l'historien, le péripatéticien Dicéarque) estimaient que l'ordre social était le résultat d'une évolution historique où les hommes, fatigués de l'état primitif d'anarchie et de violence, s'étaient résignés à accepter la suprématie du plus fort et avaient peu à peu consolidé par l'appareil spécieux des lois la reconnaissance de cet état de fait [2].

(1) *De Inu.*, II, 160-161. Natura ius est quod non opinio genuit, sed quaedam in natura uis inseuit, ut religionem, pietatem, gratiam, uindicationem, obseruantiam, ueritatem. Cf. M. Pallasse, *Cicéron et les sources des droits* (Annales de l'Univ. de Lyon, III, 8), p. 19-31.

(2) Polybe, VI, 5-6. Cf. Varron, *Rer. Rust.*, I, 2, 16. Cicéron mentionne souvent Dicéarque : *ad Att.*, II, 2, 1 ; II, 12, 4 ; II, 26, 3 (toutes ces lettres remontent à 69-59). Il reviendra à l'étude de cet auteur en mai 45 (*ad Att.*, XIII, 31, 1 et 32, 2).

A l'encontre de cette interprétation empirique et matérialiste, Cicéron a toujours pensé que le droit réel inscrit dans les lois ne pouvait être que le reflet d'un droit naturel et suprême, et pour tout dire, d'un droit divin.

On sait quelle expression splendide il a donnée de cette théorie dans le *de Republica* : « Il existe une loi véritable, la droite raison, conforme à la nature, répandue parmi tous, constante et éternelle [1].... »

Mais avant d'en arriver à une conscience aussi nette de l'ordre universel, à cette notion très haute d'une loi transcendante, Cicéron avait déjà au moins pressenti que le droit reposait sur un fond moral intangible. Du *de Inuentione* au *de Republica*, l'affirmation s'exprime plus catégorique, mais elle se fait dans le même sens : le droit qui se fondait sur les principes communs et innés de la morale humaine s'insère maintenant dans une conception unitaire et totale du monde : il se rattache à la métaphysique [2].

Le droit antique, tout imbu d'observances d'origine sacrée, était bien sans doute un droit divin ; mais il s'appuyait sur une religion concrète. Après la ruine des croyances, le sentiment moral et en même temps la notion du droit risquaient de disparaître ou de ne plus garder qu'une valeur précaire, de pure utilité : Cicéron les sauve et leur trouve une justification nouvelle en les rattachant à une conception d'ensemble de l'univers.

(1) *De Rep.*, III, 33 : Est quidem uera lex recta ratio, naturae congruens, diffusa in omnis, constans, sempiterna... ; huic legi nec obrogari fas est, neque derogari aliquid ex hac licet neque tota abrogari potest, nec uero aut per senatum aut per populum solui hac lege possumus....

(2) La définition énoncée, *Philipp.*, XI, 28 : Est enim lex nihil aliud nisi recta et a numine deorum tracta ratio — constitue la formule la plus catégorique de cette conception issue du stoïcisme.

Quelle est cette conception ? Elle est d'essence stoïcienne, mais on peut admettre qu'elle a été « éclairée » en certains points par une inspiration émanant de Platon : celle d'une communauté véritable unissant l'homme à Dieu.

L'idée nous apparaît d'autant plus intéressante qu'elle s'inscrit en opposition avec les théories soutenues par d'autres penseurs illustres de l'antiquité. Pour Aristote, il ne peut exister de « lien social » que dans les collectivités formées de nature identique : Dieu aussi bien que la brute solitaire sont par lui expressément exclus de la société [1].

Pour Pythagore, au contraire, le monde était une vaste association dans laquelle pouvaient figurer simultanément la divinité, les astres, l'homme et l'animal [2].

Plus spiritualiste qu'Aristote, Cicéron croit à la possibilité d'une communion entre l'homme et la divinité ; moins superstitieux que Pythagore, il exclut l'animal de cette entente sacrée. C'est que pour lui, — indépendamment de l'hypothèse qui lui fait voir dans l'homme une création privilégiée de Dieu — la participation des uns et des autres à « la droite raison » suffit pour assurer la fédération des mortels et des dieux. La raison, source transcendentale dont la Loi universelle est l'expression, se trouve ainsi former le lien nécessaire et suffisant d'un pacte social qui englobe les habitants de la terre et du ciel [3].

On se doute bien que cette conception ne s'est pas révélée « toute armée » dans l'intelligence de Cicéron.

(1) Aristote, *Polit.*, I, 1253.

(2) Cicéron, *de Rep.*, III, 19 : unam omnium animantium condicionem iuris esse.

(3) *De Leg.*, I, 22, 23. Cf. *De Fin.*, III, 67 (pas de *uinculum iuris* avec les animaux).

L'idée d'une Loi absolue, en comparaison de laquelle les décrets des mortels s'avèrent impuissants, est vieille comme la conscience humaine [1]. De très anciennes croyances, parfois reprises par les sophistes et les rhéteurs, évoquaient un âge où les hommes et les dieux avaient vécu en relations presque fraternelles [2]. Mais tout cela manquait de précision ; on exaltait la Loi de Zeus, mais il n'était pas sûr que celle-ci fut exempte d'arbitraire ; elle était surtout la volonté du plus fort et il n'était pas prouvé qu'elle fût la plus sage et qu'elle s'identifiât nécessairement avec la raison, la modération, l'équité. La croyance à une association paisible et bienveillante entre les hommes et les dieux, ou tout au moins les héros, « fondés de pouvoir » des êtres célestes, n'était plus qu'une belle et poétique légende. Ce sont les stoïciens qui, en épurant et en interprétant ces vieilles notions morales et ces souvenirs fabuleux, leur ont conféré, à défaut d'une base positive, une valeur métaphysique compatible avec les exigences de la raison et en même temps conforme aux aspirations naturelles de l'âme.

Cependant, à nous en tenir aux textes que nous possédons, ce n'est que dans les écrits du philosophe Arius (précepteur d'Octave) qu'apparaît pour la première fois en termes aussi affirmatifs que dans le *de Legibus* la doctrine d'une Cité commune aux hommes et aux dieux, fondée sur la participation de la raison, « qui est la Loi naturelle », et soumise à l'autorité bienveillante du Dieu suprême [3].

(1) Hésiode, *Trav.*, 276-280. Sophocle, *Antigone*, 454-488 ; *Œdipe-Roi*, 863-892.

(2) Hésiode, *Trav.*, 121-126. Cf. Pindare (édit. Puech, frag. 49 ; cité par Platon, *Gorgias*, 484*b*). — Platon, *Protagoras*, 322 ; *les Lois*, IV, 713-714.

(3) *Doxographi Graeci* (H. Diels), frag. 29, (p. 464).

Encore faut-il observer que pour rester dans la ligne de l'orthodoxie stoïcienne, Arius s'empresse d'identifier à des éléments physiques (l'air ou le soleil) son Dieu souverain. Cicéron qui, en opposition avec son frère Quintus, ne s'est jamais inféodé aux « dogmes » du stoïcisme, préservé peut-être par sa culture platonicienne, s'est dérobé à cette « matérialisation » de la divinité. Grâce à quoi, il est resté plus purement « philosophe » et nous a présenté une théorie plus élevée, plus morale, que celle qu'il avait reçue de ses modèles stoïciens.

Nous est-il possible de nommer ces modèles ?

En dépit des efforts qui ont été dépensés dans ce but, il ne semble pas que l'on puisse espérer résoudre d'une manière définitive le problème assez décevant des sources de Cicéron [1]. Il faudrait pour cela posséder toute la littérature philosophique antérieure à cet auteur ; il faudrait en outre admettre que celui-ci, imitateur docile, était trop timide pour se permettre d'adapter, de coordonner, et au besoin de retoucher des thèses qu'il rencontrait chez des auteurs appartenant, ne l'oublions pas, à des écoles diverses.

Il semble acquis que Cicéron, à l'époque où il a composé le *de Republica* et le *de Legibus* n'était pas encore entré en contact direct avec les classiques du stoïcisme : Zénon [2], Cléanthe, Chrysippe. Ceux-ci

(1) C. Thiaucourt : *Essai sur les traités philosophiques de Cicéron et leurs sources grecques*, Paris 1885. R. Hirzel : *Untersuch. zu Cicero's philosophischen Schriften*, Leipzig, 1885. Reitzenstein (*Festschrift Momsen*, 1894). A. Laudien : *Die Komposition und Quelle von Ciceros I Buch der Gesetze*, *Hermes*, 46, 1911, p. 108-143. (Cf. A. Lörcher, *Bursian Jahresbericht*, 142, 1913, p. 129-144). J. Galbiati, *De fontibus M. T. Cic. librorum...* Milan, 1916. Elisa Vianello : *il Trattato delle Legi di M. T. Cic.* (*Historia*, 6, 1928, p. 121). En dernier lieu : Ph. Finger : *die drei Grundlegungen des Rechts...* (*Rheinisches Museum*, 81, 1932, p. 155-177 et 242-262).

(2) J. Von Arnim : *Stoicorum veterum frag*, 1905, praef, p. XXVII.

d'ailleurs, bien qu'ils eussent écrit des traités sur les *Nomoi*, paraissent avoir plutôt professé des principes de caractère anti-social. C'est auprès des stoïciens des deux derniers siècles, influencés eux-mêmes par le réalisme et le pragmatisme de leurs disciples romains, que Cicéron a pu s'instruire : deux noms se présentent, entre lesquels il serait téméraire de se prononcer d'une façon exclusive : Panétius et Posidonius [1].

Mais si grande que fût la célébrité de ces deux auteurs et en admettant même qu'il ait emprunté à leurs ouvrages l'argumentation de tel ou tel chapitre, ce serait, croyons-nous, une faute de ne faire entrer en ligne de compte que les sources écrites. L'enseignement direct, la transmission orale des doctrines a tenu une place capitale dans l'histoire de la philosophie ancienne. Nous ne pouvons négliger l'influence profonde que Cicéron a dû garder des six mois passés à Athènes pendant lesquels il fut l'élève d'Antiochus [2].

Plus encore qu'auprès de Diodote, son protégé et son « pensionné », qui s'était spécialisé dans les branches de la dialectique et de la géométrie, c'est auprès d'Antiochus — qui d'ailleurs n'était pas stoïcien — qu'il s'est formé cette idée estompée, corrigée, des meilleurs enseignements de la philosophie stoïcienne [3]. C'est au contact de ce maître, dont il

Cf. Ad. Dyroff, *Die Ethik der alter Stoa*, Berlin 1897, p. 364. *Contra*, Laudien et Lörcher (*Bursian Jahresb.* 162, 1913, p. 129-134).

(1) Cf. Laudien, *op. cit.*, 135-139 (*Hermes*, 46, 1911). Hirzel : *Agraphos Nomos* (*Abhandl. der Sächs. Gesch.-phil. hist.*, *Kl.*, 20, 1903, p. 27). J. Galbiati, *op. cit.* D. Labowski, *Dic Ethik der Panaitios*. Leipzig, 1936. Pauly-Wissowa, *Real Encyklop.*, XVIII, p. 435-436 (Pohlenz).

(2) Cicéron, *Brutus*, 315. Cf. Rud. Hoyer, *De Antiocho Ascalonita*, Bonn, 1883, p. 15. A. M. Laeder, *Die philosophische Persönlichkeit der Antiochos v. Askalon*. Göttingen, 1940. Sur Diodote, *Brutus* 309 ; *Tusc.* V, 113.

(3) *Brutus*, 315. Plus tard, les académiciens ont renié Antiochus

appréciait l'esprit conciliant et l'élévation de pensées jointes au charme de l'expression, qu'il a puisé les grandes lignes de sa philosophie. Les nécessités de sa carrière active ont pu le détourner d'approfondir méthodiquement les principes reçus. Ce n'est qu'après l'époque de ses grands revers qu'il versera dans la philosophie professionnelle. Mais on peut estimer que pendant le déploiement de son activité politique il a vécu sur le fonds des principes spirituels et intellectuels auxquels il avait adhéré dans l'enthousiasme de ses vingt-huit ans. Nous n'hésitons pas à voir, avec Hirzel et von Arnim, dans l'enseignement d'Antiochus la source la mieux assurée du *de Legibus* [1].

On comprendra par cela même que la doctrine exposée ne coïncide pas en tous points avec les données du stoïcisme intégral. Le *de Legibus* reste imprégné de l'esprit de Platon : de même que *la Politeia* du philosophe grec s'édifiait à la lumière des Idées, la communauté civique conçue par Cicéron se développe à l'instar et selon les lois de la Cité divine. L'appel au Dieu suprême, le choix de la raison considérée comme organe de liaison entre les participants de l'ordre universel, l'argumentation et la phraséologie viennent de l'école stoïcienne, mais l'inspiration profonde dérive de Platon.

Sources politiques

Mais s'il est légitime de voir en Platon l'un des principaux instituteurs de la pensée cicéronienne, il faut bien souligner qu'il ne s'agit que d'une influence

et lui reprochèrent d'avoir corrompu par son éclectisme la véritable doctrine de l'Académie. Saint Augustin : *Contra Academicos*, III, 41.

(1) R. Hirzel, *Der Dialog*, I, p. 471, n. 2. J. von Arnim, *Stoic. uet. frag.*, I, p. XIX. Cf. Laudien, *op. cit.*, (*Hermes*, 46, 1911, p. 135-139).

lointaine et générale. Ce n'est pas parce que les deux ouvrages politiques de Cicéron : *La République* et *les Lois*, se présentent dans la même suite et sous le même titre que les deux grands traités de Platon, que l'on serait fondé à voir dans cette ressemblance extérieure autre chose qu'un hommage littéraire rendu au plus illustre écrivain de la Grèce. Ce serait s'abuser de croire que, sous des titres identiques, ces ouvrages latins ne représenteraient qu'une adaptation ou une transposition plus ou moins libre des modèles dont ils paraissent se réclamer [1]. En réalité, — de même que le *de Republica* diffère essentiellement dans son esprit de la *Politeia* : Platon restant constamment orienté vers la métaphysique et ne procédant, même en politique, qu'à des développements de théorie pure ; Cicéron, réaliste, ne s'intéressant qu'à l'évolution politique d'un état parfaitement viable et historique — dans *les Lois*, Cicéron n'a fait à l'œuvre de son devancier que des emprunts très limités. On serait tenté de dire qu'il n'en a lu un peu attentivement que les livres I, IV et XII [2]. Il n'y avait que peu de matériaux utilisables dans cette compilation prolixe et confuse : la puérilité minutieuse d'un grand nombre de prescriptions, le continuel chevauchement des considérations morales et des consignes pratiques, l'extrême différence qui séparait les principes sociologiques et juridiques sur lesquels reposait la cité grecque et ceux qui formaient la base du grand État romain, enfin le manque de cohésion des matières

(1) *De Rep.*, I, 36 ; 70.

(2) Platon, *Les Lois* : I, 624 *b* : cadre du dialogue et origine divine des législations. Invocation aux dieux, IV, 712 (Cf. *Leg.*, II, 7 et 24) et offrande d'un cœur pur, IV, 716 *e*. Prologue des *Lois* : IV, 722 *b* (*Leg.*, II, 16). Présents offerts aux dieux : XII, 955-956 et règlements funéraires, XII, 958-959.

étudiées et l'absence étonnante d'une idée directrice ne permettaient pas à Cicéron de tirer un profit substantiel de l'ouvrage de Platon.

Mais à côté de la tentative platonicienne, l'étude des questions politiques avait donné lieu en Grèce à une abondante littérature. Les philosophes de l'Académie et du Lycée en avaient fait une branche de leurs études et, d'une manière générale, surtout sous l'impulsion d'Aristote, leurs recherches avaient pris une tournure de plus en plus positive. Cicéron énumère, au début du Livre III, les classiques de cette science : Héraclide du Pont et Aristote, Démétrius de Phalère, Théophraste et Dicéarque [1].

Il mentionne deux stoïciens : Dion, qui nous est inconnu et un auteur beaucoup plus récent, Panétius, en notant qu'une enquête détaillée portant sur le domaine politique présentait de la part des philosophes de cette école un caractère assez exceptionnel. Les fondateurs du Portique, Zénon, Cléanthe, Chrysippe, qui pourtant avaient formulé des vues d'ailleurs absolues et paradoxales sur l'origine et la structure des États, ne sont pas nommés, sans doute en raison même du caractère spéculatif de leurs affirmations [2]. Sont également passés sous silence l'historien Polybe qui avait dégagé les grandes lignes des constitutions de Carthage et de Rome, le sceptique Carnéade, dont les thèses critiques et subversives avaient fourni la matière d'une large discussion au livre III du *de Republica* ; le stoïcien « encyclopédique » Posidonius, dont pourtant Cicéron avait déjà mis à profit la vaste érudition [3]. On pourrait allonger

(1) *De Leg.*, III, 13-14, Cf. *de Fin.*, V, 11-12 (sur Théophraste).

(2) *Tuscul.*, I, 108 (Chrysippe) ; *de Fin.*, IV, 54 (Zénon).

(3) Polybe, *Hist.*, VI, 5-6 et 11-18 ; 43-58. Cf. Cicéron, *de Rep.*, I, 34 ; II, 27. Sur Carnéade, *de Rep.*, III, 21-32. Cf. *Ad Att.*, XII, 23, 2. Sur Posidonius, Pauly-Wissowa : *Real. Enc.*, XXII, 558-826 (Reinhardt).

la liste des écrivains politiques de l'antiquité. Malgré la curiosité de son esprit et l'étendue de sa culture générale, rien ne nous prouve que Cicéron se soit fait un devoir de prendre connaissance de tous ces auteurs. Même parmi ceux dont il fait mention, il n'a pas trouvé auprès de tous un profit et surtout un agrément égal. Le caractère trop systématique du traité d'Aristote peut l'avoir rebuté et il ne semble avoir utilisé les nombreuses monographies de Théophraste que comme un répertoire occasionnel de renseignements [1]. En revanche l'allure plus discursive et plus littéraire des ouvrages de Dicéarque et de Démétrius de Phalère lui a rendu plus familier le contact avec ces auteurs : à l'égard de Démétrius surtout il professe une sympathie particulière et l'admiration qu'il nourrit pour les talents de l'homme d'État procède en réalité de l'estime qu'il fait de l'orateur [2].

Mais en dehors des monuments littéraires, œuvres de philosophes, d'historiens ou d'hommes politiques, la Grèce offrait encore à l'examen de Cicéron divers ensembles législatifs fameux : lois de Lycurgue, de Solon, de Zaleucus et Charondas. Malgré le prestige traditionnel de Sparte, il n'a prêté qu'une attention médiocre aux institutions de cette cité [3]. Il ne s'intéresse aux lois de Solon et d'une manière générale aux vieilles lois d'Athènes que d'un point de vue comparatif pour y retrouver la source ou le modèle de lois analogues de Rome [4]. En revanche, les lois attribuées aux législateurs des antiques cités de la Grande Grèce

(1) Cf. *de Fin.*, V, 11-12.

(2) *Brutus*, 37. Cf. *de Fin.*, V, 54. *Orator*, 94. Sur Dicéarque, voir *supra*, p. XXI, n. 2.

(3) II, 39 ; III, 16.

(4) II, 35-36 ; 40 ; 59 ; 64-66 ; III, 46. Cicéron ne semble pas connaître la πολιτεία τῶν 'Αθηναίων d'Aristote.

ont éveillé chez lui un intérêt inattendu. Peu importe l'origine apocryphe de ces documents : il suffit que les instructions émanant de Zaleucus et Charondas, ou placées sous leur nom, aient été, à une époque ou à une autre, effectivement proposées à la vénération des habitants de Locres, de Rhégium, de Thurii. Cicéron ne s'est pas attardé au contenu proprement dit de cette législation ; mais ce qui lui en a plu, c'est l'esprit. Ce sont les dispositions générales tendant à créer dans l'âme des citoyens un élan de piété et de pureté morale (Lois de Zaleucus), dans l'atmosphère même de la cité des sentiments de discipline sociale, d'entr'aide et de concorde (Lois de Charondas). Il a apprécié dans ces codes légendaires la manière dont s'y trouvaient associés une sage fidélité aux coutumes ancestrales, le respect des rites et des dieux, la loyauté civique, l'obéissance envers les magistrats. De telles conditions morales, si souvent négligées, lui apparaissaient comme les préliminaires indispensables au fonctionnement normal des institutions de l'État [1].

Auprès des auteurs grecs, ce que Cicéron pouvait surtout recueillir, c'était des idées. En revanche les applications contingentes, historiques, dont ces auteurs lui ont donné connaissance n'offraient pour lui qu'un intérêt secondaire. C'est pour des Romains qu'il écrivait : il voulait dégager l'esprit de la légistation romaine. Les faits concrets sur lesquels il devait s'appuyer ne pouvaient guère lui être fournis que par des sources latines. De quelle nature sont-elles et pouvons-nous les identifier ?

Il est évident qu'il ne peut s'agir d'écrits philoso-

(1) II, 14-15 (Stobée, IV, 2, 19 et 24). Cf. A. Delatte, *Essai sur la politique pythagoricienne* (Liège, 1922), p. 177-202.

phiques. Cicéron sera en langue latine le premier théoricien des questions morales et politiques. Mais une vaste documentation de caractère technique avait été élaborée à Rome depuis de nombreuses générations et Cicéron ne pouvait l'ignorer.

C'est d'abord l'ensemble prodigieusement touffu des lois romaines : lois religieuses primitives dites de Numa et prescriptions antiques, dites lois royales, dont la collection hétérogène formait le *ius papirianum* ; le code des XII Tables, souvent inintelligible, périmé en maint et maint endroit, mais qui n'en demeurait pas moins le prototype vénéré du droit civil et du droit pénal ; la série souvent discordante des plébiscites de tout genre et de toute époque[1]. Puis l'abondante littérature des « interprètes », dont les « consultations » appelées à faire autorité se trouvent constamment dépassées par l'évolution des institutions et des mœurs. Doctrine auguste et d'accès laborieux, dont Cicéron pouvait prendre connaissance soit dans l'œuvre monumentale du Pontife Quintus Scévola, soit dans l'exposé critique détaillé, plus moderne, que l'on devait à la science de Servius Sulpicius. Mais en dehors de ces œuvres fondamentales, sources de droit civil, Cicéron a encore utilisé pour la connaissance du droit archaïque les recherches érudites d'Aelius Stilo[2] ; il a eu recours à des traités spéciaux de droit pontifical, de droit augural et de droit constitutionnel[3]. Cependant il serait

(1) F. P. Bremer : *Jurispr. ante-hadrian. I*, Leipzig (Teubner, 1896), p. 33 et 139.

(2) *De Orat.*, I, 193 ; Varron, *de Lingua latina*, VII, 2.

(3) Il utilisera en outre les recherches de l'augure App. Claudius Pulcher, *Brutus*, 267. Parmi les traités de droit augural, on cite : *Auspiciorum libri* de L. Julius Caesar (†en 87) (Macrob, I, 16, 29) ; *de Auspiciis*, de M. Valerius Messala, Cs. en 53 (Gell. XIII, 15) ; Traité de Appius Claudius Pulcher Cs. en 54. (Cf. *Ad fam.*, III, 9, 3).

étonnant que dès l'époque où il écrivait le *de Legibus*, il ne se fut pas trouvé à même de mettre à profit l'inépuisable expérience de Varron. On sait en quels termes enthousiastes il a rendu hommage aux bienfaits dont, comme tout Romain, il était redevable à la publication des *Antiquités humaines et divines*. Même en admettant que la publication de cette encyclopédie ne fut pas terminée en 52, une partie des quarante et un livres qui la composent devait déjà avoir été mise à la disposition du public. Cicéron n'était pas obligé de mentionner toutes ses sources ; des motifs d'ordre politique ou privé peuvent à cette époque l'avoir éloigné de Varron : ce n'était pas une raison pour ne pas profiter des avantages de son livre. De même il est bien vraisemblable que pour les pages dans lesquelles il étudiait les attributions du sénat, la réglementation des débats, la compétence des divers magistrats, Cicéron a trouvé une partie de ses informations dans l'εἰσαγωγικὸς que Varron complaisant avait rédigé sur la demande de Pompée pour initier le consul aux arcanes du droit constitutionnel[1].

La conception générale du *de Legibvs*.

Maintenant que nous voyons en gros les modèles que Cicéron a pu avoir sous les yeux, que nous savons qu'il a trouvé, dans les sources grecques, surtout des

— Traités de droit pontifical de Fabius Pictor (Aulu-Gelle, I, 12, 14 ; 10,15) et de P. Mucius Scaevola, Cs. en 33. — Comme traité de droit constitutionel, Aulu-Gelle cite : *de Potestatibus*, de Julius Gracchanus (III, 49). Le *de Officio senatorio* de M. Attius Capito, (cité *Noct. Att.*, IV, 10), est probablement postérieur.

(1) Cf. *Acad.*, I, 9. Varron au Livre XXI des *Antiquités* définissait la compétence des magistrats (Aulu-Gelle, XIII, 12). La lettre à Oppianus, citée par Aulu-Gelle, XIV, 7 où sont mentionnés les triumvirs de 41 doit être une refonte de l'εἰσαγωγικός.

principes, des considérations générales, dans les sources latines, des matériaux concrets, des textes et des informations de détail, il nous reste à savoir dans quel esprit il a effectué la synthèse de ces éléments, — en un mot, quelle a été l'idée organisatrice du *de Legibus*.

Les érudits allemands du siècle dernier ont voulu donner de ce livre une explication « dichotomique » qu'il nous paraît impossible d'accepter [1].

D'après eux, le livre que nous lisons résulterait de la fusion relativement tardive de deux desseins qui à l'origine n'avaient rien de commun. Il y aurait eu :

1° un projet de traité purement philosophique, portant sur « le droit naturel » ; ouvrage d'inspiration stoïcienne (ou peut-être « antiochéenne ») dont les considérations, dérivées de la métaphysique, auraient eu une portée universelle ;

2° un essai de classement méthodique des lois de Rome.

Ce n'est qu'au cours d'une phase secondaire de l'élaboration de son œuvre que Cicéron aurait effectué la soudure entre le traité purement spéculatif de politique transcendantale et le recueil de droit civil positif.

Une telle hypothèse ne repose sur aucun fond solide. Cicéron avait depuis son séjour à Athènes gardé un goût très vif pour la philosophie. Son expérience politique, ses revers mêmes, avaient plutôt avivé ses convictions spiritualistes. Au lieu de voir dans l'action politique un jeu de volontés concurrentes et de forces aveugles, il avait cru observer dans le déroulement des événements et le destin des individus l'intervention d'une providence intelligente et puis-

(1) A. Reifferscheid : *Kritische Beiträge* (*Rheinisches Museum*, XVII, 1862, p. 273-278). A. Laudien (*Hermes*, 1911, p. 113, 117), A. Lörcher (*Bursian Jahrsb.*, 1913, p. 133-137).

sante, la mise en œuvre d'une justice immanente sanctionnant les mérites ou les crimes [1]. Il croyait à l'immortalité de l'âme. Les déclarations du *pro Sestio* et du *pro Milone* [2], la profession de foi du songe de Scipion nous montrent que, loin d'établir une cloison étanche entre les nécessités de la politique et l'acceptation intellectuelle de tel ou tel système, il s'efforce de relier ses actes et sa doctrine. La philosophie fournit à son activité politique une justification, un réconfort et une orientation.

Mais cette attitude implique qu'il saura se garder de la spéculation pure. Conscient d'objectiver par son action et son autorité sur ses concitoyens une certaine théorie de la vie, il voit dans cette réalisation un avantage qui le rend supérieur aux philosophes exclusifs — même au plus grand d'entre eux, tel que Platon — qui n'ont pas été capables de prouver par une action politique l'efficacité réelle de leurs idées [3]. Plus tard, vers 46, Cicéron s'intéressera de plus près aux discussions de doctrine. A la date où nous sommes, il est encore trop engagé dans le jeu des forces concrètes pour avoir l'idée, qui lui eut semblé parfaitement vaine, d'écrire un traité sur la métaphysique du droit.

C'est en gardant les yeux fixés sur le réel, sur la structure authentique de l'État romain, qu'il a composé le *de Republica* ; c'est également en observant les conditions politiques et les obligations courantes de la vie juridique ou sociale du peuple romain de son époque qu'il écrira le *de Legibus* [4]. Par conséquent, la conception philosophique et le contenu positif du

(1) *Catil.*, III, 19 (cf. *de Diu.*, I, 59).
(2) *Pro Sestio*, 47 ; *pro Milone*, 83-85.
(3) *De Orat.*, I, 224.
(4) *De Leg.*, I, 17 ; II, 23 ; III, 12.

traité ne sont pas à disjoindre. L'une en est l'âme, l'autre en est la matière.

Cette « matière » n'a aucunement les caractères d'un recueil empirique. Depuis qu'il a abordé l'étude de la jurisprudence, Cicéron a été frappé par la confusion qui règne dans cet art ; il a senti la nécessité d'y introduire de la clarté, de l'ordre — et précisément ses études philosophiques lui révélaient l'existence d'une méthode applicable à tout genre de connaissances et susceptible d'y instaurer les marques de la véritable science : répartition rationnelle des questions, solidité des principes, rigueur des déductions, en un mot, la logique [1].

Le *de iure ciuili in artem redigendo*, que les anciens lui attribuent, paraît bien avoir été une première tentative en ce sens [2]. Peut-être un essai d'étudiant (à l'instar du *de Inuentione*) ou un mémento pratique que l'avocat s'était confectionné pour son usage. Mais ici nous dépassons le cadre d'un classement plus ou moins commode pour monter à la recherche des principes premiers, et cela suffit pour élever ce traité de jurisprudence jusque dans la sphère de la métaphysique.

« Traité général de la philosophie du droit, complété par un exposé organique des lois du peuple romain », telle est la définition que l'on pourrait donner du *de Legibus* et tels sont les deux objets qui ont dû simultanément se présenter à la pensée de l'auteur. L'ouvrage est le complément naturel du *de Republica* ;

(1) *De Orat.*, I, 189-192 ; II, 137-145.

(2) Quintilien, XII, 3,10 : Et M. Tullius non modo in agendo nunquam est destitutus scientia iuris, sed etiam componere aliqua de eo coeperat; Aulu-Gelle, I, 22,7. Cf. *Brutus*, 150: tantum iuris ciuilis scire uoluisse quantum satis esset oratori. Sieg. Haefner (*Die literarischen Pläne Ciceros*, p. 27) assigne, probablement à tort, la date de 55 pour la composition de cet essai.

dans cet ouvrage, la philosophie et l'observation historique avaient permis de reconnaître les fondements essentiels d'un État, de l'État romain. Dans le *de Legibus* il s'agit de passer aux applications de détail, aux modalités précises [1]. Là encore, la philosophie et la connaissance expérimentale des obligations qui s'imposent au citoyen de Rome vont servir à formuler l'énoncé de ce que doivent être des lois véritables et durables.

L'auteur s'appliquera d'un seul et même mouvement à définir les meilleures lois en soi qui sont aussi les meilleures lois de Rome. Et comme cette « précellence » ne peut se vérifier que par comparaison, il ne s'interdira pas de jeter un coup d'œil sur la législation des autres peuples, et en particulier de la Grèce. Il en résulte que le *de Legibus* devra se prêter, non parfois sans quelque embarras, à plusieurs tendances : il aura les caractères d'un traité de droit naturel et d'un traité objectif de droit romain, et, accessoirement, ceux d'un essai de droit comparé [2].

Le plan du livre

Les divisions principales de l'ouvrage résultent de la définition que nous avons donnée plus haut.

Après une large introduction générale ayant pour objet la recherche des bases philosophiques du droit (Livre premier), l'auteur devait consacrer les livres suivants à l'examen successif des diverses branches

(1) *De Leg.*, I, 15. Cf. II, 23 ; III, 12. Cicéron insiste sur l'unité de pensée dans les deux ouvrages.

(2) Droit comparé : II, 35 (Sacrifices nocturnes) ; II, 39 (Musique) ; II, 59 (Lois funéraires et tombeaux) ; II, 64, (Solon : XII Tables), III, 16 (Ephores de Sparte) ; III, 46 (Nomophylaques) ; III, 47, (accusateurs d'État).

du droit romain : le Livre II concerne le droit religieux, le Livre III le droit constitutionnel.

Ce plan logique, aux lignes clairement tracées, ne garde pas toujours dans le détail son harmonieuse simplicité. Il arrive à l'auteur de s'embarrasser dans certaines discussions, de revenir avec trop d'insistance sur des questions déjà examinées sans pour cela réussir à y projeter une clarté décisive [1]. Ajoutons que pour nous des lacunes graves interrompent la suite du raisonnement.

Le livre I : Théorie générale des lois.

Après un préambule écrit dans le style tempéré et destiné surtout à créer l'atmosphère, à préparer sans hâte le sujet, Cicéron pose en premier lieu, préalablement à tout développement, la définition essentielle de la Loi : « La loi, c'est la raison souveraine incluse dans la nature, en tant qu'elle ordonne ce qui doit se faire et proscrit le contraire [2]. »

Définition si élevée que, pour l'expliquer, il sera nécessaire de la replacer au milieu d'une description générale du monde et d'ébaucher au moins les grandes lignes d'un système de la Nature. Dans l'ordre universel, deux sortes de personnes se rencontrent, se comprennent, se trouvent en communion : la divinité et l'homme [3]. La raison est le lien qui les unit. C'est

(1) Lörcher (*Bursian Jahresb.*, 162, 1913, p. 134-135) et Laudien (*Hermes*, 46, 1911, p. 113-117) se sont plu à exagérer la discordance logique des arguments dans le Livre I et voient en particulier dans les § 18-34 un véritable « corps étranger ». Selon Laudien, ce sont les § 58-63 qui représenteraient le mieux l'expression primitive et authentique de la pensée cicéronienne. — Reprises et réitérations : I, 36 ; II, 8-12. Confusion ou interpolations, I, 33-34. Démonstrations laborieuses : I, 46, 49, 50, 56 ; II, 53-57.

(2) I, 18 : Lex est ratio summa insita in natura, quae iubet ea, quae facienda sunt, prohibetque contraria.

(3) I, 21-23.

donc une cosmologie, et en tout cas, une « anthropologie » que Cicéron se trouve amené à construire et sur laquelle il s'attarde avec complaisance [1]. De l'analyse des facultés primitives de notre âme, du sentiment inné, commun à tous les hommes, d'un certain nombre de données morales, de notre inclination naturelle à l'amitié, donc à la vie sociale [2], résultent les conditions propices et nécessaires à l'établissement d'un Droit universel et absolu.

On voit tout de suite l'envergure de la thèse ; elle s'appuie en somme sur les mêmes principes que dans le *de Republica.* Elle montre que le droit — même notre droit terrestre — est en accord parfait avec l'ordre total du Monde, et c'est à partir de la psychologie et de la morale que s'édifie l'organisation concrète et nécessaire de notre vie sociale, de notre justice.

L'affirmation est peut-être plus imposante que probante. Telle quelle, elle eût suffi à Cicéron. Mais en Grèce le développement incessant des controverses avait rendu la dialectique plus exigeante. C'est pour satisfaire aux *desiderata* des professionnels de la philosophie que Cicéron, renonçant aux agréments d'un exposé plus oratoire, va reprendre son argumentation d'une façon plus serrée et plus méthodique [3]. Il nous est difficile, par suite d'une lacune importante du texte, de reconstituer la courbe exacte de son raisonnement. Ce qui est certain c'est qu'il ne paraît pas moins compter sur le témoignage universel de la conscience que sur la force propre des combinaisons syllogistiques pour établir l'existence d'une Justice

(1) I, 24-27.
(2) I, 28-36.
(3) I, 36.

commune, unique, inaltérable [1]. Dans tout son exposé, Cicéron a reproduit en général les arguments de l'école stoïcienne. Mais il eut été bien fâché que son message ne fut compris que par les seuls tenants du stoïcisme. En réalité, étranger au sectarisme des écoles, il s'adresse à tous les penseurs qui admettent l'existence d'un Bien supérieur, distinct de l'intérêt ou du plaisir, de quelque obédience qu'ils soient, qu'ils viennent du Portique, du Lycée ou de l'ancienne Académie [2]. En dépit de divergences qu'il se plaît à considérer comme secondaires, il s'appuie sur le consentement des philosophes qui adhèrent à des réalités d'ordre spirituel pour mettre hors de conteste un certain nombre de vérités capitales [3]. Ce sont ces vérités qui constituent le patrimoine de la philosophie. Et avec un enthousiasme qui ne va pas sans emphase, Cicéron achève son exposé en faisant un éloge vibrant de la Sagesse, des joies qu'elle apporte à la conscience de l'homme et des bienfaits sociaux qu'elle lui procure : « C'est elle, dit-il en terminant, qui a fait de moi ce que je suis [4]. » C'était vrai : mais c'est à la philosophie prise en général qu'il était redevable des principes de sa formation intellectuelle aussi bien que des consolations de son existence. Il ne s'était inféodé à aucun système, et son éclectisme, loin d'être une marque de faiblesse et d'indécision, prouvait plutôt sa largeur d'esprit. En adressant ce témoignage de son admiration à la philosophie qu'il avait cultivée et aimée pour soi en dehors de toute acception d'école, de tout rétrécissement, il accomplissait sans respect humain un geste de reconnaissance, qui de la part

(1) I, 40-52.
(2) I, 38-39.
(3) I, 54-56.
(4) I, 58-63.

d'un Romain de son siècle, n'était pas dépourvu de courage.

Le livre II : Le droit religieux.

Après les longs préliminaires par lesquels il avait établi que le droit positif se trouve en dépendance étroite de la morale et de la métaphysique, Cicéron aurait pu aborder directement l'examen des branches diverses de la législation. Mais par un de ces retours fréquents dans son œuvre, comme s'il craignait de n'avoir pas assez éclairci la question et produit dans l'esprit de l'auditeur une conviction suffisante, il procède à une sorte de « rappel » ou de confirmation : non pas tant pour établir à nouveau le caractère transcendant de la Loi suprême que pour montrer que celle-ci, sur le terrain des applications, doit rester le *criterium* qui nous permet de discerner les véritables lois. Seules méritent ce nom les prescriptions qui, émanant de la raison divine, se révèlent conformes à la morale éternelle : les autres « lois » ne pouvant être que des mesures conventionnelles et variables ou même franchement injustes [1]. Et passant aussitôt à un autre point de vue, afin de créer un état d'âme plus favorable à l'acceptation de ses lois, Cicéron s'ingénie à faire naître dans l'esprit de ses concitoyens une mentalité religieuse [2].

Vient ensuite, exprimé en formules concises et intentionnellement archaïques, l'énoncé des lois relatives au culte des dieux, à l'organisation sacerdotale, aux rites et cérémonies, aux hommages dus aux Mânes et usages funéraires [3].

L'énoncé de ce « code » est suivi de l'explication plus

(1) II, 8-14.
(2) II, 15-16.
(3) II, 19-22.

ou moins développée de ses prescriptions. Deux passages surtout attirent l'attention : un échange de vues sur la valeur de la divination (premier germe d'un traité que Cicéron rédigera plus tard [1]) puis une étude très fouillée sur la transmission après décès des obligations sacrées [2]. A cette occasion, Cicéron se livre à une attaque directe du droit pontifical, proteste contre l'immixtion des pontifes dans le domaine propre du droit civil et se donne le plaisir de résoudre comme en se jouant un problème très complexe du droit héréditaire. Il vaut la peine d'étudier l'esprit assez particulier de ce livre.

Le très vieux droit romain, comme celui de tous les peuples de l'antiquité, avait été, pour ainsi dire, saturé de religion. La condition de l'individu au sein du groupe familial, les phases solennelles de son existence, l'exercice et la transmission de son pouvoir sur les personnes et sur les biens, la sauvegarde d'entités foncières et sépulcrales aux bornes intangibles, les manifestations de la vie publique et même les relations internationales, tout se trouvait depuis un temps immémorial assujetti à un ensemble de prescriptions réputées divines et placées par conséquent sous le contrôle direct des gardiens et interprètes qualifiés du vouloir même des dieux : pontifes et augures. Le droit civil privé, le droit pénal et public ne s'étaient dégagés que peu à peu et imparfaitement de ce droit religieux primitif [3].

(1) II, 32-33. (ébauche du *de Diuinatione* qui fut rédigé seulement en 44).

(2) II, 46-53. Cette question avait été probablement traitée à fond par Servius Sulpicius dans *de Sacris detestandis libr.* II, (Aulu-Gelle, VII, 12,1).

(3) Fustel de Coulanges, *La Cité Antique*, L. III, p. 218-219 ; P. F. Girard : *Manuel élémentaire de droit romain*, I, ch. 16.

Tout autre est le point de vue de Cicéron ; il pense, comme le pensaient beaucoup de ses contemporains, que le droit civil constitue un ensemble de règles autonomes, que l'état politique est souverain en son ordre, et par conséquent il est porté à voir dans toutes ces contraintes sacrées qui pèsent encore sur les relations privées ou sur les actes politiques un envahissement dû à l'ambition des pontifes, un empiètement qu'il s'efforce de limiter, de réduire [1]. Contre-sens historique, qui a pour effet d'engendrer la désaffection à l'égard des prescriptions devenues ou paraissant surannées, d'accentuer ce que l'on pourrait appeler la « déritualisation » des actes privés ou publics, et de favoriser la constitution d'un droit indépendant, laïque. L'évolution depuis longtemps commencée n'était pas arrivée à son terme, et le *de Legibus* garde bien l'empreinte d'une situation encore transitionnelle.

Dans les questions proprement théologiques, Cicéron s'en tient aux assertions les plus générales. Son ciel, ouvert aux dieux et aux grands hommes, est un Panthéon à l'usage des gens de bien [2]. Ses prescriptions relatives à l'exécution des cérémonies, au calendrier, à l'organisation sacerdotale, aux rites ordinaires ou extraordinaires ne sont pas tant dictées par un esprit de dévotion que par le sentiment conservateur qu'il faut laisser en vigueur des rites éprouvés et maintenir chaque ministre du culte — qui est en réalité un prêtre de l'État — dans ses attributions précises afin d'éviter des innovations téméraires et des fantaisies individuelles : « Que personne n'ait de dieux

(1) II, 52-53. Cf. *de Domo*, 122.
(2) II, 19 et 22. Cf. II, 27 et *pro Sestio*, 143. Sur les divinités allégoriques, Cf. *de Nat. Deor.*, II, 61.

à titre séparé, ni de nouveaux, ni d'étrangers à moins qu'officiellement admis [1]. »

Le prestige des pontifes, des augures, des féciaux demeure encore très haut, mais leur activité ne peut se déployer que dans les limites que l'État lui-même a fixées. Loin d'être le reflet de l'état d'âme antique et l'expression d'une mentalité superstitieuse, le *ius diuinum* de Cicéron tendrait plutôt à réduire l'emprise de la religion sur la Cité. Il n'y a qu'un point où l'on sent que les anciennes croyances, les anciennes terreurs même sont demeurées vivaces : c'est en ce qui touche le culte des dieux Mânes. Tandis que les rites solennels concernant le mariage, l'adoption, la célébration des mystères sont pratiquement abandonnés, tournées en dérision, violés même, les rites funéraires sont scrupuleusement observés. Les difficultés que crée la nécessité de maintenir les *sacra* lors de la transmission ou du partage des patrimoines, les offrandes présentées aux dieux Mânes, le cérémonial des funérailles, les rites expiatoires, le respect dû aux restes mortels et l'inviolabilité du lieu de sépulture, l'attention extrême que Cicéron prête aux détails de ce genre, tout cela nous prouve que, malgré l'enseignement d'Épicure, les préoccupations de l'après-mort continuaient, plus qu'on ne l'eut cru, d'inquiéter les esprits [2].

Ce n'est d'ailleurs pas pour des raisons de conformisme traditionnel que Cicéron a réservé dans ses *Lois*

(1) II, 19. Cf. II, 20 : quoque haec priuatim et publice modo rituque fiant, discunto ignari a *publicis* sacerdotibus. (Cf. II, 30). Différence essentielle avec le précepte de Piaton dans les *Lois* interdisant absolument les cultes particuliers : ἱερὰ μηδέ εἷς ἐν ἰδίαις οἰκίαις ἐκτήσθω.

(2) Cf. Columelle, *de Re rustica*, L. II ; *ad fin.*, sur les «dénicales». — Jobbé Duval : *Laruae-Lemures dans le droit et les croyances populaires des Romains*, Paris, 1924.

une place d'honneur aux obligations de caractère religieux. Lui-même est pénétré de l'idée que les dieux s'intéressent à notre comportement, qu'ils interviennent dans notre destinée en témoins, en juges et en vengeurs. Les récentes vicissitudes de son existence, le sort funeste dont ses ennemis ont été accablés ont renforcé en lui la certitude que la justice divine n'était pas un vain mot [1]. Aussi — en dépit des réserves que nous avons formulées — l'inspiration de son livre demeure vraiment religieuse. Mais il ne fait plus consister la religion dans l'accomplissement quasi mécanique de formalités compliquées, dans la soumission aveugle aux volontés et aux oracles plus ou moins obscurs de tel dieu habitant dans tel temple. Sa conception est donc bien différente de celle qui avait eu cours dans les temps primitifs : elle est plus morale, plus intellectualiste.

Le livre III : Lois politiques.

Après le statut religieux, le statut politique. Le Livre III, tableau des institutions du Peuple Romain, exprime clairement dans quel esprit objectif Cicéron a rédigé son travail. Il n'a jamais eu la pensée d'édifier dans les nuages une cité parfaite, émancipée de toute dépendance à l'égard des conditions concrètes imposées par les lieux et les temps. De même que dans le *de Republica*, il avait reconnu dans la réussite historique du peuple romain, la réalisation positive du régime politique le meilleur, dans ce nouvel ouvrage, c'est en nous exposant les lois authentiques de Rome qu'il fera valoir à nos yeux les rouages constitutionnels les mieux adaptés au bon fonctionnement d'un état sagement organisé [2].

(1) II, 42-43. Cf. *pro Milone*, 87.

(2) III, 12 : nihil habui, non sane multum, quod putarem nouandum in legibus.

Classement et attributions des divers magistrats ; rapports qu'ils entretiennent soit avec le corps dirigeant de l'État (le Sénat), soit avec la plèbe agissant par la voix de ses défenseurs qualifiés (les Tribuns) ou avec le peuple entier s'exprimant dans ses assemblées : telle est la matière très vaste, englobant le système presque complet de la constitution romaine, que Cicéron rassemble en trois pages d'une densité extrême [1].

Ce qui en ressort en premier lieu, c'est l'idée très haute, indiscutée, que, même dans une constitution républicaine, les anciens se faisaient du pouvoir possédé par leurs magistrats : ceux-ci détenteurs de l'*imperium* de la cité exercent, chacun dans la limite de sa compétence, et pour la durée de son commandement, la plénitude de leur autorité ; autorité qui serait même absolue dans son ordre, si occasionnellement elle ne pouvait être contenue par l'intervention d'un magistrat supérieur, l'opposition d'un tribun ou la défaveur des auspices.

Le droit dont ils disposent, ou plutôt dont disposent ceux qui se trouvent au sommet de la hiérarchie, est un « pouvoir royal », mais ce n'est pas un pouvoir monarchique. L'État est soumis à une sorte de directoire composé des magistrats inférieurs et supérieurs, dont chacun est à peu près autonome en sa sphère, et dont les plus élevés en grade sont investis de droits égaux. Même les consuls, malgré les prérogatives honorifiques dont ils jouissent, malgré le caractère absolu de leur pouvoir militaire et les initiatives exceptionnelles qui leur sont reconnues, ne se détachent pas essentiellement du « collège » des préteurs [2].

(1) III, 6-12.
(2) III, 7-8. Cf. 15-16.

Enfin, chez tous, même chez le dictateur, la limitation rigoureuse de durée de leur charge compense le caractère quasi-souverain de leur autorité [1].

Libres d'agir dans l'exécution concrète de leur tâche administrative et judiciaire, ils reçoivent du Sénat leurs directives. C'est le Sénat, composé automatiquement des magistrats sortis de charge, qui assure la conduite générale de l'État et prend en accord avec « le peuple » les décisions de politique extérieure [2]. Conformément aux principes dont il avait fait l'apologie dans le *pro Sestio*, Cicéron s'efforce de redonner au Sénat une influence effective sur la marche des affaires. Il veut en relever le prestige, attribuer pleine valeur à ses décisions. Tandis que le progrès des idées démocratiques avait eu pour effet de réduire ce corps à un rôle consultatif, en laissant au peuple seul la responsabilité des déterminations à prendre, Cicéron prétend faire du Sénat — d'un Sénat renouvelé, conscient de ses devoirs — la plus haute expression de l'État, le centre normal et permanent du pouvoir : *eius decreta rata sunto*. Amendement réactionnaire au fond, qui efface trois cents ans d'évolution politique et qui revient très près de ce qu'avait été la solution imposée par Sylla. On s'est montré parfois surpris du « sénatorialisme » de Cicéron, et l'on a fortement souligné le contraste qui existerait, dit-on, entre la « théorie monarchique » du *de Republica* et la « théorie oligarchique » exposée dans le *de Legibus* [3]. En réalité, les deux conceptions ne

(1) III, 7.

(2) III, 10. Cf. *pro Sestio*, 137. — Noter dans Athènes au IVe siècle chez Isocrate une attitude parallèle, tendant à remettre à l'aréopage la direction de la politique générale.

(3) A. Piganiol, « La Constitution de Cicéron » (*Journal des Savants*, 1937, p. 160) : « Le *de Legibus* est presque contemporain du *de Republica* et pourtant nous n'y trouvons presque plus trace de la préférence

sont pas incompatibles. Le *de Republica* suppose une constitution basée sur l'équilibre des trois régimes fondamentaux : or, entre le gouvernement « royal » et la volonté « populaire », l'oligarchie exerce sa fonction intermédiaire, donc aussi le Sénat [1]. Mais cela n'empêche pas que puisse dominer à son tour sur le Sénat, aussi bien que sur l'ensemble du peuple, l'autorité « royale », au sens noble du mot, non pas d'un chef d'État, disposant de prérogatives spéciales, mais d'un homme d'État qui impose ses vues par la valeur de son exemple et la sagesse de ses conseils : *tutor et procurator reipublicae* [2]. Tel s'était exercé à Athènes, avec Périclès, sous un régime d'étiquette populaire le commandement de fait d'un premier citoyen ; telle s'était manifestée à Rome pour la gloire et le bien de l'empire, naguère l'autorité de Scipion l'Africain, puis celle de Scipion Émilien ; plus récemment, en 70, celle de Pompée consul, se déployant dans les formes légales indépendamment des « pouvoirs extraordinaires ».

Ces pouvoirs extraordinaires, Cicéron n'en exclut pas l'éventualité, mais pour son compte personnel, c'est dans le cadre d'une magistrature traditionnelle de Rome qu'il paraît bien avoir nourri le rêve d'exercer sur l'État, sur la nation entière, cette action salu-

que le *de Republica* semblait marquer en faveur du pouvoir monarchique.... En réalité, la Constitution du *de Legibus* est oligarchique : on dirait qu'un conseil de *principes* remplace dans ce traité le *princeps* unique du *de Republica.* » — Sur cette question cf. Heinze, *Cicero's Staat als politische Tendenzschrift* (*Hermes*, 59, 1924, p. 84). Boyancé, *Rev. Études Anciennes*, 1941, p. 172.

(1) *De Rep.*, II, 56. Selon Appien, *de B. Ciuil.*, I, 59 Sylla aurait voulu soumettre à l'autorité préalable du Sénat tout projet de loi et prescrivait le vote par centuries selon les règles du roi Tullius, et non par tribus. Cicéron reprend partiellement le projet de Sylla. (Mais celui-ci avait supprimé la censure.)

(2) *De Rep.*, II, 51.

taire et durable qui mérite à un personnage vertueux la reconnaissance et la vénération de ses concitoyens. Le prestige historique d'Appius Claudius, l'image toujours présente à sa pensée du vieux Caton ont dû le porter à réfléchir sur les attributions de la censure. Il aurait voulu rendre à cette magistrature son lustre ancien, son contrôle effectif sur la fortune, le statut civique et la moralité privée des citoyens [1]. Il propose d'en consolider et d'en prolonger les pouvoirs : c'est apparemment sous les traits d'un censeur qu'il imaginait le couronnement de sa carrière politique : investi de cette charge, il aurait guidé le Sénat, travaillé à la réforme des mœurs et peut-être espérait-il ainsi faire contre-poids à ces consulats et proconsulats tapageurs, à ces pouvoirs militaires qui prenaient chaque jour plus d'importance dans la réalité politique de Rome.

Ce champion des droits du Sénat, ce restaurateur de la Censure n'est d'ailleurs pas systématiquement hostile aux manifestations de la volonté populaire. Dans une page très remarquable, il a pris à cœur de s'expliquer sur l'institution la plus spécifiquement démocratique de Rome : le Tribunat [2].

Si, en opposition avec la thèse « d'extrême-droite » soutenue par Quintus, il persiste à défendre cette institution, ce n'est ni par esprit de routine ni par respect des droits historiques de la plèbe. C'est parce qu'il estime qu'il est avantageux de canaliser en quelque sorte dans des institutions régulières les instincts subversifs de la masse et que celle-ci se

(1) *De Leg.*, III, 7. Cf. *In Caec. diuin.* 8 : Censorium nomen, quod asperius antea populo uideri solebat, id nunc poscitur, id iam populare et plausibile factum est. — Ne pas oublier que Clodius avait voulu réduire encore le pouvoir des censeurs.

(2) III, 19-26.

montre moins dangereuse quand elle est dirigée par des chefs responsables que lorsqu'elle s'abandonne à des impulsions de colère aveugle [1]. C'est aussi parce que l'expérience lui a appris qu'en face de dix tribuns on se heurtait rarement à l'opposition irréductible et solidaire d'un bloc et que l'on pouvait toujours compter sur quelque défaillance. Dans ces conditions, il fallait laisser à la plèbe un moyen de défense qui lui était très cher [2].

On s'est étonné de cette indulgence de Cicéron à l'égard d'une institution dont il avait eu tant à se plaindre. Mais il ne faut pas oublier que si le tribun Clodius fut son ennemi acharné, Milon et Sestius, tribuns de la plèbe, comptèrent au nombre de ses partisans les plus dévoués. Cicéron enfin ne pouvait pas renier tout son passé démocratique [3].

C'est pour la même raison que dans une formule assez obscure et d'une habileté peut-être excessive, il proposait que les suffrages « laissés à la connaissance des nobles » fussent « libres pour la plèbe ». C'est-à-dire que sans oser supprimer le suffrage écrit (au lieu du suffrage à haute voix, plus facile à diriger), il se flatte d'en éviter les inconvénients en le soumettant au contrôle des grands, et s'imagine que le peuple se contentera de cette liberté théorique. C'était aller à l'encontre des réformes législatives qui depuis trois quarts de siècle avaient eu pour effet de remettre au suffrage populaire exprimé par écrit la décision suprême tant en matière judiciaire qu'en matière politique [4].

(1) III, 23.
(2) III, 24.
(3) III, 25 : nostra autem causa... nihil habuit contentionis cum tribunatu.
(4) III, 33-40. Cf. *de Rep.*, II, 55-56.

Mais Cicéron, attaché désormais aux intérêts de la classe aristocratique — il se liera définitivement avec elle contre César — a cessé de compter réellement sur le peuple. Aussi les « droits ». qu'il lui reconnaît sont-ils surtout des concessions de forme qu'il s'efforce de reprendre en fait [1]. Il neutralise les effets de l'intercession tribunicienne par la concurrence que se font entre eux les Tribuns ; il paralyse en la soumettant au contrôle des grands l'expression libre du suffrage populaire ; il freine à l'aide de l'autorité augurale l'initiative des magistrats et l'activité des assemblées [2]. Parmi celles-ci, il pense rétablir l'ordre dans les réunions populaires en instituant la responsabilité personnelle du magistrat qui en dirige les débats et veut rendre aux comices centuriates la compétence exclusive dans les causes capitales [3].

D'une manière générale, cette constitution est un retour au passé. Pour remédier à la crise d'anarchie qui fait rage depuis sept ans, à la menace de despotisme qui amène à cumuler tous les pouvoirs en la personne de Pompée (en attendant que ce soit celle de César), Cicéron annule tous les empiètements de la démocratie et ne voit d'autre solution que le retour au régime qui, en portant la république à son apogée, a donné les preuves de sa valeur avant que la crise des Gracques et l'insurrection italienne n'en fissent éclater les faiblesses.

Enfin, dans les derniers articles de son code, Cicéron énonce des prescriptions d'importance inégale. Quand il rappelle l'antique interdiction des lois de caractère privé ou qu'il réaffirme la compétence des centuries en matière capitale, il ne faudrait pas croire

(1) III, 39 : libertatis species datur, auctoritas bonorum retinetur.
(2) III, 24 (Tribuns) ; 38-39 (Suffrages) ; 43 (auspices) cf. II, 31.
(3) III, 42 (Responsabilité de magistrat) ; 45 (centuries).

qu'il ait seulement l'intention de proclamer des axiomes primordiaux du droit public romain ; mais le sentiment de l'illégalité dont il a souffert lui a fait saisir davantage la nécessité de respecter ces principes et, caché sous l'impersonnalité des formules, le ressentiment n'y est pas moins vif que dans le *de Domo* [1].

Contre la corruption et la brigue, il prononce une condamnation universelle et vague. Au fond l'auteur des Verrines, du *pro Fonteio* et du *pro Murena* avait trop l'expérience des réalités et des tares de la politique pour se faire beaucoup d'illusions à se sujet [2]. Mais au dernier article il introduit une réforme qui aurait eu pour effet de consacrer un principe nouveau dans le droit public de Rome : celui de la responsabilité des magistrats, invités à produire à leur sortie de charge la justification de leurs actes devant les censeurs [3]. Car la reddition de comptes, *l'euthyna* n'était pas obligatoire comme elle l'était en Grèce : elle ne se produisait que lorsqu'il y avait plainte, sur dénonciation expresse d'un accusateur. Un personnage intrigant ou redouté pouvait très bien ne trouver aucun accusateur qui osât se lever contre lui [4]. Cette procédure nouvelle en obligeant les proconsuls à surveiller leur comportement en prévision d'un contrôle inévitable aurait amélioré considérablement le sort des provinces et les mœurs politiques.

On voit ainsi la place que les considérations d'ordre moral tiennent parmi les conceptions politiques de

(1) III, 44-45 Cf. : *de domo*, 68 ; *pro Sestio*, 73.

(2) III, 39. Cf. *pro Plancio*, 44-45. Noter l'abstention volontaire de Cicéron dans les débats de ce genre (*ad Quint. fr.*, II, 15, 2).

(3) III, 47.

(4) De guerre lasse, Cicéron dut renoncer à poursuivre Gabinius et Pison.

Cicéron : c'est avant tout une réforme morale qu'il désire puisqu'il garde en fait les lois organiques de Rome. Il avait sans doute raison — et Salluste joindra son témoignage au sien — de voir dans l'oubli des principes essentiels de justice et d'honnêteté, dans l'exemple scandaleux donné par le Sénat lui-même, la source première des maux publics et privés dont on souffrait [1]. Mais il avait tort de croire que pour y remédier il suffirait de faire appel à des correctifs qui fussent seulement d'ordre moral. Ni la rééducation des classes dirigeantes ni le relèvement de l'autorité censoriale — fût-ce en mobilisant de surcroît la puissance bien émoussée des auspices — ne pouvaient prévaloir contre la brutalité de la plèbe ou le cynisme des grands ambitieux. Ce n'auraient été que des palliatifs à des maux qui s'aggravaient chaque jour et rendaient nécessaire une solution énergique, une intervention en quelque sorte physique, chirurgicale. Ce fut César qui devait se charger de l'exécuter.

Les derniers livres du *De Legibus*. Les propos échangés à la fin du Livre III laissaient en suspens la détermination du sujet qui doit venir en discussion immédiatement après : exposé de l'organisation judiciaire ou droits fondamentaux des citoyens romains — ou, ce qui revient à peu près au même, définition (donc limitation) du pouvoir des magistrats à l'égard des personnes privées [2].

Il semblerait naturel que, poursuivant le tableau des institutions politiques, Cicéron eut passé, au livre IV, à la description du système judiciaire. A Rome, pouvoirs politiques et droits de justice sont en fait soli-

(1) III, 28-33.
(2) III, 47-48 : *de iudiciis* ; *de potestatum iure.*

daires : ils sont tous les deux l'expression de la volonté nationale, ou plutôt l'affirmation concrète du pouvoir détenu par la classe dirigeante. De là, les luttes incessantes que se livrent les partis pour la possession des tribunaux. Les fluctuations sont fréquentes et brutales : succès et reculs de l'ordre sénatorial ou de l'ordre équestre s'inscrivent à chaque fois dans l'évolution des organismes chargés d'assurer l'administration de la chose judiciaire. Sulla et Pompée ont tour à tour donné satisfaction aux exigences du parti sur lequel ils mettaient leur appui. Il n'est pas de changement politique qui ne se marque par la refonte des tribunaux[1]. Il eut été intéressant d'entendre Cicéron nous exposer ses vues sur le recrutement et les attributions de ces *quaestiones*, ordinaires ou exceptionnelles, qui depuis la réforme de Sulla étaient devenues l'organe de la justice en matière criminelle. La discussion sur le «pouvoir juridique des magistrats» en apparence du moins, indiquerait un retour sur un sujet qui rentrait plutôt dans le cadre du livre III. Peut-être Cicéron envisageait-il d'y faire ressortir les garanties et privilèges inhérents au titre de citoyen romain. Le droit pénal, au moins dans ses dispositions les plus importantes, pouvait se trouver rappelé à cette occasion.

Le livre suivant (Livre V) étudiait peut-être cet ensemble compliqué et obscur des relations qui, se rattachant aux concepts de *nomen* et de *caput*, définissaient en somme le droit personnel et familial, dans sa diversité, avec l'encombrement de ses survivances archaïques et le conflit des intérêts en présence, maintenant entre diverses catégories de personnes des droits inégaux selon leur origine et leur classe, affir-

(1) Cf. *Verr.*, IV, 177.

mant à l'égard du fils, de la femme et de l'affranchi les prérogatives du père, de l'époux, du patron, définissant les principes de la parenté, les charges et devoirs de l'*agnatio*, les pouvoirs découlant de la tutelle ou de la curatelle, les conditions et conséquences immédiates ou lointaines de l'adoption, de l'émancipation, du divorce [1], etc.

On peut admettre que le dernier livre (Livre VI ?) avait pour objet de fixer les principes relatifs aux biens et aux engagements : modes d'acquisition des propriétés par hérédité, possession, disposition testamentaire ou transmission quelconque ; procédés d'échange plus ou moins solennels, *per aes et libram* ou par simple cession, ayant pour effet de créer un droit plus ou moins absolu selon la nature même des biens en cause : esclaves, animaux, *instrumenta* divers et bien-fonds, et d'après un statut qui devait dépendre de la personnalité juridique du détenteur ou même de la situation géographique des biens. Puis toute la théorie des obligations (louage, prêt, association) avec les « exceptions » et les « précautions » dont la méfiance séculaire du paysan, se joignant à l'expérience d'opérations commerciales plus complexes, avait enseigné l'usage.

Cette restitution des trois derniers livres est conjecturale. Elle repose sur l'hypothèse que l'auteur a dû donner au *de Legibus* la même étendue et le même nombre de livres qu'au *de Republica*. Elle se justifie par l'idée que Cicéron, résolu à rompre avec l'ordre routinier suivi par les juristes professionnels, qui s'en tenaient eux-mêmes au plan fort peu rigoureux de

(1) *De Orat.*, II, 137 sq. (D'autre part, *de Leg.*, II, 29 annonçait un développement : *de educatione et disciplina.*) La plupart des écrivains politiques grecs commencent par une loi organisatrice de la famille : Platon, *Lois* IV, 721 ; Xénophon, *Constitut. des Lacédémoniens.*

l'Édit du Préteur, désireux aussi de marquer son originalité en prenant un point de départ différent de celui qu'avaient adopté la plupart des écrivains politiques grecs, — Cicéron, disons-nous, dont l'ambition était d'introduire dans une matière obscure l'esprit de clarté et les conceptions synthétiques qui sont le propre de la culture philosophique, a dû tout naturellement, logiquement, se trouver amené à concevoir un plan « hiérarchique », qui, graduellement et en quelque sorte par paliers, le faisait passer du droit religieux au droit public, et du droit public au droit civil dans ses applications concrètes [1].

Ce dont on peut être sûr cependant, c'est qu'il ne se « noyait » pas dans la recherche infinie, pointilleuse des applications. Il avait trop souvent exprimé son dédain à l'égard de ces hypothèses multiples, invraisemblables ou mesquines, grâce auxquelles les juristes s'imaginaient prévoir tous les problèmes pratiques, pour tomber dans un pareil défaut. Il avait l'esprit trop large pour s'attarder à des études interminables sur des cas de mitoyenneté, d'irrigation, d'alluvions ou de vices redhibitoires. Il lui suffisait — et c'est à cela qu'il mettait son honneur — de poser les principes généraux à l'aide desquels on devait pouvoir, armé de son simple bon sens, résoudre les cas d'espèce et les points de détail [2].

C'est précisément cette largeur de vues et ce parti-pris de synthèse qui constituent l'originalité et, à nos yeux, le mérite de Cicéron. Mais cette tendance l'a

(1) Lorsqu'il fut nommé préteur en Cilicie, Cicéron adopta dans son Édit la division suivante : a) *ius prouinciale* (c'est-à-dire droit administratif et financier) ; *b*) droit de succession et de propriété ; *c*) le reste laissé *agraphon,* devait être jugé en conformité : *ad edicta urbana* (*ad Attic.*, VI, 1,15).

(2) *De Orat.*, II, 145 (Cf. *de Leg.*, II, 48).

sûrement desservi auprès de ses contemporains et, pendant toute la suite de l'histoire romaine, auprès des juristes de métier. Ils ne lui ont pas pardonné son insouciance du concret en tant que tel. Malgré l'effort en quelque sorte parallèle de Servius, il ne pouvait réussir à porter brusquement à un niveau plus élevé la science du droit. Absorbée dans la discussion indéfinie des circonstances, dans l'interprétation presque servile des textes, celle-ci ne sentait pas le besoin de s'élancer jusque dans la considération de principes universels. Ce n'est qu'à une époque beaucoup plus tardive que les grands classiques du droit impérial se laisseront pénétrer de philosophie. Mais d'une manière générale, les maîtres de la jurisprudence se sont montrés plutôt défiants ou réfractaires aux hardiesses de la synthèse [1].

Cela suffirait à expliquer le peu d'influence du *de Legibus*, le silence fait autour de cette œuvre. En dehors de Lactance et de Macrobe, personne n'en a parlé. Mais, indépendamment de cette raison intellectuelle, une cause d'ordre pratique explique le discrédit qui devait fatalement entourer cet ouvrage.

Un traité de droit, si haute qu'en soit la conception, suppose cependant un ensemble défini de lois réelles. Or, les lois réelles, usuelles, dont il avait dégagé l'esprit et sur lesquelles Cicéron avait édifié sa théorie générale, ces lois allaient pour la plupart se trouver abrogées ou désuètes dans un laps de temps extrêmement rapide. Ne parlons pas de la constitution politique violée en 59 par l'initiative de César, en 58 par les

(1) Eug. Vernay : *Servius et son école*, Lyon, 1909 : « Par suite de l'impuissance du génie romain à la synthèse, les jurisconsultes conservèrent toujours plus ou moins le système des recueils et les commentaires. Ils se bornèrent à joindre une jurisprudence imaginaire à la pratique du forum : la casuistique. »

illégalités de Clodius, suspendue en 52 pour un temps illimité par Pompée à l'époque même où Cicéron entreprenait la rédaction de son livre.

La dictature de César, le régime qu'il instaure rendront complètement illusoires les espoirs de retour aux magistratures traditionnelles de Rome telles qu'elles sont décrites au Livre III. Mais c'est le corps même de la législation civile qui se trouve atteint dans ses parties maîtresses. Une loi de 40, la loi *Falcidia*, va introduire une restriction très importante dans les règles du droit testamentaire. L'extension à toute l'Italie et hors de l'Italie du droit de cité ou du droit italien va modifier le statut d'un grand nombre de personnes ; les bases du régime familial, les droits de la femme mariée, seront édictés sur des principes nouveaux en vertu des lois juliennes promulguées par César ou Auguste. Les confiscations des triumvirs bouleverseront le droit de propriété.

Si Jules César n'a pas eu le loisir de rédiger ce code unique des lois romaines auquel il songeait, il n'en reste pas moins qu'en l'espace de vingt-cinq ans, le vieux droit auquel Scévola et Servius avaient consacré tant d'études s'est trouvé atteint en des pièces essentielles. C'est par conséquent tout le contenu positif du *de Legibus* qui s'évanouit et ne présente plus pour ses lecteurs qu'un intérêt historique. Cet intérêt serait très grand pour nous ; mais il était nul pour des gens qui ne cherchaient dans un livre de droit que des consultations de caractère pratique, utilitaire, et aux yeux desquels des théories générales, si bien conçues qu'elles fussent, ne pouvaient être que « de la littérature ».

La forme littéraire du *de Legibvs*

Lorsqu'il a abordé la composition du *de Legibus*, Cicéron avait déjà donné la preuve de sa maîtrise littéraire. Les trois livres du *de Oratore*, les six livres du *de Republica* avaient doté la prose latine d'écrits de tout premier ordre, comparables aux exposés didactiques les plus réputés de la Grèce. L'auteur n'avait pas succombé devant l'étendue et la difficulté de sujets aussi vastes ; en dominant largement sa matière, en déployant les qualités d'un style à la fois naturel, sérieux et varié, il avait prouvé qu'en lui l'écrivain n'était pas inférieur à l'orateur.

C'est donc en possession de tous ses moyens, instruit et entraîné par des expériences récentes dont il s'est tiré avec honneur, que Cicéron s'est mis à écrire le *de Legibus*. Mais une objection faite au plan du *de Republica* lui avait donné à réfléchir et devait l'amener à concevoir son nouvel ouvrage selon une formule assez différente.

Un Salluste, qui n'est pas l'historien mais probablement un poète philosophe spécialisé dans l'étude d'Empédocle et en qui Cicéron s'était plu à voir un émule de Lucrèce, avait blâmé dans le *de Republica* la mise en scène de personnages historiques, exprimant en leur nom des idées qui étaient en réalité celles de Cicéron. Il ne voyait pas ce que l'écrivain pouvait gagner à recourir ainsi à des autorités empruntées pour énoncer des théories personnelles, ni l'avantage qu'il y avait à placer dans un cadre rétrospectif des problèmes d'intérêt actuel. La fiction admise dans le *de Republica* avait empêché Cicéron d'aborder l'époque la plus agitée et la plus instructive de l'histoire politique de Rome [1].

(1) *Ad Quint. fr.*, III, 5, 1 (écrit en nov. 54).

C'est assurément pour échapper à ces inconvénients que Cicéron eut recours à des procédés plus directs. Il aurait pu à la rigueur exposer ses idées dans un discours suivi adressé à quelque correspondant illustre. Certains manifestes d'Isocrate auraient pu lui servir de modèle et c'est en somme à cette forme qu'il aura recours lorsque quelques années plus tard il enverra à son fils Marcus son traité de morale, le *de Officiis*. Mais il se rendait compte sans doute des défauts du genre : un ton uniforme, soutenu, sentencieux ou du moins trop solennel, qui aurait pu difficilement se garder du pédantisme, en tout cas, de la monotonie. C'eut été renoncer à cette fécondité créatrice qui résulte du choc de doctrines opposées, au rebondissement d'idées que suscite dans la conversation l'intervention de plusieurs interlocuteurs d'opinions ou d'humeurs différentes.

Mais surtout une tradition puissante exigeait qu'en dehors des écrits de caractère historique ou purement technique toute œuvre qui, indépendamment de son propre fond, prétendait offrir une certaine valeur littéraire, fût rédigée sous la forme d'un dialogue [1]. Or Cicéron entendait bien ne pas abandonner les avantages de cette présentation. Mais alors se posait à nouveau la question du choix des interlocuteurs. Fallait-il recourir à des interprètes historiques, comme l'avaient fait Platon, Héraclide de Pont et Cicéron lui-même quand il avait mis ses théories sous le patronage de Crassus ou de Scipion-Émilien — ou bien, se plaçant franchement sur le terrain de la réalité contemporaine, exposer personnellement ses idées, comme il le faisait à Tusculum ou à Cumes au cours des échanges de vues qu'il avait

(1) Cf. Hirzel, *Der Dialog.*, I, 471-476.

avec ses familiers ? Conception qui par son réalisme devait agréer à l'esprit romain, mais qui n'en comportait pas moins quelques risques : danger de compromettre plus ou moins les intimes à qui il faisait part de ses confidences ; inconvénient littéraire d'exprimer ses propres opinions avec une assurance, une arrogance même qui pouvaient indisposer le lecteur. Cicéron aurait peut-être hésité à affronter ces risques s'il n'avait été entraîné par un grand exemple, celui d'Aristote [1]. Tandis que Platon d'ordinaire ne prend pas la parole dans ses livres et s'efface derrière la personne de Socrate, Aristote reproduisant dans ses écrits publics l'allure des conférences qui se tenaient au Lycée, s'y attribuait un rôle magistral dans la conduite de la discussion. Nous ne possédons plus aujourd'hui les « dialogues » d'Aristote ; mais il est hors de doute qu'ils avaient une grande valeur littéraire. Cicéron en a beaucoup apprécié le mérite, et c'est sur l'autorité du philosophe qu'il s'est décidé ici pour la première fois dans sa carrière d'écrivain — avant le *de Finibus* et le *Brutus* — à prendre dans ses livres un rôle de premier plan. Cette influence aristotélicienne a prévalu même sur la conception générale du dialogue. Se trouvant en présence de deux genres de modèles, ayant à choisir entre la manière de Platon, sinueuse, souple, imaginative, et celle d'Aristote beaucoup plus méthodique, faisant précéder chaque livre d'une introduction séparée, Cicéron a donné préférence à la démarche qui, serrant de plus près et en ordre logique les données du sujet, lui paraissait la plus régulière et la plus sérieuse. Il a donc écrit le *de Legibus*, comme les deux ouvrages antérieurs, *Aristotelio more*.

(1) Cf. *ad Att.*, IV, 16, 2 et *ad Quint. fr.*, III, 5, 1.

Cela n'empêche pas le souvenir de Platon de demeurer très vif. Le rapprochement avec *les Lois* est souligné avec complaisance. Les réminiscences du *Phèdre*, (allusions à la légende d'Orithye, à la fraîcheur des eaux de l'Ilissos), sont, en même temps qu'un hommage traduisant l'admiration de Cicéron, une preuve directe de sa culture attique [1].

L'influence platonicienne, il a soin de le faire observer, porte moins sur le fond que sur le style [2]. C'est à elle que Cicéron doit cet air d'agrément, cette simplicité enjouée qu'il a essayé de répandre sur son livre et qui atténue l'austérité des questions discutées. Le style latin tendait trop fréquemment à être guindé, oratoire : si dans le *de Legibus* Cicéron a pu se soustraire à ce défaut, s'il se montre encore plus naturel que dans le *de Oratore*, c'est à l'exemple de Platon qu'il le doit. En tout cas, dans aucun autre dialogue, il n'a su trouver de mots plus charmants et plus faciles pour décrire un site pittoresque ou l'aspect d'un cours d'eau, pour exprimer un sentiment touchant ou pour peindre en quelques traits expressifs — on serait tenté de dire presque « virgiliens » — la physionomie des heures de la journée [3].

Ce goût heureux dans le choix des détails, cette élégance dans la description du décor ne constituent pas cependant l'unique ni même le principal mérite de Cicéron dans l'art du dialogue. Celui-ci réside dans le talent qu'il a de peindre ses interlocuteurs en nous restituant la vivacité amicale de leurs propos, la

(1) Allusion aux Lois de Platon : I, 15 ; II, 14 ; 41 ; 45 ; 67 ; III, 1 et 5 ; au dialogue de *Phèdre*, I, 3 ; II, 6.

(2) II, 17.

(3) I, 1 (Chêne de Marius) ; II, 6 (confluent du Liris) ; II, 3 (description d'Arpinum et de la maison paternelle). Heures de la journée, *frag.*, III.

spontanéité de leurs réflexions, leurs jeux de physionomie, l'insistance même de leurs parti-pris.

Il les connaissait bien et il nous les présente tels qu'il les a vus. Tableau frappant de vérité, sans truquage, sans convention.

C'est Quintus, le frère de l'auteur. Il n'est pas question de ses mérites militaires ou administratifs ; dans la vie privée, c'est un poète un peu *snob* qui croit à la valeur éternelle des œuvres créées par le génie ; mais dans la discussion philosophique c'est un esprit simplificateur, un peu brusque, trop impulsif, trop entier dans les conclusions qu'il énonce. En politique, il est décidément hostile à la démagogie, au secret du vote, et voit dans le tribunat une institution foncièrement mauvaise. Il ne se fait par ailleurs aucune illusion sur la valeur morale des sénateurs [1].

C'est Atticus, dont l'amitié et l'admiration s'expriment en formules courtoises ; épicurien dénué de fanatisme, esprit curieux et cultivé, sans convictions profondes, mais érudit, intelligent, complaisant, le plus précieux des interlocuteurs. Propriétaire de villas fastueuses en Épire, rien ne trahit chez lui le nouveau riche, le parvenu ; il a pour Athènes, ses monuments et ses grands souvenirs une vénération spéciale, mais il n'a pas renoncé à sa nationalité : son réalisme, son expérience historique lui font apprécier la sagesse des lois établies par les anciens Romains [2]. D'ailleurs chez lui comme chez Quintus, aucune illusion, aucune indulgence politique : « Rien de ce qui est démocratique ne me plaît » [3].

Ces illusions subsistent chez Cicéron. Malgré les orages qu'il a essuyés, il fait encore confiance à la

(1) I, 1 ; I, 18 ; 57 ; III, 19-22 ; III, 28.
(2) II, 4, 5 ; 58 ; 62.
(3) III, 37.

bonne foi du peuple. Il n'admet pas que celui-ci ait vraiment voulu son exil ; il pense que bien dirigé, bien conseillé, le peuple vote toujours bien [1] ... Il répugne aux mesures extrêmes, aux réactions violentes. Mais ce n'est pas seulement l'homme politique qui s'exprime devant nous dans ce dialogue. S'il est intéressant d'y retrouver la marque de son expérience politique, de son esprit modérateur, de son optimisme, l'écho aussi de sa juste rancune contre les auteurs de son exil (rancune qui s'identifiant avec la vengeance divine ne s'arrête même pas en face du cadavre de Clodius) [2], nous aimons à reconnaître dans le *de Legibus* le portrait de l'homme complet, avec ses affections privées et l'attachement qui le lie à son rude pays d'Arpinum, le culte qu'il a pour Marius, son grand compatriote [3]; sa culture générale qui fait qu'il s'intéresse à tout, qu'il a vraiment sur tout des vues personnelles, judicieuses : ni l'histoire, ni le droit, ni la philosophie, ni la science augurale ne sont pour lui des sujets étrangers, et il en a poussé suffisamment l'étude pour en connaître mieux que les grandes théories, pour être en mesure d'en exposer les principes à autrui ou d'en discuter avec des spécialistes les points controversés [4].

Enfin, comme dans le *de Oratore* s'esquissent des projets d'avenir : désir d'une activité littéraire plus intense, vouée peut-être à l'histoire (il ne songe pas encore à « s'embarquer » dans la philosophie), rêve d'une vieillesse calme et honorée, consacrée au rôle

(1) III, 25 ; III, 39.

(2) II, 21-22.

(3) I, 1 ; II, 56 ; III, 36 (Marius) ; I, 2-4 ; II, 3 (Arpinum).

(4) I, 5-8 (histoire) ; I, 13 ; I, 17-18, etc. (droit). — I, 36 ; 53 sqq. (philosophie) ; II, 32-33 (science augurale) ; II, 47-53 (discussions de droit funéraire et héréditaire) ; II, 5 ; III, 33-39 ; III, 19 (droit public).

de juriste et rehaussée — qui sait ? — du prestige de la magistrature la plus respectable : la censure [1]....

Pour qui s'intéresse à l'expression littéraire plutôt qu'au fond du dialogue, c'est dans cette présentation « sur le vif » des trois amis conversant sans contrainte devant le vieux chêne légendaire et sur les bords du Liris que l'auteur révèle à la perfection son talent d'animateur et de psychologue. Ce ne sont pas des prête-noms ni des figures interchangeables d'acteurs défendant une thèse : ils ne jouent pas un rôle, ne prennent pas d'attitude ; à l'exception de certains passages où Cicéron s'immobilise trop longtemps dans son rôle professoral, ils gardent leur physionomie vraie, ils parlent comme ils pensent.

Le style dans sa variété offre les mêmes qualités de naturel : il est châtié, souple, spirituel. Dans les passages de controverse et de démonstration, il trahit parfois de la lourdeur et de l'obscurité. Ce n'est pas sans un malaise indéniable que l'auteur essaie d'exprimer dans la langue des gens cultivés des matières neuves ou de nature essentiellement technique : les arguments impératifs et serrés, les syllogismes compacts de la logique stoïcienne, les prescriptions bizarres et méticuleuses du droit funéraire [2]. Mais dans l'ensemble, le style se prête sans effort aux nuances, aux éclaircissements, aux développements que réclame la question traitée. Avec une mobilité qui ne va pas sans une pointe légère de coquetterie, les formes de langage et les métaphores empruntent volontiers les phrases et les images caractéristiques du jargon juridique, augural, politique [3].

(1) I, 11. Cf. *de Orat.*, I, 199 ; II, 144. — En 46-45, Cicéron a renoncé à l'espoir d'exercer une action politique quelconque (*Brutus*, 8-9) ; il se plongera dans l'étude de la philosophie : *Tusc.*, I, 1.

(2) I, 30 ; 32 ; 33-34 ; II, 12-13 ; II, 57 ; 61-62.

(3) I, 55-56 ; II, 24 ; III, 26.

Le ton général est simple, clair, sérieux, raisonnable : mais à l'occasion il peut devenir grave, véhément, pathétique. Il ne s'interdit pas le persiflage. Il atteint au « genre sublime » quand il s'agit d'évoquer la force de la conscience, la majesté incomparable de l'Univers soumis aux lois d'une raison suprême ou d'exalter les bienfaits innombrables de la philosophie [1]. Quand il s'agit de flétrir les violences de Clodius, l'âpre indignation du *de Suppliciis* et l'émotion des *discours du Retour* semblent encore vibrer dans la voix de l'orateur, et l'on serait en droit de dire que, dans le *de Legibus* comme dans tel autre chef-d'œuvre de la prose, « toutes les sortes d'éloquence se trouvent renfermées ».

(1) I, 41. Cf. *pro Milone*, 61 : « magna uis est conscientiae ». — Grandeur de l'univers et providence : II, 15-16 ; I, 58-63. (Cf. *pro Milone*, 84 et *de Rep.*, *Somnium Scipionis*, 17-18). Ces pages sont peut-être inspirées de Panaetius.

II

LA TRADITION DU TEXTE

Comme le *de Diuinatione*, le *Timée*, le *de Fato*, les *Topiques*, les *Paradoxes*, et le Livre II des *Académiques* (*Lucullus*), le texte du *de Legibus* nous a été conservé, incomplètement d'ailleurs, dans une collection, dont l'archétype perdu, écrit en minuscules et remontant sans doute à l'époque de la renaissance carolingienne, a servi de modèle, immédiat ou non, à deux manuscrits célèbres :

A) *Vossianus* 84, de la Bibliothèque de Leyde (reproduction photogr., *Codices Graeci et Latini*, Sythoff, Leyde t. XIX, par de Vries).

B) *Vossianus* 86.

Vossianus A, écrit à la fin du IXe ou au commencement du Xe siècle, révisé par un correcteur attentif, donne dans l'ensemble le texte le plus satisfaisant. *Vossianus B*, tout en dérivant substantiellement du même archétype [1], a été copié sur un modèle plus ancien et présente d'étranges agrégats de lettres arbitrairement séparées ou soudées et des fautes de lecture qui en rendent la lecture extrêmement pénible [2]. Il présente en outre une interpolation des

(1) Cf. O. Dieckhoffius, *de Ciceronis libr. de Nat. Deorum recensendis'* Göttingen, 1894, p. 6-14.

(2) *De Leg.*, I, 16, *in luce meditissim* (= in lucem editi simus) ; II, 38, *uisi nutraque* (= uis in utramque) ; II, 41, *placet racaediae* (= plenae tragediae) ; III, 6, *a cunctos oque* (= agunto suntoque) ; III, 22, *impura euelbe* (= impurae belluae) ; III, 24, *armacae ceder* (= arma ciderunt).

paragraphes III, 38 à 40 *ad fin.*, une lacune III, 41-42, et se termine à III, 48, *leges*.

A ces deux codices étroitement liés s'ajoute *Hensianus* 118, *H*, de la Bibliothèque de Leyde, écrit en Italie méridionale fin du XIe siècle [1]. Admis d'abord à titre subsidiaire pour contrôler la lecture de passages difficiles ou altérés, *H* de plus en plus a été pris en considération par Vahlen, qui, d'abord réticent, en a fait une recension minutieuse dans sa deuxième édition, puis par Mueller. Eduard Schramm dans une dissertation extrêmement détaillée : *De M. T. Ciceronis libris de legibus recensendis* (Dissert. Marburg, 1897) en a fait valoir l'intérêt exceptionnel. Au lieu d'être une simple copie améliorée de *A*, *H* se rattache à l'archétype et présente en de nombreux points des leçons dont la supériorité s'impose et qui ne sauraient être imputées à l'ingéniosité du scribe ou du réviseur. *H* s'arrête au Livre III, 12, (*ad fin.*) : *Nihil.* (reproduction photographique *Codices gr. et lat.*, t. XVII, par Plasberg).

A ces trois manuscrits qui malgré d'incontestables déficiences constituent le seul fond solide de notre connaissance du texte cicéronien, s'ajoutent les copies ultérieures, englobées sous le terme assez péjoratif de *deteriores* et parmi lesquelles il y a lieu de mentionner :

F Florentinus ou *Lagomarsinianus* (Bibl. Laurentiana : *Marcianus* 257) Xe s, étudié par Reifferscheid (*Rhein. Museum*, XVII, 295-296), ainsi que :

M Monacensis 528, de Munich, XIe s, étudié par Vahlen et Schramm [2], qui relèvent de A ;

Q Burneianus 148 (British Museum, XIIIe siècle)

(1) D'après le témoignage de Pierre Diacre, sur ordre de Didier abbé de Mont-Cassin, 1058-1087 (voir Plasberg, *praef.*, p. I).

(2) *M* présente des lacunes : I, 32 à I. 41 (idcirco — testem) ; II, 24 à 31 (atque—domi).

qui s'apparente intimement (« persimilis, » dit Schwenke) à *H*.

Des recherches de Schwencke et de Schramm, il résulte que la généalogie de nos *codices* les plus anciens s'établit ainsi :

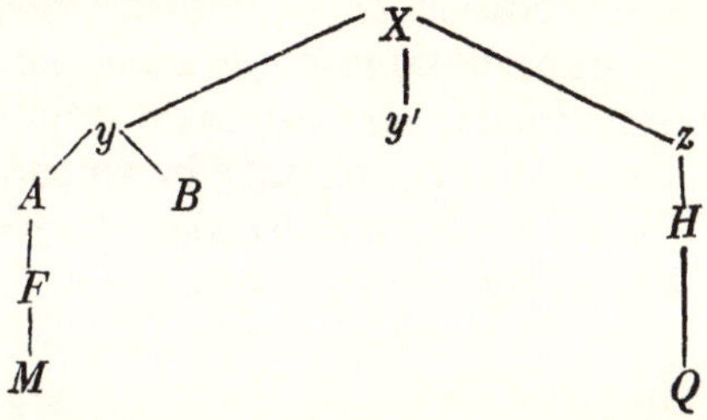

Les correcteurs de *A B F*, se référant à un exemplaire *y'*, différent de *A*, lui ont emprunté quelques bonnes leçons, ainsi d'ailleurs que le *deuxième* reviseur de H (Schramm, p. 64).

A cette liste s'ajoutent plusieurs beaux manuscrits des XIVe et XVe siècles :

Troyes : Bibl. municip. 552 (en minuscules italiennes).
Paris : Bibl. Nationale, *Lat.*, 6.361 (écrit en 1453).
Gand : Bibl. de l'Université, 68 (juin 1465).
Vienne : Bibl. Nationale, 163 (f°s 87-130) (vers 1480).
Targu-Mures : (Bibl. Teleki 136), XVe siècle

Nous avons pu, grâce à l'obligeance de l'Institut de Recherche et d'Histoire des Textes, procéder sur reproductions photographiques à l'examen du manuscrit de Gand, qui se rattache manifestement au type *A*, avec cependant quelques leçons heureuses empruntées à *H* et de nombreuses et intéressantes corrections.

La plus ancienne édition du *de Legibus* est sortie des presses de Aldus Manutius, Milan, 1498. Robert Estienne en 1538, Turnèbe en 1538 et 1552, Lambin en 1565 apportèrent au texte primitif des améliorations précieuses et contribuèrent par leur érudition à faciliter l'interprétation des passages difficiles et techniques du livre II. Aux XVIIIe et XIXe siècles, à côté des éditions de J. Davies (Cambridge, 1727 et 1745), J. Bake, Leyde, 1842, G. Baiter et Halm (Orelli, Zurich, 1845), l'édition de J. Vahlen (Vienne, 1870 ; 2e édition, Berlin, 1883) présente un apparat critique très complet, fondé sur recension minutieuse de *A B H*, et enrichie de conjectures ingénieuses dont on trouve la justification dans *Gesammelte philologische Schriften*, I (Leipzig, 1911), p. 540.

L'édition de Giacomo Sichirollo, Padoue, 1878, et celle de Adolphe du Mesnil (Teubner, Leipzig, 1879), avec commentaires, n'ont qu'une faible valeur philologique. Nous devons citer encore l'édition C. F. W. Mueller, collection Teubner, 1897, très répandue ; celle de C. W. Keyes, avec traduction anglaise (collection Loeb, Londres, 1948), celle de M. K. Ziegler, dans *Heidelberger Texte*, XX, 1950 et deux éditions scolaires italiennes : celles de P. M. Rossi, chez Albrighi-Segati, 2e édit. Milan, 1925, et de Cesare Boselli (L. I.) et Ang. Ottolini (L. II. et III) Signorelli, Milan, 1935.

L'édition espagnole de M. Alvaro d'Ors dans *Clasicos politicos*, Madrid 1953, ne présente aucun élément nouveau.

Traduction française du L. I, par Philibert (Delalain, Paris, 1881), du traité entier, avec *la République*, par Ch. Appuhn (Garnier, Paris).

Après les reproductions photographiques de Plasberg et de Vries, après les recensions de Vahlen et de Schramm, nous ne pouvions prétendre apporter d'enrichissements appréciables à la connaissance critique et paléographique des manuscrits. Cependant, en faisant une part plus large aux leçons de H et aux indications heureuses de G, trop aisément relégué dans la catégorie des *deteriores*[1], en réintroduisant franchement dans le texte des mots intercalaires qui ont dû tomber au cours de la tradition manuscrite[2] ; en remplaçant diverses conjonctions ou en corrigeant d'inadmissibles infractions à la concordance des temps[3] ; en indiquant des lacunes non encore signalées ou en suppléant certains mots requis par le sens[4], nous croyons avoir apporté des améliorations utiles au texte communément reçu depuis Vahlen et Mueller.

Notre effort a tendu surtout à rendre plus intelligible la suite des idées : ceci au prix de conjectures dont nous ne nous dissimulons pas le caractère incertain[5]. Nous pensons cependant avoir donné un tour plus plau-

(1) Leçons propres à *H* : I, 56, pepigerit ; I, 61, definiti loci ; II, 11, et ueri legendi ; I, 19 delectus, etc. — Leçons communes à *H* et *G* : I, 3 iam non ; I, 5 cum in illa ; I, 19, scripto ; I, 24, satum, etc. — Leçons propres à *G* (et attribuées généralement aux *deteriores* ou aux éditeurs de la Renaissance) : I, 24, alia quibus ; I, 43, uirtutes omnes ; II, 5, et illam qua ; II, 10, habere ; II, 22, incestum ; II, 29, libamenta ; II, 31, se abdicent ; gestum sine ; II, 36, adici fas ; II, 40, sacro commendatum ; II, 58, in pontificio iure ; II, 60, funebria quibus ; II, 62, uirorum ; II, 68, heroicis uersibus ; III, 6, noxium ciuem ; III, 14, ain ? III, 15, placeretne ; III, 20, proiecisse ; III, 28, quodque ; III, 29, retinet ; III, 31, refertas ; III, 49, nam, etc.

(2) Mots intercalaires : I, 19, appellare *solet* ; I, 23, *sit* existimenda ; I, 24, *haec* disputari ; I, 34, in *ea* ; I, 37, *spero fore* ; I, 46 an ea *si* ; I, 55, *dixisset* ; II, 6, adduci *ad aestimandum* ; II, 15, *adseuerat* ; II, 22 dedecus *esto* ; II, 28, *adsciscenda* ; II, 30, continet enim *hoc* ; II, 32, *esse* disciplinae ; II, 39, *constat* ; nunc *fit ut* ; II, 59, translata *sunt* ; II, 61, incendium uereri *uide*tur ; II, 63, praedicatum *esset* ; III, 24, *si* inuidia ; III, 26, *id* ferremus ; III, 35, *utrum* ; III, 40, si *fit* ; III, 42, *in* re publica ; III, 45, *praetendebat.*

(3) Changement de conjonctions : I, 24, *quomque* (au lieu de *quamque*) ; I, 40, *at* (pour *aut*) ; II, 64, *postea, cum* (au lieu de *postea, quam*). Adaptation de temps ou de modes : I, 15, disput*ab*at ; II, 36 cum uide*a*ntur ; III, 5, aduers*ar*entur ; III, 24, cre*ar*entur ; III, 27, dat*a sunt*. Changement de cas : III, 12 temperatio.

(4) I, 11, remissius ; I, 19, νόμον ; saeclis <communis> omnibus ; I, 31, specie ; I, 45, boni alicuius ; II, 18, haudquaquam ; II, 21, docento ; II, 40, aliquid rapuerit ; II, 41 et olim ; II, 54 e testamento sibi numerata.

(5) I, 5, quaeque ; 16 potest magis ; 21, nutu ; comprobas ; 25 ac cognoscat ; plerasque ; 29, cupisset ; 33, sunt natura ; 34 etsi aliter ;

sible à certains passages, avoir restitué leur véritable sens aux citations de Pythagore et de Thalès (I, 34 ; II, 26) et avoir fourni des chapitres juridiques du L. II, 51 et 53, sur le conflit des droits héréditaires et l'inaliénabilité des *sacra* une interprétation plus simple. Si nous n'avons pu, ce qui serait évidemment chimérique, dissiper toute obscurité autour des passages difficiles et corrompus du *de Legibus*, du moins nous sommes-nous efforcé de ne mettre en avant que des conjectures qui, ne s'écartant pas trop de la ligne de pensée de l'auteur, pourront peut-être acheminer vers la découverte du sens authentique[1]. Ce travail était déjà grandement élaboré lorsque nous est venue en mains la précieuse édition de M. K. Ziegler. Ses corrections ont facilité notre tâche et nous lui en exprimons ici toute notre gratitude.

Nous aurions voulu donner plus d'ampleur à l'apparat critique et fournir un relevé des leçons de *Gandavus* auxquelles nous avions prêté un intérêt particulier. Les conditions des publications Guillaume Budé ne nous ont pas permis d'utiliser tout le matériel que nous avions rassemblé. Nous tenons au seuil de cette édition à exprimer notre reconnaissance à MM. les professeurs Boulanger et A. Dain, ainsi qu'au R. P. Testard, pour leurs suggestions et leurs encouragements.

37, stabiliendos mores ; 45, recti alicuius ; 49, putant ; 58, ab eadem ; I, 2, cohaeserit ; II, 8, nominis ; 9, *non* habere ; 17, haudquaquam ; 19, hominibus ; 22, humanos ; 25, seorsumque ; 26, fieri ; 44, sceleris ; 48, at postea ; 52, adplicetis ; 58, nomen ; 66 *meritus* ; III, 24, quom in euictus ; non defuerit ; 26, essem ; 30, seruamus omnia ; 40, ipsius senatoris ; 42, permittit ; 43, diuinitus ; 45, nobis ; 48 exigi.

(1) I, 7, multa sane apta... Sisenna ; 30, cunctis hominibus ; 34, aliquid *esse*... maluerit ; 45, ingenia iudicemus ? ; 50 uitii iudicium... uolunt nec se... notatos ; 61, oppidi ; qualem ; II, 5, sui *demi* ; 11, ratio sedet in mente ; 16, ingenii uis concipiat ; 19 ut rite cadant ; 20, ad salutem ; 21, oratores... uindices non sunto ; 38, constitutae ; 38, ut... exululent ; cum ; 53, liberatur ; 55, ius*serunt* ; 61, acerram uetat ; 63, nisi quid... *non* praedicatum ; 66, pecunia ; III, 41, *de* quo *non* paratus ; 43, ut *sciat* sibi *docendos*.

CONSPECTUS SIGLORUM

A = Leidensis Vossianus A 84, IX saec.
B = Leidensis Vossianus B 86, X saec.
H = Leidensis Heinsianus H 118, XI saec.
F = Florentinus seu Lagomarsinianus (Bibl. Laurentiana, Marcianus 257), X saec.
M = Monacensis 528, XI saec.
G = Gandavus 68, XV saec.
codd. = cuncti codices antiqui.
edd. = emendationes priorum auctorum, praecipue Turnebi ac Lambini, suscepta confirmataque a recentioribus, ut Vahlen, Mommsen, Mueller, Ziegler.

Les renvois en petits chiffres se réfèrent aux notes placées en fin de l'ouvrage : les renvois marqués entre parenthèses ( ) se réfèrent aux notes situées en bas des pages.

CICÉRON
TRAITÉ DES LOIS

LIVRE PREMIER

Vérité poétique, Vérité historique.

I. 1. ATTICUS. — Mais c'est le bois sacré et le chêne des gens d'Arpinum (1) ; je les reconnais pour les avoir lus tant de fois dans *Marius*. Si le chêne subsiste, c'est sûrement celui-ci, car il est bien ancien.

QUINTUS. — Mais oui, il subsiste, cher Atticus, et il subsistera toujours, car il a été planté par les soins du génie. Il n'est plantation due aux soins d'un paysan qui puisse être aussi durable qu'une semence due aux vers d'un poète.

ATTICUS. — Comment s'y prennent-ils, Quintus, et qu'est-ce au juste que cette graine que sèment les poètes ? Il me semble qu'en faisant l'éloge de ton frère, tu penses aussi à toi.

2. QUINTUS. — Admettons ; mais tant que les lettres latines auront une voix, un chêne qu'on appellera « le chêne de Marius » ne fera jamais défaut en cet endroit, et, comme l'a dit Scévola, en parlant du *Marius* de mon frère,

Il vieillira dans les siècles sans nombre [1].

Ou alors penses-tu que ton Athènes ait pu garder dans son acropole un olivier éternel ? Et parce que l'Ulysse

(1) Arpinum, bourgade escarpée, dominant le cours du Liris, située à environ 78 milles (115 km) de Rome, dans la région montagneuse des Volsques, à quelque distance de Frégelles. Conquise par les Romains en 305 (Tite-Live, IX, 44, 16), avait obtenu en 188 le droit de cité romaine. Marius y naquit en 156 et Cicéron en 106.

Cicéron avait gardé un souvenir très vif de ses entretiens avec Marius, vieilli mais indomptable (*ad Quirites*, 19). Plus tard, il avait cru le

M. TVLLII CICERONIS DE LEGIBVS

LIBER PRIMVS

I. 1. Atticvs. — Lucus quidem ille et haec Arpinatium quercus agnoscitur, saepe a me lectus in Mario : si enim manet illa quercus, haec est profecto ; etenim est sane uetus.

Qvintvs. — Manet uero, Attice noster, et semper manebit : sata est enim ingenio. Nullius autem agricolae cultu stirps tam diuturna quam poetae uersu seminari potest.

Atticvs. — Quo tandem modo, Quinte ? Aut quale est istuc quod poetae serunt ? Mihi enim uideris fratrem laudando suffragari tibi.

2. Qvintvs. — Sit ita sane ; uerum tamen dum Latinae loquentur litterae, quercus huic loco non deerit quae Mariana dicatur, eaque, ut ait Scaeuola de fratris mei Mario,

canescet saeclis innumerabilibus,

nisi forte Athenae tuae sempiternam in arce oleam tenere potuerunt, aut quam Homericus Vlixes Deli

I. 1 M. T. Ciceronis Lucullus explicit... incipit de legib : lib. prim. *A Nomina interlocutorum desunt in codicibus.* || si enim *edd* : sin *codd.* || istuc *ABH* : istud *G*.

d'Homère a raconté qu'il a vu à Délos un long palmier souple, est-ce encore le même qu'on nous montre aujourd'hui [1] ? Et il y a en bien des endroits beaucoup d'autres choses qui, grâce à la tradition, subsistent plus longtemps que leur nature ne leur aurait permis de durer.

Ainsi le fameux chêne « couvert de glands » d'où jadis prit son vol

> Le fauve messager de Jupiter à l'aspect merveilleux,

admettons que ce soit encore celui que voici. Mais quand les saisons et l'âge l'auront achevé, il y aura quand même en cet endroit un chêne que l'on appellera « le Chêne de Marius » [2].

3. Atticus. — Je n'en ai pas le moindre doute ; cependant ce n'est plus toi, Quintus [3], que j'interroge, mais c'est à l'auteur lui-même que je demande : « Est-ce que ce sont tes vers qui ont semé le chêne ou bien as-tu entendu dire que les choses se sont réellement passées en ce qui concerne Marius ainsi que tu l'écris ? »

Marcus. — Je te répondrai, mais pas avant que toi-même, Atticus, tu ne m'aies dit s'il est bien sûr que, se promenant non loin de ta maison, après sa disparition, Romulus a déclaré à Proculus Julius qu'il était dieu et lui a ordonné de l'invoquer sous le nom de Quirinus, ainsi que de lui bâtir un temple en cet endroit ; et s'il est véritable qu'à Athènes, toujours non loin de ton ancienne demeure, Aquilon ait ravi Orithye, comme le dit la tradition [4].

4. Atticus. — Où veux-tu en venir, et pourquoi me demandes-tu cela ?

Marcus. — Pour rien, si ce n'est pour que tu t'abstiennes de poser des questions trop précises sur des faits dont le souvenir s'est transmis de cette manière.

Atticus. — Il n'en reste pas moins que, dans le *Marius*, on se demande à propos de beaucoup de faits s'ils sont

revoir dans un rêve, *de Diuin.* I, 59. Il lui avait consacré un poème.

se proceram et teneram palmam uidisse dixit, hodie monstrant eandem, multaque alia multis locis diutius commemoratione manent quam natura stare potuerunt. Quare glandifera illa quercus, ex qua olim euolauit

nuntia fulua Iouis miranda uisa figura,

nunc sit haec. Sed cum eam tempestas uetustasue consumpserit, tamen erit his in locis quercus quam Marianam quercum uoca*bu*nt.

3. Atticvs. — Non dubito id quidem. Sed hoc iam non ex te, Quinte, quaero, uerum ex ipso poeta, tuine uersus hanc quercum seuerint, an ita factum de Mario, ut scribis, acceperis.

Marcvs. — Respondebo tibi equidem, sed non ante quam mihi tu ipse responderis, Attice, certen *non* longe a tuis aedibus inambulans post excessum suum Romulus Proculo Iulio dixerit se deum esse et Quirinum uocari templumque sibi dedicari in eo loco iusserit, et uerumne sit *ut* Athenis non longe item a tua illa antiqua domo Orithyiam Aquilo sustulerit ; sic enim est traditum.

4. Atticvs. — Quorsum tandem aut cur ista quaeris ?

Marcvs. — Nihil sane, nisi ne nimis diligenter inquiras in ea quae isto modo memoriae sint prodita.

Atticvs. — Atqui multa quaeruntur in Mario fictane an uera sint, et a nonnullis quod et in recenti

2 uoca*bu*nt *edd.* : uocant *codd.*
3 iam non *HG* || quercum hanc G || non longe *HG* : non *omis*, *AB* || ut *edd.*

inventés ou véridiques, et comme il s'agit d'une histoire récente et qui porte sur la biographie d'un homme d'Arpinum, il en est plus d'un qui demande à savoir de toi la vérité.

MARCUS. — Et, par Hercule, je ne voudrais pas passer pour un menteur ; mais cependant, mon cher Titus, il en est plus d'un qui agit sottement quand, en cette occurrence, il requiert la vérité comme on le ferait, non pas d'un poète, mais d'un témoin. Je suis persuadé que ce sont les mêmes qui croient que Numa s'est entretenu avec Egérie et que Tarquin a reçu d'un aigle la coiffe des flamines [1].

5. QUINTUS. — Je vois très bien, mon frère, qu'à ton avis on doit en histoire observer certaines lois, et en poésie des lois différentes.

MARCUS. — Naturellement, puisque dans l'une chaque détail se rapporte à la vérité et dans l'autre la plupart des traits tendent à l'agrément. Encore, y a-t-il et chez Hérodote, le père de l'histoire, et chez Théopompe, une infinité de légendes.

L'histoire et les historiens.

II. ATTICUS. — Voilà une occasion que je désirais ; je la tiens et ne la lâcherai pas.

MARCUS. — Quelle occasion, Titus ?

ATTICUS. — Il y a longtemps que l'on demande, ou plutôt que l'on réclame de toi une œuvre d'histoire. Car on estime que, si tu te mets à ce genre de travail, nous pourrons arriver même en ce domaine à ne plus du tout nous y trouver inférieurs à la Grèce. Et, pour te faire connaître mon avis personnel, il me semble que c'est là un présent que tu dois non seulement aux aspirations de ceux qui aiment les lettres, mais aussi à la patrie, pour que, déjà sauvée grâce à toi, elle soit, encore grâce à toi, illustrée.

memoria et in Arpinati homine uers*atur*, ueritas a te postulatur.

Marcvs. — Et mehercule ego me cupio non mendacem putari, sed tamen nonnulli isti, Tite noster, faciunt imperite, qui in isto periculo non ut a poeta sed ut a teste ueritatem exigant, nec dubito quin idem et cum Egeria conlocutum Numam et ab aquila Tarquinio apicem impositum putent.

5. Qvintvs. — Intellego te, frater, alias in historia leges obseruandas putare, alias in poemate.

Marcvs. — Quippe cum in illa ad ueritatem, Quinte, *quaeque* referantur, in hoc ad delectationem pleraque ; quamquam et apud Herodotum patrem historiae et apud Theopompum sunt innumerabiles fabulae.

II. Atticvs. — Teneo quam optabam occasionem neque omittam.

Marcvs. — Quam tandem, Tite ?

Atticvs. — Postulatur a te iam diu uel flagitatur potius historia. Sic enim putant, te illam tractante effici posse, ut in hoc etiam genere Graeciae nihil cedamus. Atque ut audias quid ego ipse sentiam, non solum mihi uideris eorum studiis qui [tuis] litteris delectantur, sed etiam patriae debere hoc munus, ut ea quae salua per te est, per te eundem sit ornata. Abest enim historia litteris nostris, ut et ipse intellego et ex te persaepe audio. Potes autem tu profecto

4 uersatur *scripsi* : uelsed ueritas *codd.* uerseris *edd.*

5 in illa *HG* : in *omis. AB.* || quaeque *scripsi* : cuncta *edd.* || tuis *AB* : *omis. GH* || abest *G edd.* : at est *AB* adest *H.*

L'histoire en effet n'existe pas dans notre littérature, comme moi-même je m'en rends compte et comme je te l'entends dire si souvent. Or tu peux d'autant mieux y réussir qu'il s'agit, ainsi que tu as d'ailleurs coutume de l'envisager, d'un travail tout particulièrement propre à un orateur. **6.** Par conséquent mets-toi à l'ouvrage, nous te le demandons, et assure-toi le temps nécessaire à une entreprise restée jusqu'à présent ignorée ou négligée de nos compatriotes. Car, depuis les *Annales* des grands pontifes (le livre le plus savoureux qu'il puisse y avoir[1]), si l'on aborde Fabius ou ce Caton que tu as toujours à la bouche, ou Pison, Fabius ou Vennonius (encore que parmi eux tel puisse avoir plus de vigueur que tel autre), qu'y a-t-il de si pauvre qu'eux tous ? Le contemporain de Fannius, Coelius Antipater a possédé un peu plus de souffle et, lui du moins, il avait une robustesse inculte, rude, dépourvue de brillant et de souplesse, mais qui aurait pu inculquer à d'autres l'idée d'écrire avec plus de soin. Mais voici qu'après sont venus Gellius, Clodius ou Asellion. Rien de commun avec Coelius, eux qui se rattachent plutôt au laisser-aller et à l'inexpérience des auteurs précédents. **7.** Car faut-il citer Macer dont la prolixité n'est pas sans quelque finesse puisée, non pas directement dans la tradition riche et cultivée des Grecs, mais dans de quelconques manuels des Latins[2]. Cependant dans ses discours < en introduisant de nombreux morceaux bien adaptés à la langue latine (1) >, Sisenna, son ami, a surpassé aisément tous les historiens que nous possédons jusqu'ici, si ce n'est peut-être ceux qui n'ont pas encore publié leurs œuvres et dont nous ne pouvons juger[3]. Mais jamais parmi vous autres, orateurs, il n'a été compté comme tel, et dans

(1) Passage très corrompu : *multas ineptus datio (elatio) summam impudentiam*, ordinairement rattaché à Macer, et que l'on traduit ainsi : « au reste diffus dans ses discours et emphatique jusqu'à l'insolence ». Nous pensons plutôt que Cicéron a voulu caractériser le style de Sisenna, dont il dit ailleurs qu'il n'avait pas encore atteint la perfection

satis facere in ea, quippe cum sit opus, ut tibi quidem uideri solet, unum hoc oratorium maxime. **6.** Quam ob rem adgredere, quaesumus, et sume ad hanc rem tempus, quae est a nostris hominibus adhuc aut ignorata aut relicta. Nam post annalis pontificum maximorum, quibus nihil potest esse iucundius, si aut ad Fabium aut ad eum qui tibi semper in ore est Catonem, aut ad Pisonem aut ad Fannium aut ad Vennonium uenias, quamquam ex his alius alio plus habet uirium, tamen quid tam exile quam isti omnes ? Fannii autem aetati coniunctus *Coelius Anti*pater paulo inflauit uehementius, habuitque uires agrestis ille quidem atque horridas, sine nitore ac palaestra, sed tamen admonere reliquos potuit ut adcuratius scriberent. Ecce autem successere huic *G*elli*us*, Clodius, Asellio, nihil ad Coelium, sed potius ad antiquorum languorem et inscitiam. **7.** Nam quid Macrum numerem ? Cuius loquacitas habet aliquid argutiarum nec id tamen ex illa erudita Graecorum copia, sed ex librariolis Latinis : in orationibus autem multa s*ane* apt*a* *L*ati*no* *sermoni* imp*ertiens*, Sisenna, eius amicus, omnis adhuc nostros scriptores — nisi qui forte nondum ediderunt, de quibus existimare non possumus — facile superauit. Is tamen neque orator in numero uestro unquam est habitus, et in

6, iucundius *codd.* (*facete dicit Atticus*) : ieiunius *edd.* || Coelius Antipater *Ziegler* : pater *codd.* || Gellius *edd.* : belli *codd.* || Asellio *edd.* : asilio *codd.*

7 Macrum *edd.* acrum *codd.* || multa sane apta latino sermoni impertiens *scripsi* : multas (et) ineptus datio summam impudentiam *codd.* sed inepta elatio *edd.*

l'histoire il se propose l'idéal enfantin (comme s'il n'avait jamais lu aucun auteur grec autre que Clitarque), de s'attacher essentiellement à en faire son modèle ; or, s'il pouvait l'égaler, il s'en faudrait encore de quelque distance qu'il atteigne la perfection. Aussi l'histoire est-elle le présent que l'on attend maintenant de ta part. A moins que Quintus ne soit d'un autre avis.

Point de départ du récit historique.

III. 8. Quintus. — Moi, pas du tout ; et souvent nous avons parlé de cela ensemble. Mais il y a entre nous un léger désaccord.

Atticus. — Lequel ?

Quintus. — A partir de quelle époque doit commencer le récit[1] ? Pour moi, je suis d'avis de le prendre à partir des temps les plus éloignés, dont l'histoire a été écrite de telle manière qu'elle en est illisible ; mais, lui, il réclame l'histoire contemporaine de son existence, afin de saisir les évènements auxquels il a pris part.

Atticus. — Je suis plutôt de son avis. Les événements les plus importants se trouvent en effet dans notre époque et notre génération ; de plus, il aura à mettre en lumière la gloire de notre grand ami Pompée[2] ; il rencontrera aussi la < belle > et inoubliable année de son consulat, et je préfère qu'il la célèbre plutôt que de l'entendre nous parler, comme on dit, de Rémus et de Romulus.

Marcus. — Je me rends bien compte, Atticus, que c'est un travail que l'on me demande depuis longtemps déjà ; je ne le repousserais pas, si l'on m'en accordait le temps et le loisir, car ce n'est pas au milieu d'activités absorbantes et l'esprit embarrassé que l'on peut entreprendre une œuvre aussi importante. Deux conditions sont indispensables : absence de préoccupations et absence d'affaires.

souhaitable : *Brutus*, 228. Cf. *ibid.*, 259 : *quasi emendator sermonis usitati.* Préteur en 78, légat de Pompée en 67, Sisenna venait d'écrire une histoire romaine relatant surtout les faits de l'époque de Sylla.

historia puerile quiddam consectatur, ut unum Clitarchum neque praeterea quemquam de Graecis legisse uideatur, eum tamen uelle dumtaxat imitari : quem si adsequi posset, aliquantum ab optumo tamen abesset. Quare tuum est munus hoc, a te exspectatur ; nisi quid Quinto uidetur secus.

III. 8. QVINTVS. — Mihi uero nihil, et saepe de isto conlocuti sumus ; sed est quaedam inter nos parua dissensio.

ATTICVS. — Quae tandem ?

QVINTVS. — A quibus temporibus scribendi capiatur exordium. Ego enim ab ultimis censeo, quoniam illa sic scripta sunt ut ne legantur quidem, ipse autem aequalem aetatis suae memoriam deposcit, ut ea conplectatur quibus ipse interfuit.

ATTICVS. — Ego vero huic potius adsentior. Sunt enim maxumae res in hac memoria atque aetate nostra ; tum autem hominis amicissimi Cn. Pompeii laudes inlustrabit, incurret etiam in *praeclarum* illum et memorabilem annum suum : quae ab isto malo praedicari quam, ut aiunt, de Remo et Romulo.

MARCVS. — Intellego equidem a me istum laborem iam diu postulari. Attice. Quem non recusarem, si mihi ullum tribueretur uacuum tempus et liberum. Neque enim occupata opera neque inpedito animo res tanta suscipi potest : utrumque opus est, et cura uacare et negotio.

7 Clitarchum *codd* : Plutarcum *G*.
8 ne legantur *AH* : neglegantur *B* || praeclarum *scripsi*.

9. ATTICUS. — Mais pour tes autres ouvrages — et tu en as écrit plus qu'aucun d'entre nous[1] —, est-ce que l'on t'avait laissé quelque loisir ?

MARCUS. — Il y a comme des moments de supplément que je prends soin de ne pas laisser perdre ; par exemple, si l'on accorde quelques jours de vacances, ils se prêteront à l'étendue de mon travail écrit. Mais une œuvre historique ne peut s'entreprendre que si l'on dispose de loisirs préalables et ne peut se mener à terme en un espace restreint. Pour moi d'ordinaire, une fois que je me suis mis à une tâche, je me trouve dans l'embarras quand je suis obligé de passer à une autre, et il m'est plus difficile de reprendre la suite d'une œuvre interrompue que d'achever une œuvre commencée.

10. ATTICUS. — Voilà un discours assurément qui tend à demander un envoi en mission ou quelque exemption du même genre laissant loisir et tranquillité.

MARCUS. — Pour moi, je comptais plutôt sur la dispense de l'âge ; d'autant plus que je ne refuserais pas, conformément à l'usage de nos pères, de donner des consultations assis dans un fauteuil magistral et de m'acquitter des charges aussi flatteuses qu'honorables d'une vieillesse qui ne serait pas plongée dans l'inaction[2]. Alors je pourrais consacrer tout l'effort que je voudrais à l'œuvre que tu demandes et à beaucoup d'autres plus fécondes et plus vastes.

Projets d'activité juridique.

IV. **11.** ATTICUS. — Oui, mais je crains que personne n'accepte tes raisons et que tu sois toujours obligé de plaider, d'autant plus que toi-même, tu as changé ton genre d'éloquence et en as adopté un nouveau ; et de même que ton ami intime Roscius avait dans sa vieillesse abaissé certaines notes de son chant et ralenti le mouvement des flûtes, tous les jours tu détends quelque chose

9. ATTICVS. — Quid ? Ad cetera quae scripsisti plura quam quisquam e nostris, quod tibi tandem tempus uacuum fuit concessum ?

MARCVS. — Subsiciua quaedam tempora incurrunt, quae ego perire non patior, ut si qui dies ad rusticandum dati sint, ad eorum numerum adcommodentur quae scribimus. Historia uero nec institui potest nisi praeparato otio, nec exiguo tempore absolui, et ego animi pendere soleo, cum semel quid orsus, [si] traducor alio, neque tam facile interrupta contexo quam absoluo instituta.

10. ATTICVS. — Legationem aliquam nimirum ista oratio postulat, aut eius modi quampiam cessationem liberam atque otiosam.

MARCVS. — Ego uero aetatis potius uacationi confidebam, cum praesertim non recusarem, quominus more patrio sedens in solio consulentibus responderem senectutisque non inertis grato atque honesto fungerer munere. Sic enim mihi liceret et isti rei quam desideras et multo uberioribus atque maioribus operae quantum uellem dare.

IV. 11. ATTICVS. — Atqui uereor ne istam causam nemo noscat, tibique semper dicendum sit, et eo magis quod te ipse mutasti, et aliud dicendi instituisti genus, ut, quem ad modum Roscius familiaris tuus in senectute numeros in cantu *remissius* cecinerat ipsasque tardiores fecerat tibias, sic tu a conten-

9 si *secl.* Ziegler.
11 quod *BH* : quo *AG* || remissius *addidi*.

de ces joutes extrêmement serrées auxquelles tu te complaisais, si bien que ton style ne s'éloigne plus beaucoup de l'onction des philosophes[1] ; et, comme c'est une manière que la vieillesse la plus avancée paraît en état de maintenir, je ne vois pas qu'on puisse t'accorder aucune dispense de plaider.

12. QUINTUS. — Eh bien pourtant, je croyais que nos concitoyens pourraient te donner leur approbation, si tu te consacrais à des consultations de droit. C'est pourquoi, à l'heure où cela te conviendra, je suis d'avis que tu en fasses l'essai.

MARCUS. — Oui, Quintus, s'il n'y avait aucun risque à en faire l'essai ; mais j'ai peur, en voulant diminuer ma tâche, de l'augmenter et d'ajouter à mon travail d'avocat — que je n'aborde jamais sans m'être outillé et l'avoir préparé — d'y ajouter, dis-je, l'interprétation du droit qui n'est pas en soi si pénible par le travail qu'elle demande que par ce fait qu'elle m'empêcherait de réfléchir à mes discours et, sans réflexion, jamais je n'ai osé aborder une cause de quelque importance.

13. ATTICUS. — Mais ne pourrais-tu pas nous expliquer cela à tes « moments supplémentaires », comme tu les appelles et composer sur le droit civil quelque chose de plus approfondi que ce qu'ont fait les autres ? Car au commencement de ta carrière, tu as étudié le droit, je m'en souviens, au temps où moi-même je fréquentais Scévola, et il ne m'a jamais paru que tu te sois consacré à l'éloquence au point d'en venir à mépriser le droit[2].

Une théorie des lois.

MARCUS. — Atticus, tu m'appelles à un long exposé ; pourtant, à moins que Quintus ne préfère que nous fassions autre chose, je m'en chargerai, et, puisque nous sommes libres, je vais parler.

tionibus quibus summis uti solebas, cotidie relaxes aliquid, ut iam oratio tua non multum a philosophorum lenitate absit. Quod sustinere cum uel summa senectus posse uideatur, nullam tibi a causis uacationem uideo dari.

12. QVINTVS. — At mehercule ego arbitrabar posse id populo nostro probari, si te ad ius respondendum dedisses ; quam ob rem, cum placebit, experiendum tibi id censeo.

MARCVS. — Si quidem, Quinte, nullum esset in experiundo periculum. Sed uereor ne, dum minuere uelim laborem, augeam, atque ad illam causarum operam, ad quam ego numquam nisi paratus et meditatus accedo, adiungatur haec iuris interpretatio, quae non tam mihi molesta sit propter laborem, quam quod dicendi cogitationem auferat, sine qua ad nullam maiorem umquam causam sum ausus accedere.

13. ATTICVS. — Quin igitur ista ipsa explicas nobis his subsiciuis, ut ais, temporibus, et conscribis de iure ciuili subtilius quam ceteri ? Nam a primo tempore aetatis iuri studere te memini, quom ipse etiam ad Scaeuolam uentitarem, neque umquam mihi uisus es ita te ad dicendum dedisse, ut ius ciuile contemneres.

MARCVS. — In longum sermonem me uocas, Attice, quem tamen, nisi Quintus aliud quid nos agere

11 contentionibus *edd* : contionibus *codd.*
12 Si quidem : id si quidem *codd.*
13 subsiciuis *codd.* : subcidi uis *G* || ut ais *HG* : aliis *AB* || ceteri *HG* : ceteris *AB*.

QUINTUS. — Mais je l'écouterai volontiers ; que pourrais-je faire de mieux et qu'y a-t-il à quoi je puisse plus heureusement employer cette journée ?

14. MARCUS. — Pourquoi ne pas nous rendre < là-bas > vers nos allées et nos sièges ? Lorsque nous en aurons assez de nous promener, nous nous y reposerons, et cela sûrement ne manquera pas de charme pendant que, nous instruisant les uns près des autres, nous procèderons à notre recherche.

ATTICUS. — Oui, <allons-y> et, de ce côté, en direction du Liris, si vous voulez, le long de la rive et à l'ombre. Mais déjà, commence à nous développer, je t'en prie, ce que tu penses du droit.

MARCUS. — Moi ? Je pense qu'il y a eu dans notre État de très grands citoyens qui se sont adonnés à l'expliquer au peuple et à lui fournir des consultations ; mais, après avoir annoncé de grands objets, ils se sont cantonnés en de petits. Qu'y a-t-il en effet d'aussi important que le droit d'un pays ? Mais quoi d'aussi étroit que la tâche des gens que l'on consulte ? — Encore est-elle nécessaire, et je ne crois pas que ceux qui ont pris la direction de cette branche aient ignoré tout l'ensemble du droit ; mais ils n'ont approfondi ce qu'on appelle le droit civil que dans la mesure où ils voulaient le mettre à la disposition du public (1). Or cela, en théorie, est bien mince ; mais au point de vue pratique, nécessaire. Aussi vers quel sujet m'appelles-tu ? ou quelle est la tâche à laquelle tu m'invites ? Est-ce à composer des traités sur l'écoulement des gouttières et la mitoyenneté des murs ? à rassembler des « formules » de contrats et de jugements (2) ? Cela, beaucoup d'auteurs l'ont fait avec conscience, et ce sont des sujets plus modestes que ceux auxquels on s'attend, je pense, de ma part.

(1) Cicéron s'était déjà exprimé très sévèrement sur le compte des jurisconsultes à l'esprit étroit et formaliste, dans le *pro Murena*, 25-27, en 63, : « aequitatem reliquerunt, uerba ipsa tenuerunt », puis *de Orat.* I, 236, quand il envisage la science juridique réduite à une technique de la chicane. Cf. *Introduction*, p. XII.

(2) Cicéron ne voit dans ces *stipulationum et iudiciorum formulae*,

mauult, suscipiam, et, quoniam uacui sumus, dicam.

QVINTVS. — Ego uero libenter audierim. Quid enim agam potius, aut in quo melius hunc consumam diem?

14. MARCVS. — Quin igitur ad illa spatia nostra sedesque pergimus ? Ubi, cum satis erit ambulatum, requiescemus, nec profecto nobis delectatio deerit, aliud ex alio quaerentibus.

ATTICVS. — Nos uero, et hac quidem ad *L*irem, si placet, per ripam et umbram. Sed iam ordire explicare, quaeso, de iure ciuili quid sentias.

MARCVS. — Egone ? Summos fuisse in ciuitate nostra uiros, qui id interpretari populo et responsitare soliti sint, sed eos magna professos in paruis esse uersatos. Quid enim est tantum quantum ius ciuitatis ? Quid autem tam exiguum quam est munus hoc eorum qui consuluntur ? Quam*quam* est [populo] necessarium, nec uero eos, qui ei muneri praefuerunt, uniuersi iuris fuisse expertis existimo, sed hoc ciuile quod uocant eatenus exercuerunt, quoad populo praestare uoluerunt ; id autem in cogniti*one* tenue est, in usu necessarium. Quam ob rem quo me uocas, aut quid hortaris ? ut libellos conficiam de stillicidiorum ac de parietum iure ? An ut stipulationum et iudiciorum formulas conponam ? Quae et conscripta a multis sunt diligenter, et sunt humiliora quam illa quae a nobis exspectari puto.

14 pergimus *H* : pergamus *AB*² *G* || ad Lirem *edd.* : adirem *AB* adire *H* || egone *AB* : egone memini *HG* || qui id *AB* : quid *H* || quid uatem *HG* : quam autem AB || quamquam *edd.* : quam *codd.* || populo *seclusi* || in cognitione tenue *edd.* incogniti detenui *AB* incognitum *HG* || a nobis *ABH* : a uobis *G*.

V. 15. ATTICUS. — Et bien, si tu veux savoir ce que j'attends de toi, maintenant que tu as écrit un traité sur la forme idéale de l'État (*de Re publica*), il me semble que la suite logique serait que tu écrives encore un traité sur les Lois ; c'est ainsi, je vois, qu'a procédé Platon, ce Platon qui fait l'objet de ton admiration, que tu préfères à tous et auquel tu voues ton amour le plus grand (1).

MARCUS. — Tu voudrais donc qu'à son exemple, tel qu'il se dépeint, en compagnie du crétois Clinias et du Lacédémonien Mégille, par un jour d'été dans les cyprès de Gnosse et les promenades boisées, bien souvent s'arrêtant, parfois même prenant du repos, en train de discuter sur les institutions des États et les lois les meilleures, nous aussi, parmi ces peupliers à la taille si haute, marchant au long de la rive verte et ombragée, puis ensuite assis, nous nous mettions à rechercher sur les mêmes points quelque chose de plus nourri que ce qu'exige la pratique courante du forum ?

16. ATTICUS. — Oui, c'est là ce que je voudrais entendre.

MARCUS. — Qu'en pense Quintus ?

QUINTUS. — Rien ne m'agrée davantage.

MARCUS. — Et tu as raison. Car soyez bien convaincus qu'il n'y a pas de débat où l'on puisse mieux mettre en lumière les dons que l'homme a reçus de la nature, l'étendue et la bonté des avantages que possède en soi l'esprit humain, la tâche pour l'accomplissement et la réalisation de laquelle nous sommes nés et venus au jour, l'alliance étroite qui unit les hommes, le caractère naturel de la société qui les attache entre eux ; c'est quand on a exposé tout cela qu'on peut découvrir la source des lois et du droit.

formes nécessaires de tout acte contractuel ou judiciaire, qu'une contrainte inventée par la cupidité des juristes : *pro Murena*, 25 : « Verba quaedam composuerunt, ut omnibus in rebus ipsi interessent. »

(1) Platon, *Lois*, L. I, 1.

V. 15. Atticvs. — Atqui, si quaeris ego quid exspectem, quoniam scriptum est a te de optimo rei publicae statu, consequens esse uidetur ut scribas tu idem de legibus : sic enim fecisse uideo Platonem illum tuum, quem tu admiraris, quem omnibus antcponis, quem maxime diligis.

Marcvs. — Visne igitur, ut ille cum Crete Clinia et cum Lacedaemonio Megillo aestiuo, quem ad modum describit, die in cupressetis Gnosiorum et spatiis siluestribus, crebro insistens, interdum adquiescens, de institutis rerum publicarum ac de optimis legibus disputa*bat*, sic nos inter has procerissimas populos in uiridi opacaque ripa inambulantes, tum autem residentes, quaeramus isdem de rebus aliquid uberius quam forensis usus desiderat ?

16. Atticvs. — Ego uero ista audire cupio.

Marcvs. — Quid ait Quintus ?

Qvintvs. — Nulla de re magis.

Marcvs. — Et recte quidem ; nam sic habetote, nullo in genere disputandi *pot*est magis patefieri, quid sit homini a natura tributum, quantam uim rerum optimarum mens humana contineat, cuius muneris colendi efficiendique causa nati et in lucem editi simus, quae sit coniunctio hominum, quae naturalis

15 quaeris *edd.* : quaeres *codd.* || cum Crete *edd.* : cretae (crete) cum *codd.* || Megillo *edd.* : megalo *BH* megala *AH²G* || disput*ab*at *scripsi* : disputans *codd* disputat *edd.*

16 disputandi *H²* : disputando *AB* || potest magis *scripsi* ; honesta magis patefieri *codd.* : (magis *omis.* *AB*) || a natura *H* natura ABG || in lucem editi simus *edd.* : sumus *HG* meditissim *B.*

17. Atticus. — Ce n'est donc pas en partant de l'Édit du Préteur, comme le font maintenant la plupart des auteurs, ni, comme les anciens, en partant des XII Tables, que l'on doit, à ton avis, aller puiser la connaissance du droit, mais au cœur même de la philosophie.

Marcus. — C'est que, Pomponius, au cours de cet entretien nous ne cherchons pas la manière de nous garantir en justice ni la réponse que nous devrions faire à chaque consultation que l'on nous demanderait. Admettons que ce soit, — et c'est en effet — une tâche importante qui a été assurée naguère par beaucoup de personnalités illustres et qui l'est aujourd'hui par un maître unique, jouissant d'une autorité aussi haute que sa science [1]. Pour nous, nous devons embrasser au cours de cette discussion le domaine complet du droit et des lois dans leur ensemble, si bien que ce que nous appelons « le droit civil » se trouvera réduit à un espace petit et limité. Car nous avons à expliquer la nature du droit et il faut aller la découvrir dans la nature de l'homme ; il faudra examiner les lois par lesquelles doivent être gouvernées les cités ; enfin il y aura lieu d'étudier les droits et décrets des peuples qui se trouvent rassemblés et classés : c'est là que ne manqueront pas de trouver place ce qu'on appelle « les droits civils » de notre peuple [2].

Les principes du droit.

VI. **18.** Quintus. — C'est donc de très haut, mon frère, et, comme il convient, à la source même que tu prends la question ; et ceux qui nous exposent différemment le droit civil nous donnent plutôt des méthodes de procès que des méthodes de justice.

Marcus. — Non, Quintus, ce n'est pas vrai, et c'est l'ignorance plutôt que la connaissance du droit qui cause les procès. Mais cela, ce sera pour plus tard ; voyons maintenant les bases du droit.

societas inter ipsos. His enim explicatis, fons legum et iuris inueniri potest.

17. Atticvs. — Non ergo a praetoris edicto, ut plerique nunc, neque a duodecim tabulis, ut superiores, sed penitus ex intima philosophia hauriendam iuris disciplinam putas ?

Marcvs. — Non enim id quaerimus hoc sermone, Pomponi, quem ad modum caueamus in iure, aut quid de quaque consultatione respondeamus. Sit ista res magna, sicut est, quae quondam a multis claris uiris, nunc ab uno summa auctoritate et scientia sustinetur, sed nobis ita complectenda in hac disputatione tota causa est uniuersi iuris ac legum, ut, hoc ciuile quod dicimus, in paruum quendam et angustum locum concludatur. Natura enim iuris explicanda nobis est, eaque ab hominis repetenda natura, considerandae leges quibus ciuitates regi debeant ; tum haec tractanda, quae conposita sunt et descripta iura et iussa populorum, in quibus ne nostri quidem populi latebunt quae uocantur iura ciuilia.

VI. **18.** Qvintvs. — Alte uero et, ut oportet, a capite, frater, repetis quod quaerimus, et qui aliter ius ciuile tradunt, non tam iustitiae quam litigandi tradunt uias.

Marcvs. — Non ita est, Quinte, ac potius ignoratio iuris litigiosa est quam scientia. Sed hoc posterius : nunc iuris principia uideamus.

Igitur doctissimis uiris proficisci placuit a lege,

17 nobis ita *edd.* : noris ista *codd.* || concludatur [naturae] *edd.*

Donc des personnages très savants ont convenu de prendre comme point de départ la Loi : à juste titre, sans doute, si, comme ils la définissent, la Loi est la raison souveraine incluse dans la nature, qui nous ordonne ce que nous devons faire et nous interdit le contraire[1]. Cette raison, lorsqu'elle s'appuie et se réalise dans la pensée de l'homme, est encore la loi.

19. Aussi sont-ils d'avis que la sagesse pratique est une loi dont le propre serait qu'elle nous ordonne de bien agir et nous interdit de pécher, et cette chose qui, pensent-ils, a reçu sa dénomination grecque *nomos*, du fait de la répartition due à chacun de ce qui lui appartient, nous lui donnons, je pense, le nom de loi (*lex*) du fait de choisir (*legere*) ; car, de même qu'ils placent dans la loi l'idée essentielle de « partage égal », nous y mettons, nous, celle de « choix distinct » : tous deux étant des caractères de la loi. Si ce raisonnement est vrai (comme il me le paraît dans l'ensemble), c'est donc de la notion de Loi qu'il faut faire sortir l'origine du droit : car c'est elle qui est la force de la nature, l'esprit et la conscience de l'homme prudent, la norme du droit et du non-droit[2]. — Mais, parce que tout notre langage roule sur des conceptions de sens commun, il nous faudra entre-temps parler comme tout le monde, et appeler « loi », comme le fait le vulgaire, le texte écrit qui sanctionne une volonté exprimée par un ordre ou par une défense. Mais pour fonder le droit, prenons pour origine cette Loi suprême qui, commune à tous les siècles, est née avant qu'il existât aucune loi écrite ou que fût constitué nulle part aucun État.

20. QUINTUS. — Ce sera mieux approprié et plus philosophique, eu égard au caractère de l'entretien posé.

MARCUS. — Tu acceptes donc que nous reprenions à sa source l'origine du droit même ? Une fois cela découvert, nous saurons sans hésitation à quoi rapporter les résultats de nos recherches.

haud scio an recte, si modo, ut idem definiunt, lex est ratio summa, insita in natura, quae iubet ea quae facienda sunt, prohibetque contraria. Eadem ratio, cum est in hominis mente confirmata et *per*fecta, lex est. **19.** Itaque arbitrantur prudentiam esse legem, cuius ea uis sit, ut recte facere iubeat, uetet delinquere, eamque rem illi Graeco putant nomine νόμον *a* suum cuique tribuendo appellatam, ego nostro a legendo. Nam ut illi aequitatis, sic nos delectus uim in lege ponimus, et proprium tamen utrumque legis est. Quod si ita recte dicitur, ut mihi quidem plerumque uideri solet, a lege ducendum est iuris exordium. Ea est enim naturae uis, ea mens ratioque prudentis, ea iuris atque iniuriae regula. Sed quoniam in populari ratione omnis nostra uersatur oratio, populariter interdum loqui necesse erit, et appellare eam legem, quae scripta sancit quod uult aut iubendo *aut prohibendo*, ut uulgus appellare *solet.* Constituendi uero iuris ab illa summa lege capiamus exordium, quae, saeclis *communis* omnibus, ante nata est quam scripta lex ulla aut quam omnino ciuitas constituta.

20. QVINTVS. — Commodius uero et ad rationem instituti sermonis sapientius.

MARCVS. — Visne ergo ipsius iuris ortum a fonte repetamus ? Quo inuento non erit dubium, quo sint haec referenda quae quaerimus.

18 perfecta *edd.* : confecta *codd.*

19 νόμον *restitui* || a *omis. codd* || delectus *H* : intellectus *AB* || scripta *ABH* : scripto *H*²*G* || aut prohibendo *deest in codd.* || appellare solet *scripsi* : appellaret *B* appellarit et *H* || constituendi *AH*²*G* : constituendo *BH* || communis omnibus *scripsi* : communibus *codd.* omnibus *edd.*

Quintus. — C'est tout à fait mon avis de procéder ainsi.

Atticus. — Inscris mon vote à côté de celui de ton frère.

Marcus. — Donc, étant donné que nous devons observer et garder cette forme d'État dont Scipion, au cours de nos six livres (*De re publica*) a démontré qu'elle était la meilleure ; étant donné que toutes nos lois devront s'adapter à ce genre de régime [1] ; qu'il faut de plus enraciner des habitudes morales et qu'on ne peut tout sanctionner par des textes écrits, je vais reprendre le droit à sa racine dans la nature. C'est elle qui sera notre guide dans tout le développement de cette discussion [2].

Atticus. — Très bien, et avec ce guide, il n'y a absolument pas moyen de s'égarer.

Puissance de la divinité.

VII. **21.** Marcus. — Veux-tu, donc, Pomponius, nous accorder ce point — je sais en effet quel est le sentiment de Quintus — à savoir que c'est par le commandement, la raison, le pouvoir, la pensée ou la volonté sainte des dieux immortels (ou tout autre mot qui exprime plus clairement ce que je veux dire) qu'est dirigé l'ensemble de la nature ? Car si tu en conviens [3], c'est par là précisément que nous devrons commencer le débat.

Atticus. — Je veux bien l'accorder, si tu en as besoin : les oiseaux font en effet un tel concert et les sources un tel murmure que je n'ai pas peur qu'aucun de mes compagnons d'études m'entende.

Marcus. — Et pourtant, méfie-toi ; car ordinairement (c'est une marque de braves caractères) ils se fâchent très fort, et sûrement ils n'admettront pas cela, s'ils apprennent que tu as trahi le premier chapitre du livre d'un grand homme dans lequel il a écrit que la divinité ne s'inquiète ni de soi ni d'autrui [4].

22. Atticus. — Continue, je t'en prie. Car cette concession que je t'ai faite, je me demande à quoi elle peut tendre.

QVINTVS. — Ego uero ita esse faciendum censeo.

ATTICVS. — Me quoque adscribe fratris sententiae.

MARCVS. — Quoniam igitur eius rei publicae, quam optumam esse docuit in illis sex libris Scipio, tenendus est nobis et seruandus status, omnesque leges adcommodandae ad illud ciuitatis genus, serendi etiam mores nec scriptis omnia sancienda, repetam stirpem iuris a natura, qua duce nobis omnis *haec* est disputatio explicanda.

ATTICVS. — Rectissime, et quidem ista duce errari nullo pacto potest.

VII. **21.** MARCVS. — Dasne igitur hoc nobis, Pomponi, (nam Quinti noui sententiam), deorum immortalium *nutu*, ratione, potestate, mente, numine (siue quod est aliud uerbum quo planius significem quod uolo) naturam omnem regi ? Nam, si hoc *com*probas, ab eo nobis causa ordienda est potissimum.

ATTICVS. — Do sane, si postulas ; etenim propter hunc concentum auium strepitumque fluminum non uereor condiscipulorum ne quis exaudiat.

MARCVS. — Atqui cauendum est ; solent enim (id quod uirorum bonorum est) admodum irasci, nec uero ferent, si audierint, te primum caput ui*ri* optimi prodidisse, in quo scripsit nihil curare deum nec sui nec alieni.

22. ATTICVS. — Perge, quaeso. Nam id quod tibi concessi, quorsus pertineat, exspecto.

20 adscribe *edd.* : adscribi *codd* || haec *adieci.*
21 nutu *scripsi* : ut natura *codd.* vi natura *edd.* || comprobas *scripsi* : non probas *codd.* || caput uiri : caputli *A* capulli *B* capitali *A'GH'*.

MARCUS. — Ce ne sera pas long. Elle tend à ceci : cet être apte à prévoir et à déduire, complexe, doué de pénétration et de mémoire, plein de raison et d'intelligence, que nous appelons l'homme, a été créé dans une situation exceptionnelle par la divinité suprême. Il est en effet le seul parmi tant d'êtres de toute espèce et de toute nature qui ait part à la raison et à la réflexion alors que tous les autres en sont privés. Or y a-t-il un bien, je ne veux pas dire en l'homme, mais dans tout le ciel et sur toute la terre qui soit plus divin que la raison [1]? Avantage que l'on appelle à juste titre, quand il s'est développé et à atteint son terme : « sagesse ».

23. Donc, puisqu'il n'y a rien de mieux que la raison et que celle-ci existe en l'homme et dans la divinité, il y a entre l'homme et la divinité une première association < consistant en une participation > à la raison. Mais pour ceux entre lesquels est commune la faculté de la raison, la droite raison aussi est commune ; et, comme c'est elle qui est la Loi, nous devons croire les hommes et les dieux réunis en une association fondée sur la Loi. Or pour ceux qui ont entre eux communauté de loi, il y a communauté de droit. Mais ceux pour qui ces choses (loi et droit) sont communes doivent être considérés comme appartenant à la même Cité. A plus forte raison, s'ils obéissent aux mêmes commandements et aux mêmes autorités, obéissent-ils au mouvement réglé de notre ciel, à la pensée des dieux et à la divinité prédominante [2]. Si bien qu'il faut regarder tout cet ensemble du monde comme une Cité unique appartenant en commun aux dieux et aux hommes [3]. Et ce qui existe dans les cités, en vertu de principes dont nous parlerons à l'endroit convenable, où les relations de parenté différencient les situations familiales, dans l'univers cela existe aussi, sous une forme d'autant plus grandiose et glorieuse que les hommes se trouvent rattachés aux dieux par des liens de famille et de race [4].

MARCVS. — Non faciam longius. Huc enim pertinet: animal hoc prouidum, sagax, multiplex, acutum, memor, plenum rationis et consilii, quem uocamus hominem, praeclara quadam condicione generatum esse a supremo deo. Solum est enim ex tot animantium generibus atque naturis particeps rationis et cogitationis, quom cetera sint omnia expertia. Quid est autem, non dicam in homine, sed in omni caelo atque terra, ratione diuinius ? Quae quom adoleuit atque perfecta est, nominatur rite sapientia. **23.** Est igitur, quoniam nihil est ratione melius, eaque *est* et in homine et in deo, prima homini cum deo rationis societas. Inter quos autem ratio, inter eosdem etiam recta ratio [et] communis est : quae cum sit lex, lege quoque consociati homines cum dis putandi sumus. Inter quos porro est communio legis, inter eos communio iuris est. Quibus autem haec sunt inter eos communia, ei ciuitatis eiusdem habendi sunt. Si uero isdem imperiis et potestatibus parent, multo iam magis parent [autem] huic caelesti discriptioni mentique diuinae et praepotenti deo, ut iam uniuersus *sit* hic mundus una ciuitas communis deorum atque hominum existimanda. Et quod in ciuitatibus ratione quadam, de qua dicetur idoneo loco, agnationibus familiarum distinguuntur status, id in rerum natura tanto est magnificentius tantoque praeclarius, ut homines deorum agnatione et gente teneantur.

22 et cogitationis *omis. B.*
23 est *edd.* || [et] communis est *seclus. edd.* || parent autem : autem *eras. codd.* || ut iam *BH* : ut etiam *A* || < sit > existimanda *edd.*

La condition de l'homme.

VIII. **24.** En effet, lorsqu'on étudie la nature de l'homme, voici ce que l'on a coutume d'établir, et sans doute en est-il bien comme on l'établit : à savoir qu'au long des cycles et des retours incessants des choses célestes, il s'est produit un certain instant de maturité propre à l'ensemencement de la race des hommes ; race qui, une fois répandue et semée à la surface des terres, s'est enrichie par le don de l'âme qu'elle a reçue des dieux. Ainsi, tandis que les hommes ont emprunté les autres éléments dont ils se composent à leur nature mortelle, éléments faibles et périssables, l'âme a été inculquée en eux par la divinité. D'où vraiment nous pouvons parler d'une « parenté » existant entre nous et les êtres du ciel, de « race » ou de « filiation ». C'est pourquoi, parmi tant d'espèces, il n'y a pas un être vivant, en dehors de l'homme, qui ait quelque connaissance de la divinité, et d'autre part, chez les hommes, il n'est pas de nation, tant civilisée que sauvage, qui, même si elle ignore ce qu'elle doit tenir pour dieu, ne sache cependant qu'elle doit en avoir. **25.** De là résulte que celui-là connaît Dieu qui, pour ainsi dire, se souvient et se rend compte de qui il prend son origine. Enfin la vertu qui existe chez l'homme comme en Dieu est la même et ne se rencontre chez aucune autre espèce : car la vertu n'est autre chose que la nature achevée et portée à son degré suprême (1). Il y a donc ressemblance entre l'homme et la divinité, et, s'il en est ainsi, peut-il y avoir parenté plus proche et plus certaine ?

Aussi la nature a-t-elle accordé à l'utilité et aux besoins des hommes une telle surabondance de biens que ses productions nous ont été, comme nous le voyons, prodiguées à dessein et ne sont pas issues du hasard : non seulement

(1) Il serait plus conforme à la logique et à l'idéologie stoïcienne de lire : « la raison ». Cf. *infra* I, 45 : « est enim uirtus perfecta ratio », *de Fin,* IV, 34 : « rationis enim perfectio est uirtus » ; *de Fin,* V, 38.

VIII. **24.** Nam cum de natura hominis quaeritur, *haec* disputari sole*nt* — *et* nimirum ita est, ut disputatur — perpetuis cursibus conuersionibus*que* caelestibus exstitisse quandam maturitatem serendi generis humani, quod sparsum in terras atque satum diuino auctum sit animorum munere, cumque alia quibus cohaererent homines e mortali genere sumpserint, quae fragilia essent et caduca, animum esse ingeneratum a deo. Ex quo uere uel agnatio nobis cum caelestibus uel genus uel stirps appellari potest. Itaque ex tot generibus nullum est animal praeter hominem quod habeat notitiam aliquam dei, ipsisque in hominibus nulla gens est neque tam mansueta neque tam fera, quae non, etiamsi ignoret qualem haberi deum deceat, tamen habendum sciat.

25. Ex quo efficitur illud, ut is agnoscat deum, qui, unde ortus sit, quasi recordetur *ac* cognoscat. Iam uero uirtus eadem in homine ac deo est, neque alio ullo in gen*ere* praeterea. Est autem uirtus nihil aliud, nisi perfecta et ad summum perducta natura : est igitur homini cum deo similitudo. Quod cum ita sit, quae tandem esse potest proprior certiorue cognatio ? Itaque ad hominum commoditates et usus tan-

24 hominis *edd.*: omni *codd.* || quaeritur *edd.*: quaeruntur *codd.* || haec disputari : haec *addidi* || et *edd.* || disputatur *edd.* : disputantur *codd.* || satum *GH²* : factum *ABH* || cumque (quomque) *edd.* : quamque *ABH* namque *A²B²* || alia quibus *G* : aliquibus *ABH* || fragilia *AG*: flagitia *BH* || stirps *G* : stirpis *ABH* || dei ipsisque in hominibus *edd.* : de ipsis quin (quidem *H*) hominibus *BH deleuit A* dei (*omisit reliqua*) *G* haberi *Lactantius* : habere *codd.*

25 ac *scripsi* : agnoscat *AG* cognoscat *BH* || in genere *edd.* : ingenio *codd.* || nisi perfecta *edd* in se perfecto *codd.*

ces grains et ces fruits qui jaillissent de la fécondité du sol, mais également la plupart des troupeaux d'animaux qui, de toute évidence, ont été créés pour les besoins de l'homme, les uns pour son usage, les autres pour sa nourriture.

26. C'est aux leçons de la nature que nous devons la découverte d'arts innombrables, quand, la prenant pour modèle, la raison humaine s'est acquis par son ingéniosité les ressources nécessaires à la vie. IX. C'est encore la nature qui, non seulement a muni l'homme en sa propre personne d'un esprit doué de promptitude, mais de plus lui a assigné les sens en guise de serviteurs et de messagers, a éclairci en lui les notions obscures et non encore bien dégagées d'un grand nombre de choses qui forment en quelque sorte les bases premières de sa connaissance ; elle, qui lui a donné une forme physique souple et bien adaptée à ses dispositions naturelles. **27.** Car, tandis qu'elle a rejeté vers leur pâture les autres animaux, l'homme est le seul dont elle ait dressé la taille et qu'elle ait appelé à regarder le ciel, comme vers le lieu de sa parenté et de son premier séjour, et elle a tracé de telle sorte les lignes de sa physionomie qu'elle y a empreint les tendances secrètes de son caractère[1]. Car les yeux extrêmement expressifs disent les émotions qui s'emparent de notre âme, et ce que l'on appelle « le visage », dont l'analogue ne peut exister chez aucun être vivant autre que l'homme, le visage dénote le caractère : les Grecs en connaissent bien l'énergie, mais ne possèdent aucun mot qui le désigne. Je laisse de côté les aptitudes heureuses et les souples dispositions du reste de son corps, la flexibilité de sa voix, la force de sa parole qui est par excellence l'organe médiateur de l'association humaine : toutes choses qui ne relèvent ni de cet exposé ni de ce moment et

« (uirtutes) excellent propterea quod et ratione gignuntur, qua nihil est in homine diuinius ; (summa) rationis, ex qua uirtus est, quae rationis absolutio definitur ».

tam rerum ubertatem natura largita est, ut ea, quae gignuntur, donata consulto nobis, non fortuito nata uideantur, nec solum ea quae frugibus atque bacis terrae fetu profunduntur, sed etiam pecudes, qu*om* perspicuum sit *plerasque* esse ad usum hominum, partim ad fructum, partim ad uescendum, procreatas.

26. Artes uero innumerabiles repertae sunt, docente natura, quam imitata ratio res ad uitam necessarias sollerter consecuta est.

IX. Ipsum autem hominem eadem natura non solum celeritate mentis ornauit sed *ei* et sensus tamquam satellites attribuit ac nuntios, et rerum plurimarum obscuras nec satis *expressas* intellegentias enodauit, quasi fundamenta quaedam scientiae, figuramque corporis habilem et aptam ingenio humano dedit. Nam cum ceteras animantes abiecisset ad pastum, solum hominem erexit et ad caeli quasi cognationis domiciliique pristini conspectum excitauit, tum speciem ita formauit oris, ut in ea penitus reconditos mores effingeret.

27. Nam et oculi nimis argute quem ad modum animo affecti simus, loquntur et is qui appellatur uultus, qui nullo in animante esse praeter hominem potest, indicat mores, quoius uim Graeci norunt, nomen omnino non habent. Omitto opportunitates

25 quom perspicuum *scripsi* : quod *codd.* quas *edd.* ‖ plerasque *scripsi* : partim *codd.*

26 ei *add. Ziegler* ‖ expressas *edd.* ‖ enodauit *H* : enudavit *ABG* inchoavit *edd.* ‖ ceteras animantes *ABG* cetera animalia *H* ‖ formauit oris *HG* formatioris *A* forma altiori A^2B.

27 affecti simus *H* : effecti (affecti G) sumus *ABG*.

qui forment un sujet que Scipion a suffisamment éclairci, du moins il me semble, dans les livres que vous avez lus. Maintenant, puisqu'il est établi que c'est la divinité qui a créé et doté l'homme dont elle a voulu faire la raison d'être du reste des choses, il est évident pour nous (car on ne peut tout développer) que la nature, de par ses propres forces, est en mesure de faire des progrès, elle qui, sans l'aide d'aucun maître, partant de notions dont elle a acquis la connaissance générale d'après l'intuition primitive esquissée en elle, d'elle-même soutient la raison et la porte à se réaliser.

Unité et solidarité de la race humaine.

X. **28.** Atticus. — Dieux immortels ! comme tu vas chercher loin les principes du droit ! Tu le fais, il est vrai, de telle sorte que, plutôt que de te presser d'en venir à l'exposé que j'attendais de toi, je consentirais volontier à te laisser dépenser même la journée entière en un tel entretien ; car les questions que tu embrasses, peut-être en guise de préparation à d'autres, sont plus importantes que celles en vue de quoi tu les prépares [1].

Marcus. — En tout cas, ce sont de grandes questions, que nous ne faisons maintenant que toucher brièvement ; mais, de tous les points qui font l'objet des discussions des savants, il n'y en a pas assurément de plus important que celui qui consiste dans la pleine intelligence de cette vérité que nous sommes nés pour la justice et que le droit se fonde, non pas sur l'opinion, mais sur la nature même. C'est ce qui paraîtra évident, une fois que l'on aura examiné à fond l'association et le mode de liaison qui attachent les hommes entre eux.

29. Il n'y a pas en effet unité qui ressemble davantage à une autre unité, qui lui soit plus égale que nous ne sommes nous-mêmes entre nous semblables et égaux. Si

habilitatesque reliqui corporis, moderationem uocis, orationis uim, quae conciliatrix est humanae maxime societatis. Neque enim omnia sunt huius disputationis ac temporis, et hunc locum satis, ut mihi uidetur, in iis libris quos legistis, expressit Scipio. Nunc quoniam hominem, quod principium reliquarum rerum esse uoluit, *ita* generauit et ornauit deus, perspicuum *fit* illud (ne omnia disserantur), ipsam per se naturam longius progredi, quae etiam nullo docente, profecta ab iis quorum ex prima et inchoata intellegentia genera cognouit, confirmat ipsa per se rationem et perficit.

X. **28.** Atticvs. — Di immortales, quam tu longe iuris principia repetis ! atque ita ut ego non modo ad illa non properem, quae exspectabam a te de iure ciuili, sed facile patiar te hunc diem uel totum in isto sermone consumere. Sunt enim haec maiora, quae aliorum causa fortasse conplecteris, quam ipsa illa, quorum haec causa praeparantur.

Marcvs. — Sunt haec quidem magna, quae nunc breuiter attinguntur. Sed omnium quae in hominum doctorum disputatione uersantur, nihil est profecto praestabilius, quam plane intellegi, nos ad iustitiam esse natos, neque opinione sed natura constitutum esse ius. Id iam patebit, si hominum inter ipsos societatem coniunctionemque perspexeris.

29. Nihil est enim unum uni tam simile, tam par, quam omnes inter nosmet ipsos sumus. Quodsi de-

27 ita *add. edd.* || perspicuum fit *Ziegler* : p. sit *codd.*

28 quam tu longe *H* : quantum *ABG.*

la déviation des habitudes et la divergence des opinions courantes ne faussaient la faiblesse de notre esprit et ne le détournaient vers l'endroit où penchent ses passions, personne n'aurait avec soi-même une ressemblance plus grande que tous n'ont de ressemblance entre eux [1]. Aussi, quelle que soit la définition que l'on donne de l'homme, elle est une et valable pour tous. **30.** Ce qui est une preuve qu'il n'y a pas de dissemblance dans l'espèce, car s'il en existait, une définition unique ne saisirait pas tous les individus. Et de fait, la raison à qui seule nous devons la supériorité que nous avons sur les bêtes, grâce à laquelle nous pouvons inférer, démontrer, réfuter, exposer, conclure, la raison est certes commune à tous les hommes, différente selon l'instruction reçue, égale par l'aptitude à apprendre. Quant aux sens de tous, ce sont les mêmes objets qu'ils saisissent ; ce qui frappe les sens frappe de façon identique les sens de tous, et ces « notions esquissées » [2], dont j'ai parlé, qui sont empreintes dans l'esprit, sont empreintes chez tous d'une manière semblable ; la parole, interprète de la pensée, diffère par les mots employés mais s'accorde sur le sens, et il n'y a personne chez aucun peuple qui, ayant pris la nature pour guide, ne puisse atteindre à la vertu.

Identité des jugements moraux.

XI. **31.** Et ce n'est pas seulement dans ses vertus, mais dans ses défauts, qu'est remarquable la ressemblance du genre humain. Car tous se laissent gagner par la volupté qui, encore qu'elle ne soit que l'attirance de ce qui est honteux, n'en garde pas moins quelque apparence d'un bien de la nature, et comme elle nous séduit sous les aspects de la douceur et de la grâce, par suite d'un égarement de l'esprit, on l'accueille comme un bien salutaire. Et c'est par l'effet d'une ignorance pareille que l'on fuit la mort comme étant une décomposition de la nature ;

prauatio consuetudinum, si opinionum ua*ri*e*t*as non inbecillitatem animorum torqueret et flecteret, quocumque c*u*pisset, sui nemo ipse tam similis esset quam omnes sunt omnium. Itaque quaecumque est hominis definitio, una in omnis ualet.

30. Quod argumenti satis est nullam dissimilitudinem esse in genere. Quae si esset, non una omnis definitio contineret. Etenim ratio, qua una praestamus beluis, per quam coniectura ualemus, argumentamur, refellimus, disserimus, conficimus aliquid, cun*ctis hominib*us certe est communis, doctrina differens, discendi quidem facultate par. Nam et sensibus eadem omni*um* conprehenduntur, et ea quae mouent sensus, itidem mouent omnium, quaeque in animis imprimuntur, de quibus ante dixi, inchoatae intellegentiae, similiter in omnibus imprimuntur, interpresque mentis oratio uerbis discrepat, sententiis congruens. Nec est quisquam gentis ullius, qui ducem naturam nactus ad uirtutem peruenire non possit.

XI. **31.** Nec solum in rectis, sed etiam in prauitatibus insignis est humani generis similitudo. Nam et uoluptate capiuntur omnes, quae etsi est inlecebra turpitudinis, tamen habet quiddam simile naturalis boni ; le*n*itatis enim et suauitatis *specie* delectans,

29 uarietas *Ziegler* : uanitas *codd.* || cupisset *scripsi* : cœpisset *A* cepisset *BHG*.

30 cunctis hominibus *scripsi* : concludimus *codd.* || eadem omnium *edd.* : omnia *codd.* || discrepat *H* : discrepans (decrepans) *ABG* || naturam nactus H^2G : naturam *omis. AB.* || possit *HG* : posset *AB*.

31 prauitatibus : prauis actibus *G* || naturalis boni AB^2 : naturali bono *H* || lenitatis enim et suauitatis specie, *scripsi* : leuitatis (est) enim et suauitatis *ABG* suauitate *H*.

qu'on désire la vie, parce qu'elle nous retient dans la condition dans laquelle nous sommes nés ; que la douleur est comptée au nombre des plus grands maux, tant en raison de sa cruauté propre que parce que la destruction de la nature en semble la conséquence ; **32** et comme entre honneur et gloire il y a ressemblance, on trouve heureux ceux qui vivent parmi les honneurs, misérables ceux à qui la gloire manque.

Les peines et les joies, les désirs et les craintes se donnent pareillement carrière dans les esprits de tous, et si les croyances des uns diffèrent de celles des autres, cela n'empêche pas ceux qui adorent comme des dieux le chien et le chat d'être victimes d'une superstition qui est la même que celle d'autres nations.

Est-il un peuple qui ne chérisse la courtoisie, la bienveillance, la sensibilité du cœur et la reconnaissance des bienfaits reçus ? qui ne repousse et ne tienne en haine les caractères orgueilleux, méchants, cruels, ingrats ? Et quand on comprend que ce sont toutes ces choses sur lesquelles repose l'alliance du genre humain tout entier, il ne reste plus < qu'à montrer que cette association des hommes doit être dirigée par des lois propres à resserrer l'amitié et fondées sur la saine raison[1] >, puis que c'est cette saine raison dans la pratique de la vie qui les fait devenir meilleurs. Si vous approuvez cette façon de voir, nous passerons aux autres points : mais si vous désirez quelque éclaircissement, effectuons le d'abord.

Atticus. — Non, aucun, — si je dois répondre pour les deux.

Principes de la concorde sociale.

XII. **33.** Marcus. — Il s'ensuit donc que la nature nous a créés pour participer les uns avec les autres et mettre en commun entre nous tous le droit. — C'est cela que je veux que l'on comprenne bien dans tout

sic ab errore mentis tamquam salutare aliquid adsciscitur, similique inscitia mors fugitur quasi dissolutio naturae, uita expetitur, quia nos in quo nati sumus continet, dolor in maximis malis ducitur, cum sua asperitate, tum quod naturae interitus uidetur sequi ;
32 propterque honestatis et gloriae similitudinem beati, qui honorati sunt, uidentur, miseri autem, qui sunt inglorii. Molestiae, laetitiae, cupiditates, timores similiter omnium mentes peruagantur, nec si opiniones aliae sunt apud alios, idcirco qui canem et felem ut deos colunt, non eadem superstitione qua ceterae gentes conflictantur. Quae autem natio non comitatem, non benignitatem, non gratum animum et beneficii memorem diligit ? Quae superbos, quae maleficos, quae crudeles, quae ingratos non aspernatur, non odit ? Quibus ex rebus cum omne genus hominum sociatum inter se esse intellegatur, illud extremum est, [....] quod recte uiuendi ratio meliores efficit. Quae si adprobatis, pergam*us* ad reliqua ; sin quid requiritis, id explicemus prius.

ATTICVS. — Nos uero nihil, ut pro utroque respondeam.

XII. **33.** MARCVS. — Sequitur igitur ad participandum alium *cum* alio communicandumque inter omnes ius *n*os natura esse factos. Atque hoc in omni

31 inscitia *ABH* : instituta *G*.

32 propterque *H* : propterquam *ABG* || *post* extremum est (*s.e* : dicendum) *lacunam indicavi* || pergamus *edd.* : pergam *codd.*

33 alium cum alio *edd.* : alium alio *ABG* ab alio *H* || ius nos*edd.* : iustos *codd.*

cet exposé, quand je dis : «la nature» ; mais il y a une telle déviation due à une accoutumance vicieuse que cette dernière éteint, si l'on peut dire, les étincelles fournies par la nature et donne naissance et force aux défauts opposés. — Si donc, comme ils sont unis par la nature, les hommes, unis par le jugement, croyaient, comme dit le poète, que « rien d'humain ne leur est étranger »[1], tous vénéreraient également le droit. Car à qui la raison a été donnée par la nature, à ceux-là aussi a été donnée la raison saine, donc la loi, qui est la raison saine quand elle prescrit ou défend ; si la loi, le droit aussi. Et comme à tous l'a été la raison, le droit par conséquent a été accordé à tous ! Et c'est à juste titre que Socrate avait coutume de maudire celui qui le premier avait séparé l'intérêt et < le droit > : c'était, s'en plaignait-il, la source de toutes les destructions[2]. De là cette parole de Pythagore : < « Que tous n'en forment qu'un[3] » >.

34. (1)... D'où l'on se rend bien compte que lorsqu'un sage reporte sur un homme doué d'une vertu égale à la sienne cette sympathie si large et si universelle, alors se réalise ce qui peut sembler incroyable à certains, mais n'en est pas moins nécessaire, cette disposition qui fait que par rapport à autrui, l'un ne garde pas pour sa propre personne une affection plus grande que celle qu'il éprouve à l'égard du second. Quelle distinction, en effet, pourrait-il y avoir, là où tout est égal ? Si la moindre différence peut s'y glisser, aussitôt périra le nom même d'amitié, dont l'essence est qu'elle se détruise aussitôt que l'un des deux voudra en quelque chose se donner l'avantage[4].

(1) Manque ici un développement tendant à démontrer la solidarité humaine non seulement par l'amitié, mais encore devant la justice. Voir résumé donné par Atticus, 35. — On a soulevé la question de savoir s'il convenait d'insérer à cette place le *fragment I*, ou plutôt entre les paragraphes 33-34.

hac disputatione sic intellegi uolo, quo*m* dicam naturam [esse]; tantam autem esse corruptelam malae consuetudinis, ut ab ea tamquam igniculi exstinguantur a natura dati, exorianturque et confirmentur vitia contraria. Quodsi, quo modo s*un*t natura, sic iudicio homines « humani, ut ait poeta, nihil a se alienum putarent », coleretur ius aeque ab omnibus. Quibus enim ratio *a* natura data est, isdem etiam recta ratio data est ; ergo et lex, quae est recta ratio in iubendo et uetando ; si lex, ius quoque ; et omnibus ratio. Ius igitur datum est omnibus, recteque Socrates exsecrari eum solebat qui primus utilitatem a *iure* seiunxisset ; id enim querebatur caput esse exitiorum omnium. Vnde enim illa Pythagorea uox, [de amicitia locus] : *ut unus fiat ex pluribus.*

34. ... Ex quo perspicitur, quom hanc beniuolentiam tam late longeque diffusam uir sapiens in aliquem pari uirtute praeditum contulerit, tum illud effici (quod quibusdam incredibile uideatur, sit autem necessarium) ut *non* in ill*o* sese plus quam alterum diligat : quid enim est quod differat, quom sint cuncta paria ? Quod si interesse quippiam tantulum modo potuerit in *ea*, iam amicitiae nomen occiderit, cuius est ea uis ut simul atque sibi aliquid *esse* alter maluerit, nulla sit.

33 quom dicam naturam *scripsi* : quod dicam naturam esse *codd.* || sunt natura *scripsi* : est natura *codd.* || a natura : natura *codd.* || a iure *edd.* : nature *codd.* || ut unus fiat ex pluribus *hic intuli* (cf. *de Off.*, I, 56).

34 longeque *A^2G* longe *BH* || effici *H* efficit *AB* || ut non in illo *scripsi* : ut in ille *codd.* ut nihil *edd.* || sese *AB* sepe *H* || in ea iam

Voilà tous les préliminaires que j'ai dû poser, avant de donner le reste de cet entretien et de ce débat, pour que l'on puisse plus facilement comprendre que le droit repose sur la nature. Quand j'aurai dit encore à peine quelques mots là-dessus, alors j'en viendrai au droit civil, d'où est issu tout ce discours.

Méthodes d'exposition.

XIII. **35.** QUINTUS. — Oui, encore, à peine quelques mots ; évidemment... Mais de ce que tu as dit, < même si cela n'a pas l'adhésion d'Atticus > pour moi, il me paraît assuré que le droit procède de la nature.

ATTICUS. — Et comment pourrait-il m'en paraître autrement[1] ? Quand nous avons déjà acquis tous ces points : premièrement, que c'est pour ainsi dire à la munificence des dieux que nous devons nos moyens et nos dons ; deuxièmement, qu'il y a entre les hommes un mode semblable et commun d'existence et de relations ; ensuite qu'ils se trouvent tous rattachés par un sentiment naturel de complaisance et de sympathie, et partant enfin, par leur alliance dans le droit ; quand nous avons admis, avec raison je pense, que tout cela est vrai, comment pourrions-nous détacher de la nature les lois et les droits ?

36. MARCUS. — Tu as raison et ce que tu dis est conforme à la réalité. Toutefois, à en suivre la manière des philosophes, non pas les anciens, mais ceux qui < depuis > ont organisé, si l'on peut dire, des ateliers techniques de philosophie, ces questions que l'on débattait naguère largement et en toute liberté, on les expose en les analysant article par article[2] ; et ceux-ci estiment que le thème qui maintenant nous occupe n'a pas été suffisamment traité si, par une démonstration séparée, ils n'ont établi ce point que le droit vient de la nature.

ATTICUS. — Sans doute as-tu perdu le droit d'exposer librement tes idées, ou peut-être dans la discussion es-tu

Quae praemuniuntur omnia reliquo sermoni disputationique nostrae, quo facilius ius in natura esse positum intellegi possit. De quo quom perpauca dixero, tum ad ius ciuile ueniam, ex quo haec omnis est nata oratio.

QVINTVS. — Tu vero iam perpauca scilicet. Ex his enim quae dixisti, *etsi aliter* Attico, uidetur mihi quidem certe ex natura ortum esse ius.

XIII. **35.** ATTICVS. — An mihi aliter uideri possit, cum haec iam perfecta sint, primum quasi muneribus deorum nos esse instructos et ornatos, secundo autem loco unam esse hominum inter ipsos uiuendi parem communemque rationem, deinde omnes inter se naturali quadam indulgentia et beniuolentia, tum etiam societate iuris contineri ? Quae quom uera esse, recte ut arbitror, concesserimus, qui iam licet nobis a natura leges et iura seiungere ?

36. MARCVS. — Recte dicis, et res se sic habet. Verum philosophorum more, non ueterum quidem illorum, sed eorum qui quasi officinas instruxerunt sapientiae, quae fuse olim disputabantur ac libere, ea nunc articulatim distincta dicuntur. Nec enim satis fieri censent huic loco qui nunc est in manibus, nisi separatim hoc ipsum, *a* natura esse ius, disputarint.

ATTICVS. — Et scilicet tua libertas disserendi

scripsi : iam amicitiae nomen *H* in amicitiae nomenta *AB* || sibi aliquid esse alter maluerit *scripsi* : sibi aliquid alteri (alter *H*) maluerit *AB* || perpauca scilicet : sua licet *AH* ualet licet *B* || etsi aliter *scripsi* (*in codd. deest*).

36 distincta B^2 : detecta *A* distincte *H* || a natura esse *scripsi*: naturae esse *codd.*

homme à ne plus suivre ton jugement personnel et à consentir obéissance à des autorités étrangères ?

37. MARCUS. — Moins que jamais, Titus ; mais tu vois le but vers lequel conduit notre entretien. Tout notre discours tend à l'affermissement des états, à la consolidation des mœurs et au salut des peuples.

Aussi, craindrais-je de m'exposer à jeter des fondements mal calculés et insuffisamment éprouvés. Non pas que j'espère rallier l'approbation de tous (cela n'est pas possible) mais pour ceux qui professent que tout ce qui est bien et conforme à l'honneur est de par soi désirable, et qu'il n'est absolument rien qui doive être compté au nombre des biens en dehors de ce qui est louable par soi-même ou du moins que l'on ne saurait considérer comme un bien important que ce que l'on peut véritablement louer en raison de son mérite propre ; **38.** pour tous ces philosophes, — qu'ils aient demeuré dans l'ancienne Académie avec Speusippe, Xénocrate, Polémon ; qu'ils aient suivi Aristote et Théophraste, d'accord avec les premiers sur le fond des choses, quelque peu différents par leur méthode d'enseignement ; que conformément aux vues de Zénon, sans modifier les choses, ils aient renouvelé les mots ; qu'ils aient même suivi l'école malaisée et ardue d'Ariston, aujourd'hui pourtant vaincue et réfutée, consistant, réserve faite des vertus et des vices, à laisser tout le reste dans la plus complète indifférence ; c'est à tous ceux-là que je veux faire approuver ce que j'ai dit [1]. **39.** Quant à ceux qui se laissent aller à eux-mêmes et s'asservissent au corps, qui pèsent au poids du plaisir et de la douleur les choses qu'ils auront à poursuivre ou à éviter dans l'existence (1), en admettant

(1) Cette étude comparative des diverses éthiques sera reprise et approfondie dans les *Académiques*, I, mais déjà les chapitres du l. III *de Oratore*, 60-69, montrent que Cicéron était très suffisamment informé de l'histoire des doctrines par Antiochus.

amissa est, aut tu is es qui in disputando non tuum iudicium sequaris, sed auctoritati aliorum pareas !

37. Marcvs. — Non semper, Tite, sed iter huius sermonis quod sit, uides : ad res publicas firmandas et ad stabiliend*os* *mo*res sanandos*que* populos omnis nostra pergit oratio. Quocirca uereor committere ut non bene prouisa et diligenter explorata principia ponantur, nec tamen *spero fore* ut omnibus probentur — nam id fieri non potest —, sed ut eis qui omnia recta atque honesta per se expetenda duxerunt, et aut nihil omnino in bonis numerandum nisi quod per se ipsum laudabile esset, aut certe nullum habendum magnum bonum, nisi quod uere laudari sua sponte posset : **38**. iis omnibus, siue in Academia uetere cum Speusippo, Xenocrate, Polemone manserunt, siue Aristotelem et Theophrastum, cum illis congruentes re, genere docendi paulum differentes, secuti sunt, siue, ut Zenoni uisum est, rebus non commutatis immutauerunt uocabula, siue etiam Aristonis difficilem atque arduam, sed iam tamen fractam et conuictam sectam secuti sunt, ut uirtutibus exceptis atque uitiis cetera in summa aequalitate ponerent : iis omnibus haec quae dixi prob*e*ntur. **39.** Sibi autem indulgentes et corpori deseruientes atque omnia quae sequantur in uita quaeque fugiant uoluptatibus et

36 tu is es *edd.* : fuisse *codd.*

37 stabiliend*os* mores *scripsi* : stabiliendas uires *codd.* urbes *edd.* || spero fore *addidi* || expetenda *H* : exspectanda *AB*.

38 cum illis congruentes : dum illis *AB* dum illos A^2B^2 cum illi *H* || Zenoni B^2 : zenone *AB* zenonis *H* || commutatis *HG* : communicatis *AB* || prob*e*ntur *edd.* : probantur *codd.*

qu'ils disent vrai (et nous n'avons pas besoin d'engager des procès en ce moment), nous leur enjoindrons de l'aller dire dans leurs jardins, et même nous leur demanderons pour quelque temps de s'abstenir de tout contact avec les affaires de l'État, dont ils ne connaissent et n'ont jamais voulu connaître la moindre partie. Mais pour l'école qui jette le trouble dans toutes ces questions, cette Académie nouvelle d'Arcésilas et de Carnéade, nous la supplierons de rester silencieuse ; car si elle se jette sur ces matières qui nous paraissent si bien établies et mises au point, elle provoquera de trop grands désastres[1]. J'aime mieux l'apaiser, n'osant la refouler..............

....

....

Force de la conscience.

XIV. **40.** Car, de ces fautes, nous nous trouvons purifiés sans avoir eu besoin de recourir à ses fumigations[2] ; mais des crimes commis envers les hommes, des impiétés commises envers les dieux, il n'existe aucune purification. Aussi les coupables purgent-ils leurs peines non pas tant à la suite de verdicts judiciaires — jadis, il n'y en avait nulle part ; aujourd'hui, en bien des pays, il n'y en a pas ; là où il y en a, ils n'en sont pas moins bien souvent faussés — mais les Furies les chassent et les poursuivent, non pas comme dans les tragédies « avec des torches enflammées », mais avec l'angoisse du remords et la torture du mal accompli[3]. Or, si c'était le châtiment, et non la nature, qui dût éloigner les hommes de l'injustice, quelle espèce d'inquiétude tracasserait les impies, une fois supprimée la crainte des supplices ? Cependant, aucun d'eux n'a jamais été assez impudent pour ne pas vouloir au moins démentir qu'il ait commis un crime, ne pas se forger quelque motif de juste ressentiment ou ne pas chercher à trouver dans quelque droit de la nature la défense de son acte.

doloribus ponderantes, etiam si uera dic*ant* — nihil enim opus est hoc loco litibus —, in hortulis suis iubeamus dicere, atque etiam ab omni societate rei publicae, cuius partem nec norunt ullam neque umquam nosse uoluerunt, paulisper facessant rogemus. Perturbatricem autem harum omnium rerum Academiam, hanc ab Arcesila et Carneade recentem, exoremus ut sileat. Nam si inuaserit in haec, quae satis scite nobis instructa et composita uidentur, nimias edet ruinas. Quam quidem ego placare cupio, submouere non audeo. . . . .

. . . .

XIV. **40.** Nam etiam sine illius suffimentis expiati sumus. At uero scelerum in homines atque *in deos* inpietatum nulla expiatio est. Itaque poenas luunt, non tam iudiciis — quae quondam nusquam erant, hodie multifariam nulla sunt, ubi *sunt* tamen, persaepe falsa sunt — *at* eos agitant insectanturque furiae, non ardentibus taedis sicut in fabulis, sed angore conscientiae fraudisque cruciatu. Quodsi homines ab iniuria poena, non natura arcere deberet, quaenam sollicitudo uexaret impios sublato suppliciorum metu ? Quorum tamen nemo tam audax

39 si uera dicant *Ziegler* : dicunt *codd.* || facessant *HG* : facessat ut *AB* || sileat *HG* : sileant *AB* || satis scite : *G* (s)cito *AB* site *H.* || uidentur *HG*: uiderentur *AB* || nimias edet ruinas AB : rationes dabit ruinas *H* || *manifesto desunt hic plurima, sed intermissio nulla in codicibus apparet.*

40 nam etiam sine *G* : et mussine *AB* et in iis sine *H* || < in deos > impietatum *Reifferscheid* : impietatum *G* indietatum *ABH.* || ubi sunt *edd.* : sit (fit) *codd.* || at eos *Ziegler* : ut eos *codd.* || agitant (agitent *B*) insectanturque *ABH.*

Si les impies osent faire appel à ces principes, avec quelle ardeur ne faut-il pas qu'ils soient honorés par les bons ? Si ce qui nous détourne d'une existence injuste et criminelle, c'est le châtiment, c'est la crainte du supplice, personne n'est injuste et les malhonnêtes gens doivent passer plutôt pour des maladroits[1]. **41.** Quant à nous, qui sommes incités à être gens de bien non par l'impulsion même de l'honneur, mais par quelque intérêt ou quelque profit, nous sommes des habiles, et non des gens de bien. Car que fera au milieu des ténèbres cet individu qui ne craint rien, sauf un témoin et un juge ? Que fera-t-il en quelque endroit désert, s'il rencontre, pouvant le dépouiller de son or, un passant sans force et solitaire ? Notre homme juste et bon, dont la vertu se fonde sur la nature, lui adressera la parole, l'aidera, l'accompagnera dans son chemin ; celui qui ne voudra rien accomplir pour le bien d'autrui et tout mesurer d'après ses intérêts, vous voyez déjà, je pense, ce qu'il va faire (1). Et s'il nous dit qu'il se refuse à lui ôter la vie, à lui ravir son or, la raison pour laquelle il s'y refusera, ce ne sera jamais parce qu'il juge cette conduite naturellement honteuse, mais parce qu'il craint que cela ne soit connu, c'est-à-dire parce qu'il a peur d'en retirer du mal. Oh ! comme voilà un fait qui devrait faire rougir non seulement des gens cultivés, mais encore des individus grossiers.

Lois usurpées.

XV. **42.** Mais ce qui est complètement insensé, c'est de considérer comme étant « juste » tout ce qui figure dans les institutions et les lois des peuples, ou même, les lois (en admettant

(1) Cicéron reviendra sur les conséquences inquiétantes d'une morale purement utilitaire : *de Fin.*, II, 59 et *de Off.*, III, 37-38. Cf. *de Rep.*, III, 20, le cas de conscience soulevé par Carnéade : « Quid ergo iustus faciet, si forte naufragium fecerit et aliquis imbecillior uiribus tabulam ceperit ? ».

umquam fuit, quin aut abnueret a se commissum esse facinus, aut iusti sui doloris causam aliquam fingeret, defensionemque facinoris a naturae iure aliquo quaereret. Quae si appellare audent impii, quo tandem studio colentur a bonis ? Quodsi poena, si metus supplicii, non ipsa turpitudo deterret ab iniuriosa facinerosaque uita, nemo est iniustus, at incauti potius habendi sunt inprobi.

41. Tum autem qui non ipso honesto mouemur ut boni uiri simus, sed utilitate aliqua atque fructu, callidi sumus, non boni. Nam quid faciet is homo in tenebris qui nihil timet nisi testem et iudicem ? Quid in deserto quo loco nactus, quem multo auro spoliare possit, imbecillum atque solum ? Noster quidem hic natura iustus uir ac bonus etiam conloquetur, iuuabit, in uiam deducet. Is uero qui nihil alterius causa faciet et metietur suis commodis omnia, uidetis, credo, quid sit acturus ! Quodsi negabit se illi uitam ereptiurum et aurum ablaturum, numquam ob eam causam negabit quod id natura turpe iudicet, sed quod metuat ne emanet, id est ne malum habeat. O rem dignam, in qua non modo docti, sed etiam agrestes erubescant !

XV. 42. Iam uero illud stultissimum, existimare omnia iusta esse quae scita sint in populorum insti-

40 abnueret *edd.* : abnuerit *AB* ob iniuriam *H* || facinerosaque uita *edd.* : ita *codd.* || at *scripsi* : aut *codd.*

41 faciet et metietur : facit et mentietur *A* faciet et mentietur *B* faciet emetietur *H*. || id natura *HG* : innatura *AB* || non modo docti *G* : non modo ducti (sed) etiam *AB* non quo modo ducti etiam *H* || erubescant *AB* : erubescandam *H*.

qu'il en soit !), portées par des tyrans. Si les Trente d'Athènes avaient eu la volonté d'imposer des lois ou si le peuple athénien tout entier s'était complu en leurs lois tyranniques, serait-ce une raison pour les réputer « justes » ? A aucun titre, je crois, — pas plus que cette loi que porta chez nous un interroi donnant à un dictateur le pouvoir de tuer nominativement et sans procès qui il voudrait des citoyens (1). Il n'y a en effet qu'un droit unique, qui astreint la société humaine et que fonde une Loi unique : Loi, qui est la juste raison dans ce qu'elle commande et ce qu'elle défend. Qui ignore cette Loi, est injuste, qu'elle soit écrite quelque part ou non.

Mais si la justice n'est que la soumission à des lois écrites et aux institutions des peuples, et si, comme les mêmes auteurs le disent, tout se doit mesurer sur l'intérêt, il fera fi de ces lois et les violera, s'il le peut, l'individu qui pensera avoir avantage à le faire. Il en résulte qu'il n'y a absolument plus de justice, si celle-ci n'est pas fondée sur la nature, et si la justice établie en vue de l'intérêt est déracinée par un autre intérêt.

43. De plus, si la nature ne vient pas consolider le droit, disparaîtraient alors toutes les vertus : où pourraient trouver place la générosité, l'amour de la patrie, l'affection. le désir de rendre service à autrui ou de lui exprimer de la reconnaissance ? Car tous ces sentiments viennent de la disposition naturelle d'amitié à laquelle nous sommes portés envers les hommes, disposition qui est le fondement du droit. Et disparaîtront aussi, non seulement les

(1) Cicéron a toujours considéré comme une monstruosité juridique la « loi » de l'interroi L. Valerius Flaccus en 82 accordant à Sulla des pouvoirs législatifs et judiciaires illimités : « ut omnia quaecumque ille fecisset essent rata » (*de leg. agr.*, III, 5). Cf. *de Domo sua*.

tutis aut legibus. Etiamne si quae leges sint tyrannorum ? Si triginta illi Athenis leges inponere uoluissent, et si omnes Athenienses delectarentur tyrannicis legibus, num idcirco eae leges iustae haberentur ? Nihilo credo magis illa quam interrex noster tulit, ut dictator quem uellet ciuium *nominatim* aut indicta causa inpune posset occidere. Est enim unum ius quo deuincta est hominum societas et quod lex constituit una, quae lex est recta ratio imperandi atque prohibendi. Quam qui ignorat, is est iniustus, siue est illa scripta uspiam siue nusquam. Quodsi iustitia est obtemperatio scriptis legibus institutisque populorum, et si, ut eidem dicunt, utilitate omnia metienda sunt, negleget leges easque perrumpet, si poterit, is qui sibi eam rem fructuosam putabit fore. Ita fit ut nulla sit omnino iustitia, si neque natura est *et* ea quae propter utilitatem constituitur utilitate *a*lia conuellitur.

43. Atqui si natura confirmatura ius non erit, uirtutes omnes tollantur. Vbi enim liberalitas, ubi patriae caritas, ubi pietas, ubi aut bene merendi de altero aut referendae gratiae uoluntas poterit existere ? Nam haec nascuntur ex eo quod natura propensi sumus ad diligendos homines, quod fundamen-

42 et si omnes *edd.* : at si *codd.* || uel indicta causa *Ziegler* : aut indicta causa *BH* uindictae causa AB^2. || et *addidi* || utilitate alia *edd.* : utilitate illa *codd.*

43 atqui *AB* : atque *H* || confirmatura ius *BH* : confirmatum ius *A* || uirtutes omnes *G* : *omis. ABH* || referendae gratiae *edd.* : praeferendae *AB* praeparandae *H* || ex eo quod natura B^2 : qui natura *AB* quo a natura *H.*

égards que nous devons aux hommes, mais encore les actions de culte et les observances que nous devons aux dieux, et qu'il nous faut maintenir, je pense, non pas par crainte, mais en vertu du lien étroit qui unit l'homme à la divinité.

XVI. Si le droit se fondait sur la volonté des peuples, sur les décrets des chefs ou la sentence des juges, on aurait alors le droit de faire le métier de brigand, de commettre l'adultère, de fabriquer de faux testaments, si de tels actes obtenaient l'agrément des votes ou des résolutions de la masse.

44. Mais si l'opinion ou la volonté des gens insensés jouit d'un tel pouvoir qu'ils peuvent par leurs votes renverser l'ordre de la nature, pourquoi ne décident-ils pas que ce qui est mauvais et nuisible passera dorénavant pour bon et salutaire ? Où, encore, pourquoi, puisque la loi peut créer le droit à partir de l'injuste, ne pourrait-elle pas créer le bien avec ce qui est mal ?

La loi fondée sur la nature.

En tout cas, pour ce qui est de nous, nous ne pouvons distinguer la loi bonne de la loi mauvaise en vertu d'aucune autre règle que celle de la nature. Et ce n'est pas seulement le droit et le non-droit que la nature distingue, mais d'une manière générale tous les actes nobles ou vils, car dès que l'intuition commune à tous les hommes nous a fait connaître les choses et en a tracé l'esquisse en notre cœur, les choses nobles se trouvent classées dans la catégorie de la vertu, les choses viles dans la catégorie des vices.

45. Croire qu'elles dépendent de l'opinion au lieu de les fonder sur la nature, c'est le fait d'un individu insensé[1]. Car même lorsqu'il s'agit d'un arbre ou d'un cheval, ce qu'on appelle, d'ailleurs d'une façon abusive, leur « vertu » repose non pas sur une opinion, mais sur la nature ; et s'il en est ainsi, c'est d'après la nature égale-

tum iuris est. Neque solum in homines obsequia, sed etiam in deos caerimoniae religionesque toll*e*ntur, quas non metu, sed ea coniunctione quae est homini cum deo conseruandas puto.

XVI. Quodsi populorum iussis, si principum decretis, si sententiis iudicum iura constituerentur, ius esset latrocinari, ius adulterare, ius testamenta falsa supponere, si haec suffragiis aut scitis multitudinis probarentur.

44. Quodsi tanta potestas est stultorum sententiis atque iussis, ut eorum suffragiis rerum natura uertatur, cur non sanciunt ut quae mala perniciosaque sunt, habeantur pro bonis et salutaribus ? Aut *cur* cum ius ex iniuria lex facere possit, bonum eadem facere non possit ex malo ? Atqui nos legem bonam a mala nulla alia nisi natura*e* norma diuidere possumus. Nec solum ius et *in*iuria natura diiudicatur, sed omnino omnia honesta et turpia. Nam, *ut* communis intellegentia nobis notas res eff*e*cit easque in animis nostris inchoauit, honesta in uirtute ponuntur, in uitiis turpia.

45. Haec autem in opinione existimare, non in natura posita, dementis est. Nam nec arboris nec equi uirtus quae dicitur (in quo abutimur nomine) in opinione

43 tollentur *edd* : tolluntur *codd.* || quas non metu *H* : non *omis AB* || sed ea *H* : et ea *AB* || cum deo *A'H* : cum deis *A*[2]*B*[2] deos *B'*.
44 quod si *H* : quae si *AB* || ut eorum *HA*[2]*B*[2] : quorum *AB* || aut cur cum : aut (em) cum *AB* aut cur non *G* || naturae norma *H* naturali norma (m) *ABG* || ius et iuiuria *edd.* : ius [et iur]a *AB* ius et iura *H* || nam ut *Vahlem* : nam et *codd.* || effecit : efficit *codd.*
45 haec *AB* : ea *H* || posita *H* : possit ea *B* ponere *AB*[2]

ment qu'il faudra distinguer les choses nobles et viles. Car si la vertu prise en général reposait sur l'opinion, c'est encore sur l'opinion que reposeraient les diverses parties qui la composent : voudrait-on qualifier quelqu'un de « réfléchi », ou, pour employer l'expression, de « madré », non d'après son comportement réel, mais d'après un fait accidentel et extérieur ? Car la vertu n'est que la réalisation complète < de quelque bien > qui lui, sans doute, réside dans la nature : donc tout ce qui est noble, de même.

XVII. Car si le vrai et le faux, si les conséquences et les antinomies se distinguent à leur essence propre et non à des considérations extérieures, nous devons éprouver de même le principe de raison constant et durable de notre vie, c'est-à-dire la vertu, aussi bien que cet élément de désordre qui consiste d'après le vice, dans sa propre nature. **46.** N'en jugerons-nous pas de même des caractères [1] ? Ou bien jugera-t-on les caractères d'après nature, tandis que vertus et vice (qui d'ailleurs procèdent du caractère) seront jugés sur un autre critère ? Ou alors, s'il en est ainsi, ne faudra-t-il pas nécessairement que les actions nobles et viles soient rapportées à la nature ? Si ce qui mérite l'éloge est bon, il faut nécessairement qu'il possède en soi le bien pour lequel on fait son éloge ; car le Bien lui-même vient, non pas d'opinions subjectives, mais de la nature. Si cela n'était vrai, on posséderait le bonheur aussi par opinion : or peut-on dire chose plus insensée ? C'est pourquoi, puisque le bien et le mal sont jugés sur la nature et qu'ils constituent des principes fondamentaux de la nature, les choses nobles et honteuses doivent également être jugées en vertu d'un raisonnement semblable et doivent être rapportées à la nature.

47. Mais nous sommes troublés par la variété des

(1) Texte altéré et incertain.

*po*sita est, sed in natura. Quod si ita est, honesta quoque et turpia natura diiudicanda sunt. Nam si opinione uniuersa uirtus, eadem eius etiam partes probarentur. Quis igitur prudentem et, ut ita dicam, catum non ex ipsius habitu sed ex aliqua re externa iudicet ? Est enim uirtus *boni alicuius* perfecta ratio, quod certe in natura est : igitur omnis honestas eodem modo.

XVII. Nam ut uera et falsa, ut consequentia et contraria sua sponte, non aliena iudicantur, sic constans et perpetua ratio uitae, quae uirtus est, itemque inconstantia, quod est uitium, sua natura proba*bitur* ; nos ingenia i*udice*m*us* non item ? **46.** An ingenia natura, uirtutes et uitia quae existunt ab ingeniis, aliter iudicabuntur ? An ea *si* non aliter, honesta et turpia non ad naturam referri necesse erit ? *Si* quod laudabile bonum est, in se habeat quod laudetur, necesse est ; ipsum enim bonum non est opinionibus, sed natura. Nam ni ita esset, beati quoque opinione esse*mus*, quo quid dici potest stultius ? Quare quom et bonum et malum natura iudicetur, et ea sint principia naturae, certe honesta quoque et turpia simili ratione diiudicanda et ad naturam referenda sunt.

47. Sed perturbat nos opinionum uarietas hominumque dissensio, et quia non idem contingit in sensi-

45 posita est *Ziegler* : sita est *codd.* || quod si ita est *edd.* : quod sit est *codd.* || boni alicuius *addidi* || probabitur : probauit nos *ABH* || iudicemus *scripsi* : iuvenum *BH superscripsit* A.

46 an ea si *scripsi* : an ea *codd.* || Si quod laudabile *Reitzenstein* : quod laud. *codd.* essemus *scripsi* : essem *codd.* || et ea sint *ABG* : ut ea sint *H.*

opinions et le désaccord des sentiments chez l'homme, et comme cette diversité ne se produit pas dans les données que nous devons aux sens, nous croyons qu'ils sont, eux, fixes par nature, tandis que ces jugements qui paraissent tels à l'un et différents à l'autre, et pas toujours identiques aux yeux du même sujet, nous disons qu'ils sont artificiels, ce qui n'est pas du tout exact[1]. Car pour fausser nos sens, il n'est ni parents, ni nourrice, il n'y a ni professeur, ni poète, ni spectacle ; l'entraînement du grand nombre ne vient pas les détourner ; tandis qu'à notre esprit toutes sortes de pièges sont tendus, soit par ces influences que je viens de nommer qui, l'ayant pris, impressionnable et neuf, l'imprègnent et le fléchissent à leur gré, soit encore par cette contrefaçon du bien qui, profondément cachée au creux de tous nos sens, y réside, l'attirance du plaisir, cette mère de tous les maux. Corrompus par son charme, nous ne distinguons plus les choses qui sont bonnes en leur nature, parce que dépourvues de cette douceur dévorante < qui est le propre du plaisir>.

La justice désirable en soi.

XVIII. **48.** La suite logique, < qui nous reste à énoncer > pour que soit terminé tout ce discours, et qui est maintenant sous nos yeux après ce qui vient d'être dit, c'est que le droit et toute chose noble doivent être recherchés pour leur propre valeur. Et en effet, ce qu'aiment tous les hommes de bien, c'est l'équité elle-même, le droit lui-même ; et un homme de bien ne peut se tromper ayant de l'affection pour ce qui ne serait pas digne par soi d'être aimé ; donc le droit est par soi digne d'être désiré et honoré ; mais avec le droit, la justice, et, avec elle, toutes les autres vertus doivent être par soi honorées. Que dirons-nous ? La générosité ? est-elle désintéressée ou salariée ? Si, sans récompense, l'homme se montre bon, elle est désintéressée ; si elle

bus, hos natura certos putamus; illa quae aliis sic, aliis secus, nec isdem semper uno modo uidentur, ficta esse dicimus. Quod est longe aliter. Nam sensus nostros non parens, non nutrix, non magister, non poeta, non scaena deprauat, non multitudinis consensus abducit. At uero animis omnes tenduntur insidiae, uel ab iis quos modo enumeraui qui teneros et rudes quom acceperunt, inficiunt et flectunt ut uolunt, uel ab ea quae penitus in omni sensu implicata insidet, imitatrix boni uoluptas, malorum autem mater omnium; quoius blanditiis corrupti, quae natura bona sunt, quia dulcedine hac et scabie carent, non cern*imus* satis.

XVIII. **48.** Sequitur (ut conclusa mihi iam haec sit omnis oratio), id quod ante oculos ex iis est quae dicta sunt, et ius et omne honestum sua sponte esse expetendum. Etenim omnes uiri boni ipsam aequitatem et ius ipsum amant, nec est uiri boni errare et diligere quod per se non sit diligendum : per se igitur ius est expetendum et colendum. Quod si ius, etiam iustitia; sin ea, reliquae quoque uirtutes per se colendae sunt. Quid ? Liberalitas gratuitane est an mercennaria ? Si sine praemio benignus est, gratuita ; si cum mercede, conducta. Nec est dubium quin is qui liberalis benignusue dicitur, officium non, fructum sequa-

47 at uero *HA*: a uero (abducit) A^2B. || enumeraui qui *G* : e numero uide qui AHB^2 || et flectant *G*: efflectant *ABH* || non cernimus *scripsi* : non cernuntur *codd.*

48 sin ea *edd.* : sic in ea B (sic) in ea *A* sit in ea *H* sic et reliquae *G* || benignus *ABH* : benigna *G*.

s'accompagne d'un salaire, elle est vénale. Il est hors de doute que l'homme dont on dit qu'il est généreux et bon cherche son devoir et non son avantage. De même par conséquent la justice ne réclame ni récompense ni prix : c'est donc pour elle qu'on la désire. Et le fond est le même, on doit penser de même de toutes les vertus.

49. En fin de compte, si l'on recherche la vertu pour ses avantages et non pour sa valeur propre, il n'y aura plus qu'une seule vertu, qu'il sera beaucoup plus exact d'appeler « méchanceté ». Car de même que chacun, dans la mesure où il rapporte tous ses actes à son intérêt propre, s'éloigne pour autant d'être un homme de bien, de même ceux qui mesurent la vertu à ses récompenses ne considèrent plus d'autre « vertu » que la méchanceté [1]. Car où trouvera-t-on un homme bienfaisant, si personne ne fait rien pour autrui par bonté ? Un homme reconnaissant ? si les gens ne paraissent pas l'être à l'heure même où ils apportent leur remerciement. Où sera le caractère sacré de l'amitié, si l'ami n'est plus aimé personnellement pour lui et, comme on dit, de tout cœur ? Il faudra même l'abandonner et le rejeter, dès que l'on n'aura plus à en espérer avantage ou profit : mais peut-on tenir propos plus monstrueux ?

Que si l'amitié doit être honorée pour elle-même, la compagnie des hommes, l'égalité et la justice sont des biens qu'il faut rechercher pour eux-mêmes : si ce n'est pas vrai, il n'y a plus de justice du tout, car c'est le comble de l'injustice, de vouloir tirer salaire de la justice.

XIX. **50.** Que dire de la modération, de la discrétion, du désintéressement, de la délicatesse, de l'honneur et de la pureté ? dirons-nous que c'est la crainte du déshonneur ou celle des tribunaux et des lois qui retient les gens dans leurs audaces ? Donc on est intègre et réservé pour mériter des éloges et, pour s'attirer une réputation avan-

tur. Ergo item iustitia nihil expetit praemii, nihil pretii : per se igitur expetitur eademque omnium uirtutum causa atque sententia est.

49. Atque etiam si emolumentis, non *sua* sponte uirtus expetitur, una erit uirtus quae malitia rectissime dicetur. Vt enim quisque maxume ad suum commodum refert, quaecumque agit, ita minime est uir bonus, *sic* qui uirtutem praemio metiuntur, nullam uirtutem nisi malitiam put*a*nt. Vbi enim beneficus, si nemo alterius causa benigne facit ? Vbi gratus, si non *tu*m ipsi cernunt*ur* grati, quo*m* referunt gratiam ? Vbi illa sancta amicitia, si non ipse amicus per se amatur toto pectore, ut dicitur ? Qui etiam deserendus et abiciendus est, desperatis emolumentis et fructibus ; quo quid potest dici immanius ? Quodsi amicitia per se colenda est, societas quoque hominum et aequalitas et iustitia per se expetenda. Quod ni ita est, omnino iustitia nulla est. Id enim iniustissimum ipsum est, iustitiae mercedem quaerere.

XIX. **50.** Quid uero de modestia, quid de temperantia, quid de continentia, quid de uerecundia, pudore pudicitiaque dicemus ? Infamiaene metu non esse petulantes, an legum et iudiciorum ? Innocentes ergo et uerecundi sunt, ut bene audiant, et, ut rumorem bonum colligant, erubescent impudica loqui. At me

48 ergo item *G* : idem *AB* eadem *H*.
49 sua sponte *Halm* : suapte ui *edd.* ui suapte. *codd.* || sic *scripsi* : ut *codd.* || putant *scripsi* : putent *codd.* || tum ipsi cernuntur grati quom *scripsi* : eum ipsi cernunt grati quoi (qui) *codd.*
50 erubescent impudica loqui : erubescant imp. loqui *HG* || pudet etiam : *HA*[2]*B*[2] pudietiam *AB* || at me istorum : ac me istorum *H* ac

tageuse, on rougira de tenir des propos impudiques... Mais moi, j'ai honte de ces philosophes qui croient éviter la condamnation du vice, et ne se trouvent pas flétris par le vice lui-même ! (1) **51.** Comment ? Pouvons-nous dire que ceux que la peur du scandale écarte de l'adultère sont chastes, quand le déshonneur même résulte de ce qu'il y a de vil dans la chose ? Car que reste-t-il que nous ayons le droit de louer et de blâmer, si l'on s'éloigne de la nature propre de ce que l'on pense devoir louer ou blâmer ? Les défectuosités physiques, quand elles sont trop apparentes, nous choquent, et la déformation de l'esprit ne nous choquera pas ? La laideur en ressort pourtant d'une façon bien visible d'après les vices mêmes. Qu'y a-t-il en effet que l'on pourrait dire plus affreux que l'avarice ? plus monstrueux que la luxure, plus méprisable que la peur, plus bas que l'imbécillité et la sottise ?

Mieux encore : dirons-nous que ceux qui se signalent par un vice isolé ou même par des vices multiples sont malheureux par suite de pertes, de dommages ou de souffrances quelconques ; ou bien par la force propre et la laideur de leurs vices ? Et ce raisonnement vaut inversement pour la vertu, à sa louange. **52.** Car, si la vertu est désirée en vue d'autres biens, il est nécessaire qu'il y ait quelque chose qui soit meilleur que la vertu ; sera-ce donc l'argent, les honneurs, la beauté, la santé ? Avantages qui, lorsqu'ils existent, sont bien peu de chose, et dont on ne peut jamais savoir combien de temps ils resteront près de nous. Alors serait-ce, ce qu'il y a de plus vil à nommer, le plaisir ? Mais c'est précisément quand elle méprise et rejette le plaisir que la vertu se manifeste le mieux.

(1) Texte très conjectural. Cf. Cicéron, *de Orat.*, I, 120 : « Non enim pudendo, sed non faciendo id quod non decet impudentiae nomen effugere debemus ».

istorum philosophorum pudet, qui *uitii* iudicium uitare *uolunt*, *nec se* uitio ipso *no*tat*os* putant. **51.** Quid enim ? Possumus eos, qui a stupro arcentur infamiae metu, pudicos dicere, quom ipsa infamia propter rei *turp*itudinem consequatur ? Nam quid aut laudari rite aut uituperari potest, si ab eius natura recesseris quod aut laudandum aut uituperandum putes ? An corporis prauitates, si erunt perinsignes, habebunt aliquid offensionis, animi deformitas non habebit ? Cuius turpitudo ex ipsis uitiis facillime perspici potest. Quid enim foedius auaritia, quid immanius libidine, quid contemptius timiditate, quid abiectius tarditate et stultitia dici potest ? Quid ergo ? Eos qui singulis uitiis excellunt aut etiam pluribus, propter damna aut detrimenta aut cruciatus aliquos miseros esse dicimus, an propter uim turpitudinemque uitiorum ? Quod item ad contrariam laudem *de* uirtute dici potest.

52. Nam si propter alias res uirtus expetitur, melius esse aliquid quam uirtutem necesse est : pecuniamne igitur an honores an formam an ualetudinem ? Quae et quom adsunt perparua sunt, et quam diu adfutura sint, certum sciri nullo modo potest. An id quod turpissimum dictu est, uoluptatem ? At in ea quidem spernenda et repudianda uirtus uel maxime cernitur.

mystorum *AB* || uitii iudicium uitare uolunt nec se uitio ipso notatos *scripsi* : ullum (illum *B* nullum *H*) iudicium uitare nisi uitio ipso mutatum (notatum H mulctatum G) putant *AB*.

51 turpitudinem *G* : fortitudinem *AB* formidinem *H* || ab eius natura *G* : ab eo nat. *ABH* || perspici G : percipi *ABH* || de uirtute *Ziegler* : in uirtute (m) *codd.*

52 nam *ABG* : postremo H. || adfutura sint *G* : adf. sunt *ABH*.

Accord des philosophes. Mais ne voyez-vous pas quel enchaînement cela fait de choses et de pensées, et comment l'une se rattache à l'autre ? J'allais même, si je ne m'étais retenu, glisser encore plus loin.

XX. QUINTUS. — Jusqu'où ?.. C'est de bon cœur, mon frère, que j'aurais glissé avec toi jusqu'au point où tu veux conduire ton discours.

MARCUS. — Jusqu'au terme final des biens, but auquel se rapportent et à l'acquisition duquel doivent être subordonnés tous nos actes : affaire controversée et toute pleine du désaccord qui s'est élevé entre les philosophes les plus savants, mais qu'il faudra bien trancher un jour.

53. ATTICUS. — Comment cela pourrait-il se faire, maintenant que L. Gellius est mort ?

MARCUS. — Quel rapport cela a-t-il avec notre affaire ?

ATTICUS. — C'est que, (je me souviens de l'avoir entendu dire dans Athènes à mon fidèle Phèdre), quand Gellius (1), ton ami intime, arriva en Grèce à titre de proconsul au sortir de sa préture, étant à Athènes, il convoqua en un lieu tous les philosophes qui se trouvaient alors et leur recommanda avec la plus grande insistance de mettre enfin un terme à leurs discussions ; s'ils étaient disposés à ne pas user leur existence en querelles, l'affaire pouvait s'arranger ; et, en même temps il leur promettait son concours, pour le cas où quelque accommodement s'établirait entre eux.

MARCUS. — L'histoire est amusante, Pomponius, et elle a souvent fait l'objet de bien des plaisanteries. Mais je voudrais réellement qu'on m'eut nommé arbitre entre l'ancienne Académie et Zénon.

ATTICUS. — Comment cela ?

(1) L. Gellius, consul à l'époque de Sylla, censeur en 67, avait proposé de décerner à Cicéron une couronne civique après la découverte du complot de Catilina. Mort vers 55. L'anecdote se situe vers 93.

Sed uidetisne quanta series rerum sententiarumque sit, atque ut ex alio alia nectantur ? Quin labebar longius, nisi me retinuissem.

XX. QVINTVS. — Quo tandem ? Libenter enim, frater, quo ista oratione *tendis* tecum prolab*ar*.

MARCVS. — Ad finem bonorum, quo referuntur et quoius a*pi*scendi causa sunt facienda omnia, controuersam rem et plenam dissensionis inter doctissimos sed aliquando tam*en* iudicandam.

53. ATTICVS. — Qui istuc fieri potest L. Gellio mortuo ?

MARCVS. — Quid tandem id ad rem ?

ATTICVS. — Quia me Athenis audire ex Phaedro meo memini, Gellium familiarem tuum, quom pro consule ex praetura in Graeciam uenisset *esset*que Athenis, philosophos, qui tum erant, in locum unum conuocasse ipsisque magno opere auctorem fuisse, ut aliquando controuersiarum aliquem facerent modum. Quodsi essent eo animo ut nollent aetatem in litibus conterere, posse rem conuenire, et simul operam suam illis esse pollicitum, si posset inter eos aliquid conuenire.

MARCVS. — Ioculare istuc quidem, Pomponi, et a multis saepe derisum. Sed ego plane uellem me arbitrum inter antiquam Academiam et Zenonem datum.

ATTICVS. — Quo tandem istuc modo ?

52 quo tendis : quod ista oratione *AB* quod istam orationem *H* || prolabar *Ziegler* : prolaber *H* prolabor *ABG* || apiscendi *edd.* ascendi *BH omis. A* || tamen *HG* : iam *AB*.

53 L. Gellio : Agellio *H* L. Gelli *AB*. || uenisset esset que *Vahlen*. || ipsisque G : ipse isque ABH.

Marcus. — Parce qu'ils ne diffèrent que sur un seul point et s'accordent sur les autres d'une façon étonnante.

Atticus. — Tu dis ? Il n'y a qu'un seul sujet de désaccord ?

54. Marcus. — Du moins sur le fond des choses, il n'y en a qu'un : puisque, tandis que les anciens ont considéré comme étant un bien tout ce qui est selon la nature et qui contribue à nous aider dans la vie, Zénon a jugé que hors ce qui est noble, il n'y a pas de bien (1).

Atticus. — Petite discussion, dis-tu, comme si ce n'était pas celle qui emporte toute la différence !

Marcus. — Tu aurais raison, s'ils différaient réellement et non pas en paroles.

XXI. Atticus. — Ainsi tu te ranges à l'avis d'Antiochus, mon compagnon (je n'ose pas dire : mon maître) près de qui j'ai vécu, lui qui a failli m'arracher à nos chers jardins et qui m'a emmené faire quelques pas dans l'Académie.

Marcus. — C'était un homme sage, pénétrant et accompli dans son genre. Il était, comme tu sais, un ami intime pour moi. Si je suis d'accord avec lui en tous points ou non, je le verrai bientôt, mais je dis en tout cas que toute cette controverse peut très bien s'apaiser.

55. Atticus. — Comment vois-tu cela ?

Marcus. — Si, comme Ariston de Chios, < Zénon >

(1) Cicéron n'a pas encore saisi l'importance des controverses théoriques dont il reprendra l'examen dans le *de Finibus*. Pour l'instant, fidèle aux leçons d'Antiochus, il tente une conciliation entre l'enseignement de l'ancienne Académie et celui des Stoïciens, entre lesquels il ne voit aucune divergence essentielle. *De Nat. deor.*, I, 16, il avouera qu'il s'agit d'un désaccord plus profond : « non uerborum parua, sed rerum permagna dissensio. »

MARCVS. — Quia de re una solum dissident, de ceteris mirifice congruunt.

ATTICVS. — Ain tandem ? Vna de re est solum dissensio ?

54. MARCVS. — Quae quidem ad rem pertineat una : quippe quom antiqui omne quod secundum naturam esset, quo iuuaremur in uita, bonum esse decreuerint, hic nisi quod honestum esset *non* putarit bonum.

ATTICVS. — Paruam uero controuersiam dicis, at non eam quae dirimat omnia !

MARCVS. — Probe quidem sentires, si re ac non uerbis dissiderent.

XXI. ATTICVS. — Ergo adsentiris Antiocho familiari meo (magistro enim non audeo dicere), quocum uixi et qui me ex nostris paene conuellit hortulis, deduxitque in Academiam perpauculis passibus.

MARCVS. — Vir iste fuit ille *quidem* acutus et prudens, et in suo genere perfectus mihique, ut scis, familiaris, cui tamen ego adsentiar in omnibus necne, mox uidero. Hoc dico, controuersiam totam istam posse sedari.

ATTICVS. — Qui istuc tandem uides ?

55. MARCVS. — Quia si, ut Chius Aristo dixit,

53 tandem ? una de re : tantumne una de re ABG (ain tandem *omis*) ain tandem ? unane H (de re *omis*).

54 omne quod *edd.* : omnes quod *codd.* || et quo *Halm* : quo *codd.* || non *addidi* : nihil *edd.* ; *non habent codd.* || at non eam : sat non eam. *AB* at nos eam *H* || sentires *edd.* : sentirent A^2B^2 sentis *AH* || ille quidem : quidem *omis. ABHG.*

avait soutenu qu'il n'y a qu'un seul bien, ce qui est noble ; un seul mal, ce qui est vil, — et que toutes les autres choses sont tout à fait égales et que cela n'a absolument aucune importance, si elles existent ou si elles manquent ; — il serait en grand désaccord avec Xénocrate, Aristote et avec tout le groupe de Platon, et le conflit qui s'élèverait entre eux porterait sur une question capitale et sur toute la conduite de la vie. Mais quand il dit que l'honneur, que les anciens avaient dit être le bien suprême, est le bien unique, et que de même le déshonneur, dont ils avaient fait le mal suprême, est le mal unique ; quand il dénomme « avantages » (et non « biens ») la richesse, la santé, la beauté ; « inconvénients » (et non « maux ») la pauvreté, la faiblesse, la douleur, il partage le sentiment de Xénocrate et d'Aristote en employant une autre façon de parler (1). C'est de ce désaccord, non de choses, mais de mots qu'est venu le procès des fins suprêmes, procès au sujet duquel, puisque la Loi des XII Tables n'a pas voulu accorder prise en deçà de cinq pieds, nous ne laisserons pas cet homme ingénieux pâturer sur une possession ancienne de l'Académie, et au lieu de l'arbitre unique de la Loi Mamilia, nous serons, selon la Loi des XII Tables, trois arbitres à tracer les limites[1].

56. Quintus. — Donc, quelle sentence rendons-nous ?

Marcus. — Il nous plaît qu'on requière les bornes que Socrate a posées et que l'on s'y conforme.

Quintus. — Tu viens, mon frère, d'employer brillamment les mots du droit civil et des lois : c'est le sujet général que j'attends de ta conférence. Quant au juge-

(1) Comme *supra*, I, 38, Cicéron soutient que si la doctrine d'Aris ton est décidément incompatible avec celle de l'Académie, il n'en est pas de même de celle de Zénon, qui, en dehors du bien et du mal absolus (*decus, dedecus*), admet des biens et des maux relatifs (*commodae, incommodae res*).

solum bonum esse *dixisset* quod honestum esset malumque quod turpe, ceteras res omnis plane pares, ac ne minimum quidem utrum adessent an abessent interesse, ualde a Xenocrate et Aristotele et ab illa Platonis familia discreparet, esset*que* inter eos de re maxima et de omni uiuendi ratione dissensio. Nunc uero cum decus, quod antiqui summum bonum esse dixerant, hic solum bonum dicat ; itemque dedecus *quod* illi summum malum, hic solum ; diuitias, ualetudinem, pulchritudinem, commodas res appellet, non bonas ; paupertatem, debilitatem, dolorem incommodas, non malas ; sentit idem quod Xenocrates, quod Aristoteles, loquitur alio modo. Ex hac autem non rerum sed uerborum discordia controuersia est nata de finibus, in qua, quoniam usus capionem duodecim tabulae intr*a* quinque pedes esse *n*oluerunt, depasci ueterem possessionem Academiae ab hoc acuto homine non sinemus, nec Mamilia lege singuli, sed e XII tres arbitri fines regemus.

56. QVINTVS. — Quamnam igitur sententiam dicimus ?

MARCVS. — Requiri placere terminos quos Socrates pepigerit, iisque parere.

QVINTVS. — Praeclare, frater, iam nunc a te uerba usurpantur ciuilis iuris et legum, quo de genere

55 dixisset *addidi* || esse quod honestum *om. H.* || ne minimum *HG*: ne nimium AB || cum decus *H*: quod decus *AB* || dedecus quod *Turnebius* : quod *deest in cood.* || intra *G* : inter *ABH* || noluerunt : uoluerunt *B* uoluerint *AHB*² || singuli sed e XII tres *edd.* : singuli sed ex is (his) res *ABH.*

56 pepigerit *H* : pegerit *AB* peregerit *G.*

ment à rendre, c'est une grosse question, comme je l'ai souvent appris de ta bouche. Ce qu'il y a en tout cas d'acquis, c'est que vivre selon la nature est le bien suprême, c'est-à-dire jouir d'une existence réglée avec mesure et conforme à la vertu. Or précisément suivre la nature et vivre d'après sa loi, cela consiste autant qu'on en a le pouvoir, à ne rien négliger < pour fuir les désagréments que la nature repousse et s'efforcer > d'atteindre les avantages qu'elle désire,.... en prenant la vertu pour loi (1). C'est pourquoi trancher cette question, peut-être ne le pourra-t-on jamais ; mais en tous cas c'est impossible au cours de cet entretien, si nous devons aller jusqu'au bout de ce que nous avons commencé.

La philosophie fondement des lois.

XXII. 57. Atticus. — Pour moi, ce n'est pas à contre-cœur que je me laissais entraîner.

Quintus. — On pourra le faire une autre fois ; maintenant traitons le sujet que nous avons commencé, surtout que cette divergeance de vues au sujet du bien et du mal suprêmes ne s'y rapporte en rien.

Marcus. — Ce propos est très raisonnable, Quintus ; car tout ce que je viens de dire....

....

Quintus. — Ce que je demande, ce ne sont pas les lois de Lycurgue ou de Solon, ni celles de Charondas et de Zaleucus (2), ni les XII Tables de chez nous ni les lois votées par la plèbe, mais je pense que tu vas nous donner dans cet entretien d'aujourd'hui les lois qui conviennent à la vie et à la tenue morale tant des peuples que des particuliers.

58. Marcus. — Ce que tu demandes est précisément

(1) Texte très corrompu.

(2) Zaleucus, législateur de Locres et Charondas, législateur de Catane : leur influence s'était étendue sur diverses cités de Sicile et

expecto disputationem tuam. Nam ista quidem magna diiudicatio est, ut ex te ipso saepe cognoui. Sed certe ita res se habet, ut ex natura uiuere summum bonum sit, id est uita modica et apta uirtu*ti* perfrui ; atqui naturam sequi et eius quasi lege uiuere, id est nihil, quantum in ipso sit praetermittere, quominus ea quae natura postulet consequatur ... quo *par*iter haec uelit uirtut*is* tamquam lege *nos* uiuere. Quapropter hoc diiudicari nescio an numquam, sed hoc sermone certe non potest, si quidem id quod suscepimus perfecturi sumus.

XXII. 57 ATTICVS. — At ego huc declinabam nec inuitus.

QVINTVS. — Licebit alias. Nunc id agamus quod coepimus, quom praesertim ad id nihil pertineat haec de summo malo bonoque dissensio.

MARCVS. — Prudentissime, Quinte, dicis. Nam quae a me adhuc dicta sunt ...

QVINTVS. — ... nec Lycurgi leges neque Solonis neque Charondae neque Zaleuci, nec nostras duodecim tabulas nec plebiscita desidero, sed te existimo cum populis, tum etiam singulis, hodierno sermone leges uiuendi et disciplinam daturum.

58. MARCVS. — Est huius uero disputationis,

56 se habet : se habent *codd.* || apta uirtuti *edd.* : aperta uirtute *codd.* || atqui *scripsi* : aut *codd.* || quae natura postulet : *lacunam suspicio* || quod iter hoc *A* : q. inter hoc *H* a. inter haec *BC* (*desperatus locus*) || an numquam *edd.* : an unquam *codd.*

57 quom praesertim : quod praesertim *AG* non quod pr. *H.* || nec Lycurgi (lucurgi) *HA*[a]*B*[2]: te Lyc. AB *lacunam suspicio* || Zaleuci *edd* : Saleuci *codd* || desidero *ABG* : disseruntur H.

l'objet direct de mon exposé, Quintus, et puisse-t-il être à portée de mes moyens ! Mais en tout cas, ce qui est sûr, c'est que, puisque la loi doit être la réformatrice des vices et la conseillère des vertus, il faut qu'elle soit tirée de la même doctrine de vie. Il en résulte que c'est la Sagesse qui est la mère de toutes les activités bonnes, elle, par amour de quoi l'on a inventé en grec le nom de « philosophie » ; la Sagesse, le don le plus fécond, le plus riche, le plus noble dont les dieux immortels aient doté la vie humaine [1].

C'est elle seule en effet qui non seulement nous a instruits de toutes les autres choses, mais encore — et c'était le plus difficile —, nous a enseigné à nous connaître nous-mêmes.

Précepte dont la portée et la signification sont telles qu'on l'a attribué, non pas à un homme quelconque, mais à la divinité de Delphes.

59. Car tout homme qui se connaît sentira d'abord qu'il possède quelque chose de divin, et la force spirituelle qui est en lui lui paraîtra comme une effigie sacrée : il voudra rendre ses actes et ses pensées dignes d'un si grand bienfait, et, quand il se sera observé à fond et aura fait l'épreuve de toutes ses aptitudes, il se rendra compte des ressources dont la nature l'a équipé à son entrée dans la vie et de tous les moyens qu'il possède pour acquérir et garder la sagesse : lui qui, tout d'abord possédant dans son âme et dans sa pensée les intuitions encore obscures de toutes choses, n'aura qu'à les mettre en lumière, guidé par la sagesse, pour se concevoir en tant qu'être bon et, par le fait même, heureux.

d'Italie. Cf. Introduction, p. xxx. Sur leur existence historique, contestée par certains, *infra*, II, 14-15. Aristote considérait Charondas comme le plus exact des auteurs connus dans la rédaction des lois (*Polit.*, II, 1274 *b*).

Quinte, proprium, id quod expectas, atque utinam esset etiam facultatis meae ! Sed profecto ita se res habet, ut quoniam uitiorum emendatricem legem esse oportet commendatricemque uirtutum, ab ea*dem* uiuendi doctrina ducatur. Ita fit ut mater omnium bonarum rerum *sit* sapientia, a quoius amore Graeco uerbo philosophia nomen inuenit, qua nihil a dis immortalibus uberius, nihil florentius, nihil praestabilius hominum uitae datum est. Haec enim una nos cum ceteras res omnes, tum, quod est difficillimum, docuit, ut nosmet ipsos nosceremus, cuius praecepti tanta uis et tanta sententia est, ut ea non homini quoipiam, sed Delphico deo tribueretur.

59. Nam qui se ipse norit, primum aliquid se habere sentiet diuinum ingeniumque in se suum sicut simulacrum aliquod dicatum putabit, tantoque munere deorum semper dignum aliquid et faciet et sentiet, et quom se ipse perspexerit totumque temptarit, intelleget quem ad modum a natura subornatus in uitam uenerit, quantaque instrumenta habeat ad obtinendam adipiscendamque sapientiam, quoniam principio rerum omnium quasi adumbratas intellegentias animo ac mente conceperit, quibus inlustratis sapientia duce bonum uirum et, ob eam ipsam causam, cernat se beatum fore.

58 etiam facultatis : etiam *omis.* H. || sed profecto *HG* : si pr. *AB* || ab eadem *scripsi* : ab ea *codd.* || sapientia sit *G* : sit *omis. ABH* || a cuius amore *H* : a *omis ABG* || nosceremus HG : doceremus A^2B^1 || tanta uis et *omis. H.*

59 dicatum A : dedicatum *BHG* || inlustratis *edd.* : inlustratus *AHG* -stratas *B.*

XXIII. **60.** Quand l'âme en effet, après avoir pris conscience et expérience de ses vertus, se sera éloignée de la sujétion et de la complaisance envers le corps, une fois qu'elle aura foulé la volupté comme une tache déshonorante, qu'elle se sera soustraite à toute crainte de mort et de douleur, quand elle se sera soudée avec ses proches par un échange d'amour et aura appris à regarder comme siens tous ceux qui lui sont liés par nature ; quand elle embrassera dans leur pureté le culte et la religion des dieux ; quand elle aura rendu plus perçant, comme on rend plus perçant le regard de ses yeux, la pointe effilée de son âme dans le discernement des choses bonnes et le rejet des autres — vertu qui de l'acte de « prévoir » s'est appelée : « prudence » — ; peut-on exprimer ou penser un état plus heureux ?

61. Cet homme encore, quand il aura observé à fond le ciel, la terre, les mers et la nature universelle ; qu'il verra d'où viennent toutes ces choses, où elles doivent aller, quand, comment elles périront, ce qu'il y a en elles de mortel et de fragile, ce qu'il y a de divin et d'éternel ; quand il saisira pour ainsi dire le dieu (1) qui en est le régulateur et le maître, qu'il reconnaîtra qu'il n'est plus borné par les murs d'une cité, habitant d'une région limitée, mais concitoyen du monde entier comme d'une ville unique (2) ; au milieu de toute cette grandeur, dans cette vision et cette connaissance de la nature, ô dieux immortels, comme il prendra conscience de lui-même ! Comme il dédaignera, regardera de haut et tiendra pour néant les choses que la masse appelle les plus grandes (3) !

(1) Excellente correction de Ziegler.

(2) Cf. Sénèque, *de Tranq. animi*, IV, 3 : « nos non in unius urbis moenibus clausimus, sed in totius orbis commercium emisimus. »

(3) Développement oratoire qui rappelle la méditation du *Songe de Scipion* et dans lequel on peut voir une esquisse de l'*Hortensius* (*de Fin.*, I, 1, 2.).

XXIII. **60.** Nam quom animus cognitis perceptisque uirtutibus a corporis obsequio indulgentiaque discesserit, uoluptatemque sicut labem aliquam dedecoris oppresserit, omnemque mortis dolorisque timorem effugerit, societateque caritatis co*h*ae*s*erit cum suis, omnesque natura coniunctos suos duxerit, cultumque deorum et puram religionem susceperit, et exacuerit illam, ut oculorum, sic ingenii aciem ad bona seligenda et reicienda contraria (quae uirtus ex prouidendo est appellata prudentia), quid eo dici aut cogitari poterit beatius ?

61. Idemque quom caelum, terras, maria rerumque omnium naturam perspexerit, eaque unde generata quo recur*sur*a, quando, quo modo obitura, quid in iis mortale et caducum, quid diuinum aeternumque sit uiderit, ipsumque ea moderantem et regentem *deum* paene prenderit, seseque non *oppidi* circumdatum moenibus popularem alicuius definiti loci, sed ciuem totius mundi quasi unius urbis agnouerit, in hac ille magnificentia rerum, atque in hoc conspectu et cognitione naturae, dii inmortales, qua*le*m se ipse noscet ! [quod Apollo praecepit Pythius] Quam contemnet, quam despiciet, quam pro nihilo putabit ea quae uolgo dicuntur amplissima !

60 nam quom *G* : quod *AB* quo *H* || societateque caritatis cohaeserit *scripsi* : societatem... coegerit (coniecerit *H*) *AB* || omnesque natura *edd.* : omnibus quae *codd.* || bona seligenda *Vahlen* : bonae eligendas *AB* bona eligenda A^2B^2H diligenda *G*.

61 recursura *Vahlen* : recusa *AB* recurant HA^2B^2 || <deum>. *Ziegler* || non oppidi circumdatum *scripsi* : non omnis c. *AB* hominis *H* unius circumd. membris (?) *G* || qualem *scripsi* : quam *codd.* || quod Apollo praecepit Pythius *reiciendum uidetur.*

XXIV. **62.** Et toutes ces acquisitions, il les entourera comme d'un retranchement par la logique, la critique du vrai et du faux, l'art de comprendre les conséquences et les contraires. Mais quand il sentira qu'il a été créé pour vivre dans un groupe social, il estimera qu'il faut recourir, non plus à cette méthode abstraite de discuter, mais à un style plus étendu, à cette éloquence suivie qui dirige les peuples, assure les lois, punit les méchants, défend les honnêtes gens, glorifie les grands hommes, adresse quand il faut à ses concitoyens des conseils salutaires et des encouragements propres à les convaincre, les exhorte à l'honneur, les détourne de l'infamie, réconforte ceux qui sont dans l'abattement et se montre en mesure de confier à des œuvres éternelles les actes et les desseins des citoyens courageux et sages, joints à la flétrissure des méchants.

Tels sont les avantages si grands et si nombreux qui, déposés en l'homme, sont à même d'être perçus par tous ceux qui auront la volonté de se connaître : la science qui les enfante et les façonne, c'est la Sagesse[1].

63. Atticus. — Certes, tu viens d'en prononcer l'éloge avec autant de noblesse que de vérité ; mais ceci, dans quel but ?

Marcus. — D'abord dans le but de faire ressortir la grandeur des sujets que nous allons maintenant aborder ; ils ne sauraient être tellement importants, si les sources dont ils découlent ne le sont pas elles-mêmes. Ensuite, c'est pour moi un plaisir et, je crois, un devoir qui font qu'il me serait impossible de passer sous silence une étude que j'aime passionnément et qui a fait de moi, en tout cas, ce que je suis.

Atticus. — Oui, tu fais bien, c'est un acte de reconnaissance et de piété, et, comme tu le dis, il fallait le faire dans cet entretien.

XXIV. 62. Atque haec omnia quasi saepimento aliquo uallabit disserendi ratione, ueri et falsi iudicandi scientia, et arte quadam intellegendi quid quamque rem sequatur et quid sit quoique contrarium. Quomque se ad ciuilem societatem natum senserit, non solum illa subtili disputatione sibi utendum putabit sed etiam fusa latius perpetua oratione, qua regat populos, qua stabiliat leges, qua castiget improbos, qua tueatur bonos, qua laudet claros uiros, qua praecepta salutis et laudis apte ad persuadendum edat suis ciuibus, qua hortari ad decus, reuocare a flagitio, consolari possit adflictos, factaque et consulta fortium et sapientium cum improborum ignominia sempiternis monumentis prodere. Quae quom tot res tantaeque sint, quae inesse in homine perspiciantur ab iis qui se ipsi uelint nosse, earum parens est educatrixque sapientia.

63. Atticvs. — Laudata quidem a te grauiter et uere ! Sed quorsus hoc pertinet ?

Marcvs. — Primum ad ea, Pomponi, de quibus acturi iam sumus, quae tanta esse uolumus. Non enim erunt, nisi ea fuerint, unde illa manant, amplissima. Deinde facio et lubenter et, ut spero, recte, quod eam quoius studio teneor quaeque me eum, quicumque sum, effecit, non possum silentio praeterire.

Atticvs. — Re*cte* uero facis et merito et pie, fuitque id, ut dicis, in hoc sermone faciundum.

62 ratione *G*: rationes *ABH* || iudicandi scientia *H*: iudicium de scientia *AB* || sequatur *HG*: sequantur *AB*.

63 erunt *G*: sunt *ABH* || me eum *edd.* : mecum H me (cum *eras. uel omis.* *ABG*) || non possum *BG*: non sponsum *A* non meni (?) *H* || recte uero *Feldhugel*: reuero *AB* reuera A^2B^2G vero *H* || et pie *Vahlen*: et ipse *codd.* — M. TULLI. CICERONIS DE LEGIBUS LIB. I. EXPLIC. INCIP. II. *AB*.

LIVRE DEUXIÈME

Charme d'Arpinum la petite patrie.

I. 1. Atticus. — Eh bien ! veux-tu, puisque nous nous sommes déjà bien assez promenés et que tu dois aborder un autre sujet de discours, veux-tu que nous changions de place et que nous allions nous asseoir dans l'île, au milieu du Fibrène — car c'est ainsi, je pense, que s'appelle ce deuxième cours d'eau — pour nous consacrer à la suite de cet entretien [1] ?

Marcus. — Oui, car c'est un endroit qu'il m'est très agréable de fréquenter, soit que je veuille m'y livrer seul à mes réflexions, soit que j'aie quelque ouvrage à écrire ou à lire.

2. Atticus. — Quant à moi, qui suis justement sous l'impression de mon arrivée, je ne puis m'en lasser et je n'ai plus que dédain pour les villas ambitieuses, les dallages de marbre et les plafonds cloisonnés : quand on voit ce paysage, peut-on ne pas trouver ridicules ces canaux artificiels qu'on appelle des « Nils » et des « Euripes » [2] ? Si bien que, comme tout à l'heure, quand tu faisais la théorie de la Loi et du Droit, tu ramenais tout à la nature, ainsi, dans ces objets où nous cherchons un délassement et un agrément pour l'esprit, c'est la nature qui est reine. Avant donc, je m'étonnais, car je m'imaginais qu'il n'y avait en ce pays que « rochers et montagnes » — et que j'eusse cette idée, c'étaient tes discours et tes poèmes qui me l'avaient donnée — je m'étonnais, dis-je, que tu puisses éprouver en ce lieu un agrément si vif ; mais maintenant je m'étonne que, lorsque tu dois t'absenter de Rome, tu puisses préférer être quelque part ailleurs.

LIBER SECVNDVS

I. 1. ATTICVS. — Sed uisne, quoniam et satis iam ambulatum est, et tibi aliud dicendi initium sumendum est, locum mutemus et in insula quae est in Fibreno (nam opinor *hoc* illi alteri flumini nomen esse) sermoni reliquo demus operam sedentes ?

MARCVS. — Sane quidem. Nam illo loco libentissime soleo uti, siue quid mecum ipse cogito, siue aliquid scribo aut lego.

2. ATTICVS. — Equidem, qui nunc potissimum huc uenerim, satiari non queo, magnificasque uillas et pauimenta marmorea et laqueata tecta contemno. Ductus uero aquarum quos isti Nilos et Euripos uocant, quis non cum haec uideat inriserit ? Itaque, ut tu paulo ante de lege et de iure disserens ad naturam referebas omnia, sic in his ipsis rebus quae ad requietem animi delectationemque quaeruntur, natura dominatur. Quare antea mirabar — nihil enim his in locis nisi saxa et montis cogitabam, itaque ut facerem, et orationibus inducebar tuis et uersibus — sed mirabar, ut dixi, te tam ualde hoc loco delectari. Nunc contra miror te, cum Roma absis, usquam potius esse.

II. 1 Fibreno : fibrino *codd.* || hoc (*siue* id) *edd.* ; *deest in codd.* || siue aliquid A^2 : siue aut quid A^1BH.

3. Marcus. — Oui, quand je peux m'absenter pendant un assez grand nombre de jours, surtout en cette saison de l'année, je suis attiré par la beauté et la salubrité de cet endroit ; mais je n'en ai que rarement la possibilité. Pourtant sans doute y a-t-il encore une autre raison qui me séduit, et qui ne peut te toucher, toi, Titus....

Atticus. — Quelle est cette raison ?

Marcus. — C'est que, pour dire toute la vérité, c'est ici ma véritable patrie et celle de mon frère. Nous sommes nés ici d'une souche très ancienne ; nous avons ici nos dieux, notre famille, de nombreux souvenirs de nos ancêtres. Que dirais-je de plus ? Tu vois cette maison qui, dans son état actuel, a été reconstruite avec une certaine élégance par notre père qui l'affectionnait et qui, par suite de sa faible santé, y a passé presque toute son existence au milieu de ses études littéraires. Mais c'est sur le même emplacement, alors que mon grand-père vivait et que la maison était petite, à l'ancienne mode, comme celle de Curius dans le pays sabin, c'est là, apprends-le, que je suis né.

Aussi, y a-t-il un je ne sais quoi qui reste caché au fond de mon cœur et de ma sensibilité, qui fait que cet endroit me charme peut-être plus qu'il ne convient, < sentiment que vous trouverez excusable, pourtant >, s'il est vrai qu'un héros très sage, pour revoir son Ithaque, a, nous dit l'histoire, refusé l'immortalité (1).

II. 4. Atticus. — Mais je trouve tout à fait légitime la raison pour laquelle tu viens plus volontiers ici et tu affectionnes cet endroit. Bien mieux, moi-même — et je dis vrai — je viens à l'instant de me trouver plus ami de ta maison et de tout ce pays où tu as été engendré et mis au monde.

(1) Ulysse, dans l'*Odyssée,* I, 57, insensible aux sollicitations de Calypso, « désire revoir la fumée de son pays et préfère la mort ». Même allusion au choix d'Ulysse, *de Orat.*, I, 196.

3. MARCVS. — Ego uero, cum licet pluris dies abesse, praesertim hoc tempore anni, et amoenitatem et salubritatem hanc sequor ; raro autem licet. Sed nimirum me alia quoque causa delectat, quae te non attingit, *Tite*.

ATTICVS. — Quae tandem ista causa est ?

MARCVS. — Quia, si uerum dicimus, haec est mea et huius fratris mei germana patria. Hinc enim orti stirpe antiquissima sumus, hic sacra, hic genus, hic maiorum multa uestigia. Quid plura ? Hanc uides uillam, ut nunc quidem est lautius aedificatam patris nostri studio, qui cum esset infirma ualetudine, hic fere aetatem egit in litteris. Sed hoc ipso in loco, cum auos uiueret et antiquo more parua esset uilla, ut illa Curiana in Sabinis, me scito esse natum. Quare inest nescio quid et latet in animo ac sensu meo, quo me plus *aequo* hic locus fortasse delectet, *nec sine causa* si quidem etiam ille sapientissimus uir, Ithacam ut uideret, immortalitatem scribitur repudiasse.

II. **4.** ATTICVS. — Ego uero tibi istam iustam causam puto, cur huc libentius uenias atque hunc locum diligas. Quin ipse, uere dicam, sum illi uillae amicior modo factus atque huic omni solo, in quo tu ortus et procreatus es. Mouemur enim nescio quo pacto locis ipsis, in quibus eorum quos diligimus aut admiramur adsunt uestigia. Me quidem ipsae illae nostrae Athe-

3 abesse *HG*: abessem || *AB* amoenitatem et salubr. hanc *H*: amoenit. hanc et salubr. hanc *AB* || Tite.-Quae *edd* : ita-quae *HG* itaque *AB* || hinc enim *H* : hic *ABG* || aedificatam *HG* : aedificata *AB* || inest *R. Estienne* : id. est *ABG* idem H || aequo *suppleui* : nec sine causa *item*.

Car, il y a comme une émotion indéfinissable que nous éprouvons aux lieux mêmes où subsistent les traces des êtres que nous aimons et que nous admirons. Si mon Athènes me plaît, ce n'est pas tant par ses monuments grandioses et les chefs-d'œuvre artistiques des anciens que par le souvenir de ses très grands hommes, quand je vois où chacun d'eux avait coutume de demeurer, de se tenir assis, de professer et c'est avec passion que je m'absorbe à considérer même leurs tombeaux. Aussi, désormais aimerai-je encore davantage ce lieu où tu es né.

Marcus. — Je suis donc content de t'avoir montré, pour ainsi dire, mon berceau.

5. Atticus. — C'est moi surtout qui suis content de le connaître. Mais qu'est-ce que tu as voulu dire tout à l'heure en disant que cet endroit, c'est-à-dire, au sens où j'entends que tu l'as dit, Arpinum, est votre véritable patrie. Est-ce donc que vous avez deux patries ? Ou plutôt n'y en a-t-il qu'une, celle qui est commune à tous ? A moins que pour le sage Caton sa patrie ne fût pas Rome, mais Tusculum !

Marcus. — Eh ! par Hercule, je pense qu'il y avait pour lui, comme pour tous les gens des municipes, deux patries : une patrie de nature, une patrie de citoyenneté. Ainsi, comme Caton qui, bien que né à Tusculum, a été admis dans la cité du peuple Romain et qui, Tusculan de par son origine, Romain par sa citoyenneté, possédait une patrie géographique et une patrie de droit ; comme chez vous les Attiques, avant que Thésée les eût obligés à abandonner la campagne et à se rendre tous dans ce qu'on appelle *l'Asty*, appartenaient en même temps à leur < dème > et au pays attique [1] ; de même nous, nous considérons comme patrie celle où nous sommes nés aussi

(1) Texte très altéré. Le mot « dème » n'existe pas dans la langue latine, mais peut avoir été introduit par opposition à « *asty* », la ville d'Athènes proprement dite.

nae non tam operibus magnificis exquisitisque antiquorum artibus delectant, quam recordatione summorum uirorum, ubi quisque habitare, ubi sedere, ubi disputare sit solitus, studioseque eorum etiam sepulcra contemplor. Quare istum, ubi tu es natus, plus amabo posthac locum.

MARCVS. — Gaudeo igitur me incunabula paene mea tibi ostendisse.

5. ATTICVS. — Equidem me cognosse admodum gaudeo. Sed illud tamen quale est quod paulo ante dixisti, hunc locum — id est, ut ego te accipio dicere, Arpinum — germanam patriam esse uestram ? Numquid duas habetis patrias, an est una illa patria communis ? Nisi forte sapienti illi Catoni fuit patria non Roma, sed Tusculum.

MARCVS. — Ego mehercule et illi et omnibus municipibus duas esse censeo patrias, unam naturae, alteram ciuitatis : ut ille Cato, quom esset Tusculi natus, in populi Romani ciuitatem susceptus est, ita, quom ortu Tusculanus esset, ciuitate Romanus, habuit alteram loci patriam, alteram iuris ; ut uestri Attici, priusquam Theseus eos demigrare ex agris et in astu quod appellatur omnes conferre se iussit, et *sui* erant *demi* et Attici, sic nos et eam patriam dici-

5 id est ut *Mueller* : idem *codd.* || uestram *Halm* : utram *codd.* || numquid duas A^2B^2G: quid (uos) duas *ABH* (*deest* num) || unam naturae alteram ciuitatis *G* unam naturam ciuitatis *ABH* || Cato quom esset *edd.* : est *codd.* || ciuitate Romanus *G*: ciuitatem romam *ABH* || eos demigrare *edd.* : eosdem migrare *codd.* || et sui erant demi et Attici *scripsi* : et simfrantidem (symfrantidem) et atticis *ABH* || dicimus *H* : ducimus ABG.

bien que celle qui nous a accueillis. Mais il est nécessaire que celle-là l'emporte dans notre affection par laquelle le nom de « république » est le bien commun de la cité entière. C'est pour elle que nous devons mourir ; c'est à elle qu'il faut nous donner tout entiers, en elle qu'il faut déposer et pour ainsi dire sanctifier tout ce qui nous appartient. Mais la patrie qui nous a enfantés ne nous est guère moins douce que celle qui nous a accueillis. C'est pourquoi, jamais je n'en viendrai à lui dénier absolument le nom de ma patrie, encore que l'une soit plus grande et que l'autre soit renfermée dans la première, < étant bien entendu que tout homme quel que soit l'endroit où il est né > participe à la cité et la conçoit comme unique [1].

III. **6.** Atticus. — C'est donc à bon droit que notre ami Pompée, comme je le lui ai entendu affirmer, alors qu'il plaidait de concert avec toi en faveur d'Ampius, a témoigné devant le tribunal que notre République avait les plus justes motifs d'être reconnaissante envers ce municipe, puisque, de lui, s'étaient élevés deux de ses sauveurs [2] : ce qui m'amènerait à admettre que ce lieu qui t'a donné naissance est bien en effet ta patrie.

Mais nous sommes arrivés dans l'île. Il n'y a pas d'endroit qui soit plus agréable. Voici le Fibrène qui se divise devant elle comme devant un éperon de vaisseau et qui, après en avoir baigné les bords des deux courants égaux entre lesquels il se partage, emporté dans son élan rapide, se reforme vite en un courant unique, et n'embrasse de terrain que juste ce qu'il en faudrait pour une palestre de dimensions moyennes ; et, ce travail accompli, comme s'il ne s'était proposé d'autre tâche que de nous offrir et préparer un siège pour notre discussion, il se précipite immédiatement dans le Liris et là, tout comme s'il pénétrait dans une famille patricienne, il abandonne son nom plus obscur et rend beaucoup plus fraîches les eaux du

mus, ubi nati, et illam qua excepti sumus. Sed necesse est caritate eam praestare *e* qua rei publicae nomen uniuersae ciuitatis est, pro qua mori et cui nos totos dedere et in qua nostra omnia ponere et quasi consecrare debemus. Dulcis autem non multo secus est ea quae genuit quam illa quae excepit. Itaque ego hanc meam esse patriam prorsus numquam negabo, dum illa sit maior, haec in ea contineatur *** habet ciuitatis et unam illam ciuitatem putat.

III. 6. Atticvs. — Recte igitur Magnus ille noster me audiente posuit in iudicio, quom pro Am*p*io tecum simul diceret, rem publicam nostram iustissimas huic municipio gratias agere posse, quod ex eo duo sui conseruatores exstitissent, ut iam uidear adduci *ad aestimandum*, hanc quoque quae te procrearit esse patriam tuam.

Sed uentum in insulam est. Hac uero nihil est amoenius. Etenim hoc quasi rostro finditur Fibrenus, et diuisus aequaliter in duas partes latera haec adluit, rapideque dilapsus cito in unum confluit, et tantum conplectitur quod satis sit modicae palaestrae loci. Quo effecto, tamquam id habuerit operis ac muneris, ut hanc nobis efficer*e*t sedem ad disputandum, statim praecipitat in Lirem, et quasi in familiam patriciam uenerit, amittit nomen obscurius Liremque multo gelidiorem facit. Nec enim ullum hoc frigidius

5 et illam qua excepti *G* : *omis. ABH* || e qua *Madvig.*
6 Ampio *edd.* : Ambio *codd.* || duo sui *G* : d. sunt *BH* sunt (*uel* sui) *omis.* A || ut iam *G* : utinam *ABH* || ad aestimandum *suppleui* || etenim *edd.* : ut enim *codd* || efficeret *edd.* : effecerit *codd.*

Liris. Je n'ai en effet jamais senti un cours d'eau plus froid, bien que j'en aie approché beaucoup, si froid que c'est à peine si je pourrais le tâter du pied, comme fait Socrate dans le *Phèdre* de Platon[1].

7. MARCUS. — C'est bien vrai ; mais pourtant d'après ce que j'entends Quintus me dire bien souvent, ton Thyamis en Épire n'a, je pense, rien à envier à l'agrément que l'on rencontre ici[2].

QUINTUS. — Et c'est comme tu le dis : ne va pas t'imaginer qu'il puisse y avoir un site plus merveilleux que l'Amalthée d'Atticus avec ses platanes. Mais, si bon vous semble, asseyons-nous ici à l'ombre et revenons à cette partie de notre entretien dont nous nous étions éloignés.

MARCUS. — Tu sais bien réclamer, Quintus — je croyais pourtant m'être mis à l'abri — et il n'y a pas moyen en ces choses de rester en dette envers toi.

QUINTUS. — Commence donc, puisque nous te consacrons la journée tout entière.

La loi suprême. MARCUS. — « C'est par Jupiter que préludent les Muses... », avons-nous dit au début du poème d'Aratus (1).

QUINTUS. — Pourquoi cette citation ?

MARCUS. — Parce que maintenant encore, c'est par le même Jupiter et par les autres dieux que nous allons entamer le prélude de notre exposé.

QUINTUS. — Parfait, mon frère, et c'est ainsi qu'il convient de faire.

IV. 8. MARCUS. — Voyons donc encore une fois, avant d'aborder les lois particulières, l'essence et la nature de la Loi, de peur que, puisque c'est à elle que nous devrons

(1) Cf. *de Rep.*, I, 56. Cicéron s'était essayé à traduire les *Phénomènes* d'Aratos, poète didactique du IIIe siècle. Cette invocation est un lieu commun de la poésie grecque (cf. Hésiode, *Trav.*, 1), Platon, *Lois* IV, 712 d : « Invitons les dieux à la fondation de la Cité ; puissent-ils nous entendre et venir propices. »

flumen attigi, cum ad multa accesserim, ut uix pede temptare id possim, quod in Phaedro Platonis facit Socrates.

7. MARCVS. — Est uero ita. Sed tamen huic amoenitati, quem ex Quinto saepe audio, Thyamis Epirotes tuus ille nihil, opinor, concesserit.

QVINTVS. — Est ita ut dicis. Caue enim putes Attici nostri Amalthio platanisque illis quicquam esse praeclarius. Sed si uidetur, considamus hic in umbra, atque ad eam partem sermonis ex qua egressi sumus reuertamur.

MARCVS. — Praeclare exigis, Quinte (at ego effugisse arbitrabar), et tibi horum nihil deberi potest.

QVINTVS. — Ordire igitur, nam hunc tibi totum dicamus diem.

MARCVS. — « A Ioue Musarum primordia », sicut in Aratio carmine orsi sumus.

QVINTVS. — Quorsum istuc ?

MARCVS. — Quia nunc item ab eodem et a ceteris diis immortalibus sunt nobis agendi capienda primordia.

QVINTVS. — Optime uero, frater, et fieri sic decet.

IV. 8. MARCVS. — Videamus igitur rursus, priusquam adgrediamur ad leges singulas, uim naturamque legis, ne quom referenda sint ad eam nobis omnia,

6 attigi cun *G* : atticium *ABH*.
7 quem *edd.* : quae *AB* quam *HG* || Thyamis *Turnèbe* : thebanus *codd.* || Amalthio *Turnèbe* : emathis *AHG* emat hro *B* || reuertamur *AG* : et reuertamur *BH* || exigis quinte A^2B^2G : ex his quae *H* ex ais quae *AB*. || diem : a Ioue *edd.* : diem maiorem *codd.* || in Aratio *edd.* : innaratis *ABH* in arati A^2G.

tout rapporter, il ne nous arrive quelquefois de nous tromper par l'effet d'une méprise de langage ou de méconnaître la force propre du mot en vertu duquel nous aurons à définir les droits.

QUINTUS. — C'est juste, assurément, et ta méthode est bonne.

MARCUS. — Je vois donc, que, selon la pensée des plus grands philosophes, la Loi, ce n'est ni une invention issue du génie des hommes ni une décision arbitraire des peuples, mais quelque chose d'éternel qui règne sur le monde entier par la sagesse de ses commandements et de ses défenses ; aussi disaient-ils que cette Loi première et dernière était la pensée de la divinité, édictant selon la raison des obligations et des interdictions qui s'étendent à toutes choses ; il en dérive que la loi que les dieux ont donnée au genre humain a fait l'objet d'un légitime éloge, car elle est la raison et la pensée d'un être sage, appropriée à donner des ordres positifs ou des interdictions[1].

9. QUINTUS. — C'est un point que tu as déjà touché plusieurs fois ; mais, avant d'en venir aux lois des nations, explique-nous, si tu veux bien, l'essence de cette loi céleste, de peur que, saisis par le courant de l'habitude, nous ne soyons ramenés au sens du langage usuel.

MARCUS. — Au temps, Quintus, où nous étions petits, nous avons appris à donner le nom de lois à des formules comme : « *Si l'on cite en justice* » (1) et autres de ce genre. Mais il faut bien comprendre que ni ce texte ni les autres volontés impératives ou négatives des peuples ne possèdent en soi la force qui nous invite à l'exécution du devoir et nous détourne du mal[2] : force qui ne remonte pas seulement à un temps plus ancien que l'époque des peuples

9 (1) Texte de la Loi des XII Tables relatif à la prise à partie d'un adversaire : — *Si in ius uocat, ito* ; *ni it, antestamino* ; *igitur em capito.* « Si on le cite en justice qu'il y aille ; s'il n'y va pas, qu'on en prenne acte par témoin, et ensuite qu'on l'arrête. »

labamur interdum errore sermonis, ignoremusque uim *nominis* eius quo iura nobis definienda sint.

QVINTVS. — Sane quidem hercle, et est ista recta docendi uia.

MARCVS. — Hanc igitur uideo sapientissimorum fuisse sententiam, legem neque hominum ingeniis excogitatam, nec scitum aliquod esse populorum, sed aeternum quiddam, quod uniuersum mundum regeret imperandi prohibendique sapientia. Ita principem legem illam et ultimam mentem esse dicebant omnia ratione aut cogentis aut uetantis dei. Ex qu*o* illa lex quam di humano generi dederunt, recte est laudata : est enim ratio mensque sapientis ad iubendum et ad deterrendum idonea.

9. QVINTVS. — Aliquotiens iam iste locus a te tactus est. Sed antequam ad populares leges uenias, uim istius caelestis legis explana, si placet, ne aestus nos consuetudinis absorbeat et ad sermonis morem usitati trahat.

MARCVS. — A paruis enim, Quinte, didicimus : SI IN IVS VOCAT, atque a*lia* eius modi leges [alias] nominare. Sed uero intellegi sic oportet, et hoc et alia iussa ac uetita populorum *non* uim habere ad recte facta uocandi et a peccatis auocandi, quae uis non modo senior est quam aetas populorum et ciuitatium,

8 nominis *scripsi* : sermonis *codd.* || sed *G* : quod *AB* que (*q*;) H || dicebant *edd.* : dicebat *codd.* || ex quo *edd.* : ex qua *codd.*

9 a paruis *edd.* : apertius *ABG* apparuisse *H* || alia eius modi *edd.* : at e. m. *AB* ad *H* || non *addidi* || quae uis *AG* : que tuis *B* quinte tuis *H*.

et des cités, mais qui est de même âge que la divinité qui protège et gouverne et le ciel et la terre. **10.** En effet, il ne peut y avoir d'intelligence divine qui ne soit douée de raison, et la raison divine ne peut pas être sans avoir l'efficacité de sanctionner les actes bons ou mauvais. Ce n'est pas parce que nul texte écrit ne portait qu'un homme seul eût le devoir de s'arrêter sur un pont face à toutes les troupes de l'ennemi et donnât l'ordre de faire couper le pont derrière lui, ce n'est pas pour cela que nous croirons qu'Horatius Coclès en avait moins le devoir d'accomplir un tel exploit, obéissant à la loi et au commandement du courage ([1]) ; et si, au temps où Tarquin était roi, aucune loi écrite n'existait encore relative aux actes de viol, ce n'en est pas moins à l'encontre de la Loi éternelle que Sextus Tarquin fit violence à Lucrèce, fille de Tricipitinus ([2]).

Il y avait donc une raison émanée de la nature universelle qui poussait les hommes à agir selon le devoir et à se détourner d'une action coupable ; elle a commencé d'être une loi, non pas du jour où elle a été écrite, mais dès son origine, et son origine a coïncidé avec l'apparition de l'intelligence divine : il en résulte que la Loi véritable et première, faite tant en vue du commandement que de la défense, est la droite raison du Jupiter suprême[1].

Les lois contingentes.

V. **11.** QUINTUS. — Mon frère, je pense avec toi que ce qui est juste et véritable est aussi éternel et ne saurait naître ou disparaître avec les textes écrits sous lesquels on consigne les mesures adoptées.

MARCUS. — Ainsi donc comme la pensée divine se confond avec la Loi suprême, quand < la raison > parfaite se réalise dans l'homme[2], < elle réside > dans la

(1) Action légendaire de Horatius Coclès dans la guerre contre Porsenna.

(2) Ce crime servit d'occasion à la révolution de Brutus et au renversement de la royauté (510 av. J.-C.).

sed aequalis illius caelum atque terras tuentis et regentis dei.

10. Neque enim esse mens diuina sine ratione potest, nec ratio diuina non hanc uim in rectis prauisque sanciendis habere ; nec quia nusquam erat scriptum, ut contra omnis hostium copias in ponte unus adsisteret a tergoque pontem interscindi iuberet, idcirco minus Coclitem illum rem gessisse tantam fortitudinis lege atque imperio putabimus, nec si regnante *L.* Tarquinio nulla erat Romae scripta lex de stupris, idcirco non contra illam legem sempiternam Sex. Tarquinius uim Lucretiae Tricipitini filiae attulit. Erat enim ratio, profecta a rerum natura, et ad recte faciendum inpellens et a delicto auocans, quae non tum denique incipit lex esse quom scripta est, sed tum quom orta est. Orta autem est simul cum mente diuina. Quam ob rem lex uera atque princeps, apta ad iubendum et ad uetandum, ratio est recta summi Iouis.

V. **11.** QVINTVS. — Adsentior frater, ut quod est rectum uerumque, *aeternum quoque* sit, neque cum litteris, quibus scita scribuntur, aut oriatur aut occidat.

MARCVS. — Ergo ut illa diuina mens summa lex est, item quom in homine est perfecta *ratio, sedet* in mente sapientis. Quae sunt autem uarie et ad tempus descriptae populis, fauore magis quam re legum

10 habere *G* : habet ABH || L. Tarquinio *edd.* || profecta B^2G : profecti *AB* profecto *H* || a delicto *ABG* : adflicto *H*.

11 aeternum quoque *add. edd. Vahlen* || ratio, sedet *addidi* || populis

pensée du sage. Mais les textes qui sous des formes diverses et adaptées aux circonstances ont été rédigés pour les peuples, ce n'est que par complaisance et non d'après la réalité qu'ils portent le nom de lois. Et voilà à peu près les preuves dont on se sert pour démontrer comment toute loi vraiment digne de ce nom mérite qu'on en fasse l'éloge : c'est un fait reconnu que les lois ont été découvertes pour assurer le salut des citoyens, l'intégrité des cités, la tranquillité et le bonheur des hommes ; ceux qui pour la première fois ont pris des mesures de cet ordre ont fait voir aux peuples qu'ils se proposaient d'écrire et d'imposer des dispositions grâce auxquelles ceux-ci vivraient d'une manière vertueuse et heureuse, et ce sont ces dispositions, une fois réunies ensemble et ratifiées, auxquelles ils devaient sans doute donner le nom de « lois » (1). D'où il est normal de comprendre que ceux qui ont rédigé pour les peuples des prescriptions funestes ou injustes, du fait qu'ils ont contrevenu à leurs promesses et à leurs déclarations solennelles, ont imposé tout ce que l'on voudra plutôt que des lois ; ce qui nous fait bien voir par l'explication du mot « loi » qu'elle comporte dans son essence et sa signification la distinction (*legere*) du juste et du vrai.

12. Je vais donc, Quintus, comme ils ont coutume de le faire, te poser une question. Si un facteur qui manque à un État, du seul fait qu'il lui manque, enlève à cet État toute valeur ; doit-il être compté au nombre des choses bonnes ?

Quintus. — Au nombre des plus grands biens.

Marcus. — Un État qui manque de lois, du seul fait de cette privation perd-il toute valeur ?

Quintus. — On ne peut le contester.

Marcus. — Il est donc nécessaire de compter la loi au nombre des biens les meilleurs.

(1) Il semble qu'il y ait ici un effort pour combiner le droit *absolu* des Stoïciens (exposé plus haut) avec une théorie plus utilitaire fondée sur le bien commun (Sophistes, Épicure).

nomen tenent. Omnem enim legem, quae quidem recte lex appellari possit, esse laudabilem quidam talibus argumentis docent. Constat profecto ad salutem ciuium ciuitatumque incolumitatem uitamque hominum quietam et beatam inuentas esse leges, eosque qui primum eiusmodi scita sanxerint, populis ostendisse ea se scripturos atque laturos, quibus illi adscitis susceptisque honeste beateque uiuerent, quaeque ita conposita sanctaque essent, eas leges uidelicet nominarunt. Ex quo intellegi par est, eos qui perniciosa et iniusta populis iussa descripserint, quom contra fecerint quam pollitici professique sint, quiduis potius tulisse quam leges, ut perspicuum esse possit, in ipso nomine legis interpretando inesse uim et sententiam iusti et ueri legendi.

12. Quaero igitur a te, Quinte, sicut illi solent : quo si ciuitas careat, ob eam ipsam causam quod eo careat, pro nihilo habenda sit, id estne numerandum in bonis ?

QVINTVS. — Ac maxumis quidem.

MARCVS. — Lege autem carens ciuitas estne ob *id* ipsum habenda nullo loco ?

QVINTVS. — Dici aliter non potest.

MARCVS. — Necesse est igitur legem haberi in rebus optimis.

H populi *ABG* || inuentas *H* : (con)ditas ABG || quibus illi *edd.* : illis *codd.* || adscitis *edd.* : adscriptis *codd.* || nominarunt : nominarent *codd.* || iniusta *G* : iusta *ABH* || ueri legendi *H* : iuris colendi AB^2G cari lendi *B*.

12 Quo si *Monac. G* : quod si *ABH* || ciuitas careat : ciu. lege (*superscrips.*) careat *H* || quod eo : quod ea lege *H* || nihilo *HG* : nihil *AB* || estne : id est ne *H* idemne *ABG* || id *add. edd.*

QUINTUS. — Je suis entièrement de cet avis.

13. MARCUS. — Et que penser de ces mesures nuisibles, funestes, qui sont votées en si grand nombre chez les peuples et qui n'ont pas plus de rapport avec le nom des lois que celles auxquelles des brigands décideraient de donner leur accord ? Car pas plus qu'on ne peut véritablement appeler « prescriptions médicales » les traitements homicides qu'ont ordonnés en guise de remèdes des ignorants ou des incapables, on ne saurait chez un peuple appeler « loi », quelle qu'en soit la forme, une disposition funeste qu'un peuple peut avoir acceptée. Donc la loi est la distinction des choses justes et injustes, exprimée conformément à la nature ancienne et primordiale du monde, sur laquelle se règlent les lois des hommes qui frappent de supplice les méchants et prennent la défense et la protection des gens de bien.

VI. QUINTUS. — Je comprends à merveille, et je trouve qu'on ne devrait plus désormais tenir comme « loi » aucune autre chose ni même lui en donner le nom.

14. MARCUS. — Ainsi tu ne penses pas que les Lois *Titiae* ou *Apuleiae* soient des lois ?

QUINTUS. — Ni les lois *Liuiae* (1).

MARCUS. — Et c'est juste, puisque d'un seul trait du sénat, elles ont été supprimées en un instant. Mais la Loi dont je viens de définir l'essence, il est impossible de la supprimer ni de la réformer.

QUINTUS. — Et tu vas alors nous proposer des lois qu'on ne réformera jamais ?

(1) Lois agraires de portée démagogique prévoyant la répartition des terres conquises en Cisalpine au profit des soldats de Marius. L. Apuleius Saturninus et Sex. Titius furent tribuns de la plèbe en 100 et 99. M. Livius Drusus, tribun en 91, reprit dans l'ensemble le programme de Caius Gracchus. Ces diverses lois furent abrogées ou interdites sous des prétextes d'ordre religieux (II, 31).

QVINTVS. — Prorsus adsentior.

13. MARCVS. — Quid ? quod multa perniciose, multa pestifere sciscuntur in populis, quae non magis legis no*me*n adtingunt, quam si latrones aliquas conse*n*su suo sanxerint. Nam neque medicorum praecepta dici uere possunt, si quae inscii inperitique pro salutaribus mortifera conscripserint, neque in populo lex, cuicuimodi fuerit illa, etiam si perniciosum aliquid populus acceperit. Ergo est lex iustorum iniustorumque distinctio, ad illam antiquissimam et rerum omnium principem expressa naturam, ad quam leges hominum diriguntur, quae supplicio improbos adficiunt, defendunt ac tuentur bonos.

VI. QVINTVS. — Praeclare intellego, nec uero iam aliam esse ullam legem puto non modo habendam, sed ne appellandam quidem.

14. MARCVS. — Igitur tu Titias et Apuleias leges nullas putas ?

QVINTVS. — Ego uero ne Liuias quidem.

MARCVS. — Et recte, quae praesertim uno uersiculo senatus puncto temporis sublatae sint. Lex autem illa cuius uim explicaui, neque tolli neque abrogari potest.

QVINTVS. — Eas tu igitur leges rogabis uidelicet, quae numquam abrogentur.

13 perniciose *AH* : perniciosa *A^2B* pestifere *AH*-fera *A^2B* || in populis *AB* : ut p. *H* || nomen *edd.* : non *codd.* || latrones *edd.* : latores *codd.* || consensu : concessu *codd.* || possunt *edd.* : possent *codd.* || cuicuimodi fuerit *AB* : cuimodi fuerint *H* || expressa *AG* : et expressam *HB*.
14 Titias et Apuleias *edd.* : tutias et apulejas (apuletas *H*) *codd.*

MARCUS. — Oui, si du moins elles sont acceptées par vous deux.

Mais, comme l'a fait un auteur très savant, Platon, qui fut aussi le plus profond de tous les philosophes, et qui le premier a composé un traité sur l'État, (*La République*) puis dans un ouvrage séparé a écrit sur les Lois de cet État, je pense qu'avant de vous donner lecture de la loi elle-même, je dois prononcer une recommandation en faveur de cette loi. Je vois que Zaleucus et Charondas ont agit de même quand ils ont rédigé des lois pour leurs cités, non pas, eux, dans un intérêt théorique et par plaisir, mais dans l'intérêt de l'État[1]. Et c'est à leur imitation sans doute que Platon a estimé que ceci est encore le propre de la Loi, d'entraîner l'adhésion, au lieu de tout imposer par force et par menace.

15. QUINTUS. — Mais comment expliquer que Timée dise qu'il n'y a jamais eu de Zaleucus ?

MARCUS. — Mais Théophraste affirme son <existence>, et à mon avis l'autorité de ce dernier ne le cède pas à celle de Timée — beaucoup disent même qu'elle est supérieure — et ses compatriotes, mes protégés, les habitants de Locres ont gardé son souvenir. Mais qu'il ait ou n'ait pas existé, il n'importe à la question. Nous nous contentons de dire ce qu'on rapporte.

Introduction à une conception religieuse du monde.

VII. Il faut donc que les citoyens soient en tout premier lieu pénétrés de cette conviction que ce sont les dieux, les maîtres et les régulateurs de toutes choses; que tout ce qui s'accomplit, s'accomplit par un effet de leur justice et de leur volonté ; qu'ils rendent à l'espèce humaine les plus grands bienfaits ; qu'ils voient la nature propre de chaque personne, ce qu'elle fait, les actes auxquels elle se livre, dans quel esprit et avec quelle piété elle remplit ses devoirs religieux ; qu'ils tiennent le compte de ceux qui sont pieux ou impies.

Marcvs. — Certe, si modo acceptae a duobus uobis erunt. Sed, ut uir doctissimus fecit Plato atque idem grauissimus philosophorum omnium, qui princeps de re publica conscripsit idemque separatim de legibus eius, *item* mihi credo esse faciundum, ut priusquam ipsam legem recitem, de eius legis laude dicam. Quod idem et Zaleucum et Charondam fecisse uideo, quom quidem illi non studii et delectationis sed rei publicae causa leges ciuitatibus suis scripserint. Quos imitatus, Plato uidelicet hoc quoque legis putauit esse, persuadere aliquid, non omnia ui ac minis cogere.

15. Qvintvs. — Quid quod Zaleucum istum negat ullum fuisse Timaeus ?

Marcvs. — At *adseuerat* Theophrastus, auctor haud deterior mea quidem sententia (meliorem multi nominant) ; commemorant uero ipsius ciues, nostri clientes, Locri. Sed siue fuit siue non fuit, nihil ad rem : loquimur quod traditum est.

VII. Sit igitur hoc iam a principio persuasum ciuibus, dominos esse omnium rerum ac moderatores deos, eaque quae gerantur eorum geri iudicio ac numine, eosdemque optime de genere hominum mereri, et qualis quisque sit, quid agat, quid in se admittat, qua mente, qua pietate colat religiones, intueri, piorumque et impiorum habere rationem.

14 item *edd.* : id *codd.* || Charondam *G* : charronnidam *AH* carronidam *B*.

15 Timaeus : thimeus *AB* ima ej *H* || <adseuerat> *scripsi* || Locri *G* : lucri *ABH* || Sit igitur *G* : si ig. *ABH* || iudicio ac numine *ABG* : iudicione ac nomen *H* || religiones intueri *AB* : regione sint ueri *H*.

16. Des esprits imprégnés de cette idée ne sont pas loin de nourrir des sentiments à la fois utiles et vrais.

Car y a-t-il idée plus vraie que celle en vertu de laquelle personne ne doit se montrer si stupidement orgueilleux qu'il en arrive à croire que raison et pensée existent en lui et n'existent point dans le ciel et l'univers ? ou que < des corps > que parvient à peine à embrasser le plus puissant effort de la pensée puissent se mouvoir sans être soumis à une raison ? Mais celui qui devant la belle ordonnance des astres, la succession des jours et des nuits, la température équilibrée des saisons, et toutes les productions destinées à notre usage ne se sent pas contraint à la reconnaissance, peut-on bien le compter au nombre des humains ? Et puisque tous les êtres doués de raison sont supérieurs à ceux qui en sont dépourvus, et qu'on ne saurait dire qu'un être quelconque soit supérieur à la nature entière, il faut bien avouer que la raison existe en celle-ci (1).

Que d'autre part ces idées soient conformes à l'intérêt, qui pourrait le nier lorsqu'on se rend compte de toutes les garanties qui se trouvent fortifiées par la pratique du serment, du bienfait salutaire qui résulte du cérémonial religieux des traités, du grand nombre de gens que la crainte d'un supplice divin a détournés du crime, de la valeur sacrée du lien social unissant les citoyens entre eux, quand les dieux immortels interviennent dans les affaires humaines à titre de témoin ou de juges ?

Voici « l'introduction » de la loi : c'est ainsi en effet que Platon l'appelle.

17. Quintus. — Oui, mon frère, et ce qui me plaît ici le plus, c'est de te voir procéder avec d'autres exemples et en employant d'autres pensées que les siennes. Il n'y a rien qui ressemble moins à Platon que ce que tu nous as dit auparavant ou encore que cet exorde que tu viens de

(1) Reprise des arguments exposés au l. I, 18-21 ; mais ici la pratique constante des peuples confirme et ratifie les principes acquis par la raison.

16. His enim rebus inbutae mentes haud sane abhorrebunt ab utili aut a uera sententia. Quid est enim uerius quam neminem esse oportere tam stulte adrogantem, ut in se rationem et mentem putet inesse, in caelo mundoque non putet ? Aut, ut ea quae uix summa ingenii *uis concipiat, nulla* ratione moueri putet ? Quem uero astrorum ordines, quem dierum noctiumque uicissitudines, quem mensum temperatio, quemque ea quae gignuntur nobis ad fruendum, non gratum esse cogunt, hunc hominem omnino numerari qui decet ? Quomque omnia quae rationem habent praestent iis quae *sunt* rationis expertia, nefasque sit dicere ullam rem praestare naturae omnium rerum, rationem inesse in ea confitendum est. Vtilis esse autem has opiniones quis neget, quom intellegat quam multa firmentur iure iurando, quantae saluti sint foederum religiones, quam multos diuini supplicii metus a scelere reuocarit, quamque sancta sit societas ciuium inter ipsos, diis immortalibus interpositis tum iudicibus *tum* testibus. *Hic* habes legis prooemium ; sic enim haec appellat Plato.

17. QVINTVS. — Habeo uero, frater, et in hoc admodum delector quod in aliis rebus aliisque sententiis uersaris atque ille. Nihil enim tam dissimile quam uel ea quae ante dixisti, uel hoc ipsum

16 uis concipiat, nulla *addidi* || qui decet G : (ne) que decet ABH || sunt *edd.* : sint *codd* || nefasque sit *edd.* : ne eas quae sit *BH* nequeas (sit *omis.*) A || saluti *edd.*: salutis *codd.* || fœderum religiones H : fœdera religionis *AB* || diuini supplicii *ABG*: diu in supplicio *H* || tum testibus : tum *omis. codd.* || hic habes *Halm* : his(is) habes *ABH*.

nous faire au sujet des dieux. Il n'y a qu'un point par lequel tu me parais l'imiter, c'est le style.

MARCUS. — Tout au plus en aurais-je le vouloir : quel est celui en effet qui pourrait ou pourra jamais l'imiter ? Car traduire les pensées, c'est tout ce qu'il y a de facile ; c'est ce que je ferais, si je ne voulais être tout à fait moi-même. Mais quelle difficulté y a-t-il à dire les mêmes choses traduites par des mots qui sont presque les mêmes ?

QUINTUS. — Je suis tout à fait de ton avis, et, comme tu viens toi-même de le dire, je préfère que tu sois toi-même. Mais produis-nous maintenant, si bon te semble, tes lois sur la religion.

18. MARCUS. — Eh bien ! je vais vous les produire, selon mes moyens et, puisque le sujet comme le style employé n'a < aucunement > un caractère familier, je vais à haute voix vous soumettre « les lois des lois » [1].

QUINTUS. — Qu'est-ce à dire ?

MARCUS. — Quintus, les lois ont leurs mots définis : pas aussi vieux que dans nos anciennes XII Tables ni dans les Lois Sacrées et pourtant, afin de prendre une autorité plus grande, d'un tour un peu plus archaïque que l'est notre discours. C'est un caractère que je leur garderai, joint, s'il se peut, à celui de la concision. Ce n'est pas d'ailleurs sous leur forme complète que je vais publier des lois, car cela n'en finirait pas, mais seulement la substance des choses et la pensée.

QUINTUS. — C'est indispensable ; aussi nous t'écoutons.

Lois religieuses. Le culte des dieux.

VIII. **19.** MARCUS. Que l'on s'approche des êtres divins avec pureté ; qu'on y apporte la piété, qu'on en écarte l'opulence. Qui agira différemment, le dieu lui-même sera son justicier.

Que personne n'ait de dieux à titre séparé, ni de nouveaux

[1] Cicéron tient à donner à l'énoncé de ses lois un caractère solennel.

de *d*eis exordium. Vnum illud mihi uideris imitari, orationis genus.

MARCVS. — Velle fortasse : quis enim id potest aut umquam poterit imitari ? Nam sententias interpretari perfacile est, quod quidem ego facerem, nisi plane esse uellem meus. Quid enim negotii est eadem prope uerbis isdem conuersa dicere ?

QVINTVS. — Prorsus adsentior. Verum ut modo tute dixisti, te esse malo tuum. Sed iam exprome, si placet, istas leges *de* religione.

18. MARCVS. — Expromam equidem ut potero, et quoniam et locus et sermo ***haudquaquam*** familiaris est, LEGVM LEGES uoce proponam.

QVINTVS. — Quidnam id est ?

MARCVS. — Sunt certa legum uerba, Quinte, neque ita prisca ut in ueteribus XII sacratisque legibus, et tamen, quo plus auctoritatis habeant, paulo antiquiora quam hic sermo est. Eum morem igitur cum breuitate, si potuero, consequar. Leges autem a me edentur non perfectae — nam esset infinitum —, sed ipsae summae rerum atque sententiae.

QVINTVS. — Ita uero necesse est. Quare audiamus.

VIII. **19.** MARCVS. Ad diuos adeunto caste, pietatem adhibento, opes amouento. Qui secus faxit, deus ipse uindex erit.

17 de deis *edd.* : de eiis *ABH* legis *G* || de religione G: daret (dare H) religione AB.

18 haudquaquam *addidi* (*negatio uidetur requiri*) || leges uoce H : legis uocem ABG || id est *edd.* : in eis sit AB inesset H || sunt certa *H* : sed sunt c. *AB* || ueteribus XII *edd.* : ueteribus ex his *BH* exis *AB*.

19 opes AB[2] : operis BH.

ni d'étrangers, à moins qu'officiellement admis ; qu'à titre privé, ils rendent un culte à ceux qu'ils ont régulièrement reçus de leurs pères. Dans les villes, que l'on ait des sanctuaires (1) ; à la campagne, des bois sacrés et le siège des dieux Lares.

Que l'on conserve les rites de la famille et des ancêtres.

Que l'on rende un culte aux êtres divins, et ceux que l'on a toujours tenus comme dieux du ciel, et ceux que leurs bienfaits ont placés dans le ciel, Hercule, Liber, Aesculape, Castor, Pollux, Quirinus et ces < mérites > grâce auxquels est accordé aux hommes le pouvoir de s'élever au ciel : l'Esprit, la Vertu, la Piété, la Bonne Foi, et que de ces mérites il y ait des sanctuaires[1] ; mais que jamais l'on n'entreprenne en l'honneur des Vices de cérémonies solennelles (2).

Pendant les fêtes, qu'on éloigne les disputes ; qu'on les célèbre, pour les travaux achevés, au milieu des serviteurs et, afin qu'elles tombent normalement dans les plis de l'année, que cela soit disposé par écrit.

Que de tels produits déterminés du sol et de tels fruits des arbres les prêtres au nom du peuple fassent offrande : cela en tels sacrifices, à tels jours ; **20.** et pareillement qu'ils gardent pour d'autres jours l'abondance du lait et des portées du bétail : et, pour qu'il ne puisse y avoir omission (3), que les prêtres en vue de ces choses tiennent un compte et définissent le cours des années ; et qu'ils sachent d'avance quelles victimes à chaque divinité conviennent et plaisent.

Fonctions des prêtres.

Que pour dieux différents soient prêtres différents ; les pontifes pour tous, les flamines seuls pour chacun[2], et que les vierges Vestales dans la ville gardent perpétuel le feu du foyer de l'État.

Et pour que cela s'accomplisse tant à titre privé qu'à titre officiel en ordre et dans le rite, que ceux qui ne savent pas s'instruisent auprès des prêtres de l'État. Il y en a trois catégories, dont l'une a la direction des cérémonies et des sacrifices ; la seconde explique les révélations mystérieuses de ceux qui disent les destins ainsi que des devins reconnus par le sénat

(1) Le mot *delubrum*, « sanctuaire » désigne non seulement l'édifice (*aedes*) renfermant la statue (*simulacrum*) d'un dieu, mais encore le terrain consacré qui l'entoure (Macrobe, *Sat.*, III, 4,2) : *templum*, qui n'est pas employé ici, désigne seulement un « secteur » qui peut théoriquement être découpé dans l'espace céleste ou sur le sol.

(2) Les éditions séparent sans raison plausible : *nec ulla uitiorum* (rattaché à *delubra sunto*) de *sacra... obeunto* (prop. indépendante).

(3) Texte incertain.

Separatim nemo habessit deos neue nouos neue aduenas nisi publice adscitos ; priuatim colunto quos rite a patribus *acceperint. In urbibus* delubra habento. Lucos in agris habento et Larum sedes. Ritus familiae patrumque seruanto.

Diuos et eos qui caelestes semper habiti sunt colunto et ollos quos endo caelo merita *l*ocauerint, Herculem, Liberum, Aesculapium, Castorem, Pollucem, Quirinum, ast olla propter quae datur homini*bus* ascensus in caelum, Mentem, Virtutem, Pietatem, Fidem, earumque laudum delubra sunto nec ulla uitiorum sacra sollemnia obeunto.

Feriis iurgia *am*ouento, easque in famulis operibus patratis habento, itaque, *ut* r*ite* cad*ant* in annuis anfractibus, descriptum esto. Certasque fruges certasque bacas sacerdotes publice libanto, hoc certis sacrificiis ac diebus. **20.** Itemque alios ad dies ubertatem lactis feturaeque seruanto, idque nec omitti possit, ad eam rem rationem *habento*, cursus annuos sacerdotes finiunto, quaeque quoique diuo decorae grataeque sint hostiae, prouidento.

Diuisque aliis *alii* sacerdotes, omnibus pontifices, singulis flamines sunto. Virginesque Vestales in urbe custodiunto ignem foci publici sempiternum.

Quoque haec et priuatim et publice modo rituque fiant, discunto ignari a publicis sacerdotibus. Eorum autem genera sunto tria : unum quod praesit caerimoniis et sacris,

19 neue aduenas : sedue AB sed H | quos rite : quos trite AB quos trita ea H || acceperint *add. Madvig.* || in urbibus *add. R. Estienne* (cf. II, 26) || patrumque *R. Estienne* : patriamque *codd.* || et ollos (illos *HG*) quos endo caelo (in caelo A^2B^2) *AB* : cum deo caelo *H* || locauerint *G* : uocauerint *ABH* || hominibus *scripsi* : homini *codd.* || Nec ulla... obeunto *iunxit* G : *disiunxer. ceteri* || feriis *G* : feceris *ABH* || amouento *G* mouento *AB* inauento *H* || rite cadant *scripsi* : ita cadet *AH.* cadat *BG* || certasque fruges *edd.* : ceterasque *codd.* libanto *G* : liberanto *ABH.*

20 ad dies *edd.* : addes *ABG* adde (ns) *H* || feturaeque *G* : futuraeque *ABH* nec omitti *scripsi* : ne committi || <habento> *compleui* || aliis <alii> *edd.* || sunto tria unum H (trinum B) : sunto duo unum AG.

et par le peuple ; mais les augures de l'État, interprètes de Jupiter très bon, très grand, d'après les signes et les auspices verront les événements ultérieurs [1]. **21.** Qu'ils maintiennent la discipline traditionnelle, < instruisent > les prêtres ([1]), consacrent vignes et jeunes plants pour le salut du peuple ; et à quiconque exécute œuvre de guerre ou œuvre d'État qu'ils lui fassent connaître l'auspice, et qu'on leur obéisse ; qu'ils voient d'avance à détourner la colère des dieux, soient dociles aux apparitions, neutralisent les éclairs en des régions déterminées du ciel, tiennent libres et dégagés d'emprise la ville, la campagne et les temples ([2]). Et que toute chose que l'augure aura définie comme néfaste, faite à tort ou abominable soit nulle et disqualifiée : qui n'obéira pas, soit responsable de sa tête.

IX. Que des conditions de la paix, de la guerre et des trêves soient les fétiaux négociateurs, non vengeurs : qu'ils arbitrent les guerres ([3]).

Que prodiges et monstruosités soient, si le sénat l'ordonne, déférés aux haruspices Étrusques ; que l'Étrurie instruise les plus nobles en cette science. Que l'on fasse des expiations aux dieux qu'ils auront désignés et qu'ils purifient éclairs et points de chute [2].

Rites et cérémonies.

Qu'il n'y ait point de sacrifices nocturnes célébrés par les femmes, hormis ceux qui se font régulièrement au nom du peuple [3], et qu'elles ne procèdent à l'initiation de personne, si ce n'est selon l'usage à Cérès par le sacrifice grec [4].

22. Pour un sacrilège commis, ce qui ne pourra être expié demeure inexpiable ; ce qui pourra être expié, que les prêtres de l'État l'expient [5].

Aux jeux publics [6] < on apaisera les dieux au cirque et au théâtre > ; ... quant à la partie qui ne comporte ni chars ni compétitions physiques, que la joie du peuple s'exprimant par

(1) Texte incertain.

(2) Texte très incertain. La science des éclairs et la purification des lieux foudroyés tenait une place considérable dans la religion étrusque. Cf. *de Diu.*, II, 42 : « ualet in fulguribus obseruatio diuturna, in ostentis ratio plerumque coniecturaque adhibetur ». — — « En des régions déterminées », *de Diu.*, *ibid* : « Caelum in sedecim partes diuiserunt Etrusci. »

(3) D'après Servius (*Aen.*, VIII, 695), le droit fétial romain aurait été emprunté aux Falisques. Cicéron, *de Rep.*, II, 17, attribue à Tullus Hostilius l'institution des rites de la déclaration de guerre sous la garantie religieuse des féciaux (*fetiali religione*). Texte très problêma-

alterum quod interpretetur fatidicorum et uatium effata incognita, quorum senatus populusque adsciuerit. Interpretes autem Iovis optumi maxumi, publici augures, signis et auspiciis postera uidento, **21.** disciplinam tenento sacerdotesque *docento*, uineta uirgetaque *ad* salutem populi auguranto ; quique agent rem duelli quique popularem, auspicium praemonento ollique obtemperanto. Diuorumque iras prouidento *ostent*isque apparento, caelique fulgura regionibus ratis temperanto, urbemque et agros et templa liberata et efflata habento. Quaeque augur iniusta nefasta uitiosa dira deixerit, inrita infectaque sunto ; quique non paruerit, capital esto.

IX. Foederum pacis, belli, indotiarum orator*es* fetiales *sunto*, *uin*dices non sunto, bella disceptan*t*o.

Prodigia portenta ad Etruscos [et] haruspices, si senatus iussit, deferunto, Etruriaque principes disciplinam doceto. Quibus diuis creuerint, procuranto, idemque fulgura atque obstita pianto.

Nocturna mulierum sacrificia ne sunto praeter olla quae pro populo rite fient. Neue quem ini*ti*anto nisi, ut adsolet, Cereri Graeco sacro.

22. Sacrum commissum, quod neque expiari poterit, impie commissum, est*o* ; quod expiari poterit, publici sacerdotes expianto.

Loedis publicis [...], quod sine curriculo et sine certatione corporum fiat, popularem laetitiam *et* cantu et fidibus

20 effata G : et fata *ABH* || postera *edd.* : postea *codd.*
21 docento *addidi* || < ad > *scripsi* : et *codd.* || p(ro) populare *A*: populare(m) *BH* || ostentisque *scripsi* : sisque *H* iisque *AB* | infectaque *HG*: infestaque *AB* || capital esto *edd.*: capitale *G* carital *BH* caristol AB² || oratores *scripsi*: oratorum *codd.* || sunto *addidi* || uindices *scripsi* : iudices *codd.* || disceptanto *edd* : disceptatio *codd.* Etruriaque *H* : Etruriaeque *ABG* || neue quem initianto : neueque inianto (inhianto *H*) *AB* neue inicianto *G*.
22 commissum esto *edd.* : commissum est *codd.* || et cantu *scripsi* : in cantu *codd.*

le chant, les lyres et les flûtes soit réglée avec mesure et qu'elle se joigne à l'honneur rendu aux dieux.

Des rites des ancêtres, que l'on pratique ce qu'il y a de meilleur. Hors les servants de la Mère de l'Ida, et ceux-ci aux jours autorisés, que nul ne fasse quête de monnaie [1].

Qui aura dérobé ou emporté objet sacré ou placé sous sauvegarde sacrée, qu'il soit « parricide » [2].

Châtiment divin du parjure, l'anéantissement ; châtiment humain, l'infamie [3].

Que l'inceste soit sanctionné du supplice suprême par les pontifes.

Que l'impie n'ait pas l'audace d'apaiser par des dons la colère des dieux.

Que les vœux soient scrupuleusement acquittés ; qu'il y ait châtiment pour le droit enfreint. Que nul ne consacre un champ.

Qu'il y ait une mesure dans la consécration d'or, d'argent et d'ivoire.

Que les charges sacrées de caractère privé demeurent perpétuelles. Que les droits des dieux Manes soient saints ; que l'on tienne pour divins les hommes tombés dans le trépas ; qu'on réduise envers eux la dépense et le deuil [4].

Traditionalisme de ces lois.

X. **23.** ATTICUS. — C'est une grande loi dont tu nous as fort bien exprimé l'essentiel, et avec quelle concision ! Mais, à mon avis, l'organisation religieuse que tu as édictée ne semble guère s'écarter des lois de Numa ni de nos traditions.

MARCUS. — Mais puisque dans les livres sur la *République* (1) l'Africain s'est appliqué, semble-t-il, à nous convaincre que, de toutes les formes d'état, la plus parfaite est celle qui est depuis les temps anciens la nôtre, ne trouves-tu pas forcé que nous donnions des lois cadrant avec cette forme d'état la meilleure ?

ATTICUS. — Oui, je suis tout à fait de cet avis.

tique : Cicéron semble viser le cas où des féciaux, oublieux de leur caractère sacré, se livreraient à des actes de guerre (Tite-Live, V, 36).

(1) *De Rep.*, I, 70.

et tibiis moderanto eamque cum diuom honore iungunto.

Ex patriis ritibus optuma colunto.

Praeter Idaeae Matris famulos eosque iustis diebus ne quis stipem cogito.

Sacrum sacroue commendatum qui clepserit rapsitue, parricida esto.

Periurii poena diuina exitium, humana dedecus *esto*.

Incestum pontifices supremo supplicio sanciunto.

Impius ne audeto placare donis iram deorum.

Caute uota reddunto. Poena uiolati iuris esto. [Quocirca] Nequis agrum consecrato. Auri argenti eboris sacrandi modus esto.

Sacra priuata perpetua manento.

Deorum Manium iura sancta sunto. *Huma*nos leto datos diuos habento. Sumptum in ollos luctumque minuunto.

X. 23. Atticvs — Conclusa quidem est apte magna lex sane quam breui ! Se*d*, ut mihi quidem uidetur, non multum discrepat ista constitutio religionum a legibus Numae nostrisque moribus.

Marcvs. — An censes, quom in illis de re publica libris persuadere uideatur Africanus, omnium rerum publicarum nostram ueterem illam fuisse optumam, non necesse esse optumae rei publicae leges dare consentaneas ?

Atticvs. — Immo prorsus ita censeo.

22 moderanto *G* : moderato *ABH* || clepserit *G* : cleperit *ABH* || esto *Lambinus.* || incestum *G* : inceptum *ABH* || placare donis *G* : placarid onis *A* placeri (placere) dionis *BH* || quocirca *seclusit Vahlen* || ne quis agrum consecrato *G* : ne qui sacrum consecrati *AB* (consecrari *H*) || humanos *scripsi* : nos *codd.* || datos *edd.* : dato *codd.*

23 apte A^2B^2 : alte *AB* alter (a) *H* || breui sed *edd.* : breuis et *AHG* brevis (sime) et *B* || necesse esse *AB* : est *G* esse *om. H.* ||.

Marcus. — Eh bien donc, attendez-vous à des lois propres à maintenir cette forme d'état la meilleure, et s'il m'arrive aujourd'hui d'en proposer quelques-unes qui ne soient pas et n'aient jamais été reçues dans notre État, elles seront en tout cas à peu de chose près conformes à la tradition des ancêtres, qui jadis avait force de loi.

24. Atticus. — Présente-nous donc, si tu veux bien, la défense de ta loi, pour que je puisse voter : *Oui.*

Marcus. — C'est toi, Atticus, qui dis cela ? tu n'auras rien à y changer ?

Atticus. — En tout cas il n'est aucun point important que j'aie à changer ; pour les détails, si tu veux, je les renverrai à ton étude.

Quintus. — C'est aussi mon opinion.

Marcus. — Mais prenez garde que cela ne soit long !

Atticus. — Eh bien, tant mieux ! Qu'avons-nous de mieux à faire ?

Pureté morale.

Marcus. — La loi ordonne que l'on aborde les dieux « avec pureté » : évidemment pureté d'esprit, puisque tout réside dans l'esprit [1]. Cela n'empêche pas la pureté de corps, mais il faut bien comprendre, — étant donné que l'esprit est bien supérieur au corps et que l'on observe de garder le corps physiquement pur, — que c'est bien plus dans l'esprit qu'il faut garder cette disposition. Car l'impureté du corps disparaît avec une aspersion d'eau ou après un délai d'un certain nombre de jours ; mais la souillure de l'âme ne peut ni disparaître sous l'action du temps ni se laver dans le cours d'aucun fleuve.

25. Quand la loi ordonne « d'apporter la piété », « d'écar-

(1) *De Nat. deor.*, II, 71 : « Le culte des dieux le meilleur et aussi le plus pur, le plus saint et le plus parfait que nous puissions leur rendre, c'est de les vénérer d'une conscience et d'une voix pure, intacte et sans reproche. »

Marcvs. — Ergo adeo expectate leges, quae genus illud optumum rei publicae contineant, et si quae forte a me hodie rogabuntur, quae non sint in nostra re publica nec fuerint, tamen erunt fere in more maiorum, qui tum ut lex ualebat.

24. Atticvs. — Suade igitur si placet istam ipsam legem, ut ego « utei tu rogas » possim dicere.

Marcvs. — Ain tandem. Attice ? Non es dicturus aliter ?

Atticvs. — Prorsus maiorem quidem rem nullam sciscam aliter, in minoribus, si uoles, remittam hoc tibi.

Qvintvs. — Atque mea quidem *eadem* sententia est.

Marcvs. — At ne longum fiat uidete.

Atticvs. — Vtinam quidem ! Quid enim agere malumus ?

Marcvs. — Caste iubet lex adire ad deos, animo uidelicet in quo sunt omnia ; nec tollit castimoniam corporis, sed hoc oportet intellegi, quom multum animus corpori praestet, obserueturque ut casta corpora adhibeantur, multo esse in animis id seruandum magis. Nam illud uel aspersione aquae uel dierum numero tollitur, animi labes nec diuturnitate euanescere, nec amnibus ullis elui potest.

25. Quod autem « pietatem adhiberi, opes amoueri »

24. utei tu *edd.* : ut et tu *codd.* || possim AB^2G : possem *BH* || eadem *add. Madvig.* || corpori praestet *edd* : corpore *ABH om. G* || casta corpora adhibeantur *HAB* : casto corpore adeatur A^2B^2G || animi labes *edd.* : animae labes AB^2G animal habes *HB* || euanescere *G* : uanescere *ABH* || amnibus *edd.* : a manibus *ABH* manibus *G*.

25 quod autem *G* : quotamen *AH* quod tamen B^2.

ter l'opulence », elle exprime que c'est l'honnêteté qui est agréable à la divinité et qu'il faut écarter la dépense. Quoi ? Alors que nous voudrions que même chez les hommes la pauvreté fût l'égale de la richesse, nous lui interdirions l'approche des dieux, en surajoutant la dépense à l'accomplissement des choses sacrées[1] ? D'autant plus qu'il n'est rien qui déplaira davantage à la divinité que de voir que la voie par laquelle on l'apaise ou on l'adore n'est pas ouverte à tous. Si au lieu d'un juge < terrestre >, c'est « le dieu lui-même » qui est établi comme « justicier », cela a pour effet, semble-t-il, de fonder le sentiment de religion sur la crainte d'une sanction instantanée. Avoir des dieux à part, en adorer de nouveaux ou d'étrangers, cela amène à confondre les cultes, à introduire des rites inconnus ; < on ne pourra les admettre que s'ils ont été adoptés par l'État, qui en aura confié le culte > à des prêtres[2].

26. Quant aux dieux reconnus par nos ancêtres, on peut les adorer si nos ancêtres eux-mêmes ont obéi à cette loi.

Les temples. Je suis d'avis qu'il y ait des temples dans les villes, et ne me range pas au sentiment des Mages chez les Perses qui poussèrent, dit-on, Xercès à mettre le feu aux sanctuaires de la Grèce, parce que selon eux ils emprisonnaient entre des murs les dieux devant qui tous lieux doivent s'ouvrir librement et dont le temple et la demeure sont l'univers entier. XI. Les Grecs et nos ancêtres raisonnèrent mieux, quand pour développer la piété à l'égard des dieux, ils ont voulu les faire habiter dans les mêmes villes que nous. C'est une croyance qui favorise le sentiment religieux pour le bien des cités, si tant est qu'un grand savant comme Pythagore a eu raison de dire que « la piété et la religion se manifestent surtout dans nos âmes, lorsque nous prodiguons nos soins à des choses divines », et Thalès, qui fut le plus

iubet, significat probitatem gratam esse deo, sumptum esse remouendum. Quid enim ? paupertatem cum diuitiis etiam inter homines esse aequalem uelimus, cur eam sumptu ad sacra addito deorum aditu arceamus ? Praesertim cum ipsi deo nihil minus gratum futurum sit, quam non omnibus patere ad se placandum et colendum uiam. Quod autem non iudex, sed deus ipse uindex constituitur, praesentis poenae metu religio confirmari uidetur.

S*eo*r*s*u*m*que deos aut nou*o*s aut alienigenas coli confusionem habet religionum, et ignotas caerimonias [nos sacerdotibus]. **26.** Nam *a* patribus acceptos deos ita placet coli, si huic legi paruerint ipsi patr*es*.

Delubra esse in urbibus censeo, nec sequor magos Persarum quibus auctoribus Xerses inflammasse templa Graeciae dicitur, quod parietibus includerent deos, quibus omnia deberent esse patentia ac libera, quorumque hic mundus omnis templum esset et domus.

XI. Melius Graii atque nostri, qui ut augerent pietatem in deos, easdem illos urbes quas nos incolere uoluerunt. Adfert enim haec opinio religionem utilem ciuitatibus, si quidem et illud bene dictum est a Pythagora doctissimo uiro, « tum maxume et pietatem et religionem uersari in animis, cum rebus diuinis operam daremus » et, quod Thales qui sapientissimus in septem fuit, « homines existimare oportere, omnia

25 sed deus ABG : sedens H || seorsumque *scripsi* : suosque *codd.*
26 ipsi patres *edd.* : patrem *H* patrum (delubra) *ABG* || Graii *Vahlen* : grati *ABH* graeci A^2B^2G.

grand parmi les sept sages, < en nous avertissant > que « les hommes devraient considérer que tout ce qu'ils voient est rempli de dieux » ; car, ainsi que des gens qui vivraient dans des temples, ils deviendront alors plus chastes et très pieux ([1]). Il y a en effet, par une sorte de croyance comme une image des dieux qui se présente devant nos yeux et pas seulement devant l'esprit. **27.** Les « Bois sacrés » dans les campagnes reposent sur le même principe ; et il faut se garder de rejeter cette religion léguée par nos ancêtres tant aux maîtres qu'aux serviteurs, placée à la vue de tous dans les propriétés et les fermes, la religion des Lares[1].

« Conserver les rites de la famille et des ancêtres », cela revient (étant donné que les anciens sont ceux qui touchent de plus près aux dieux), à pratiquer la religion qui nous a été en quelque sorte remise par les dieux.

Dieux et déités. Quand la loi ordonne d'adorer des êtres divinisés issus de la race humaine, elle veut montrer que les âmes de tous les hommes sont immortelles, mais que celles des personnages vaillants et bons sont de nature divine[2]. **28.** C'est bien de diviniser des qualités humaines : l'Esprit, la Piété, la Vertu, la Bonne Foi : vertus qui toutes possèdent à Rome des temples que l'État leur a dédiés, afin que ceux qui ont ces qualités — et tous les hommes de bien les ont — croient que des dieux eux-mêmes séjournent dans leur âme[3].

Mais ce qui est mal, c'est ce que l'on a fait à Athènes quand, après l'expiation du crime de Cylon, on a, sur le conseil d'Épiménide de Crète, élevé le temple de l'Outrage et de l'Impudence[4]. Car il faut diviniser les vertus, non les vices. Et le vieil autel de la Fièvre sur le Palatin ainsi que

(1) Isocrate, *Apopht.* 7 : « Les hommes deviennent meilleurs quand ils s'approchent de la divinité : ils ont à sa ressemblance le goût de faire le bien et de dire la vérité. » — Cf. Sénèque, *Ep*, 94, 42 ;

quae cernerent deorum esse plena », f*ieri* enim omnis castiores, ueluti quom in fanis essent, *et* maxime religiosos. Est enim quadam opinione species deorum in oculis, non solum in mentibus. **27.** Eandemque rationem luci habent in agris, neque ea quae a maioribus prodita est cum dominis tum famulis, posita in fundi uillaeque conspectu, religio Larum repudianda est.

Iam « ritus familiae patrumque seruare », id est, quoniam antiquitas proxime accedit ad deos, a dis quasi traditam religionem tueri.

Quod autem ex hominum genere consecratos, sicut Herculem et ceteros, coli lex iubet, indicat omnium quidem animos immortales esse, sed fortium bonorumque diuinos.

28. Bene uero quod Mens, Pietas, Virtus, Fides consecra*n*tur *hu*man*ae*, quarum omnium Romae dedicata publice templa sunt, ut illas qui habeant (habent autem omnes boni) deos ipsos in animis suis conlocatos putent. Nam illud uitiosum Athenis quod Cylonio scelere expiato, Epimenide Crete suadente, fecerunt Contumeliae fanum et Inpudentiae. Virtutes enim, non uitia consecrar*i* decet. Araque uetusta in Palatio

26 quae *edd.* : *omis. codd.* || cernerent *AB* : cerneret *HG* || fieri *scripsi* : fere *ABH* || ueluti quom in fanis *edd.* : ueluti quo infans esset *ABH* || et *scripsi* || religiosos *H* : religiosis *A* religiosus *A²BG* || opinione *H²* : opiniones *AB* -nis *A²B²H*.

27 Larum *edd.* : paru(m) B parti(um) H partu(m) A || seruare *edd.* : seruari *AHG* conseruare *B*.

28 consecrantur humanae *Ziegler* : consecratur manu *codd.* || Cylonio *edd.* : clyconio *ABH* || Epimenide Crete *edd.* : epimemmi (epymeni *B*) decretae *AB* : epime di decreta *H* || non uitia *H* (*cf. Lactantius*, I, 24, 14) : et uitia *ABG* || consecrari *Lact.* (I, 20, 16) : -re

celui de la Mauvaise Fortune aux Esquilies, et toutes les choses haïssables du même genre sont à rejeter[1]. Si l'on doit inventer des noms allégoriques que ce soient plutôt ceux de Victoire Puissante (*Vica Pota*), < à cause de l'idée de « vaincre » et de « pouvoir » >, de Stata < qui implique l'idée d'arrêter (dans la déroute) >, les appellations de *Stator* (qui arrête) et d'Invincible appliquées à Jupiter, et les noms de choses souhaitables : Salut, Honneur, Prospérité (*Ops*), Victoire ; et, puisque l'attente du succès nous élève le cœur, c'est à juste titre que Calatinus a aussi divinisé l'Espérance[2]. Qu'il y ait de même la Fortune, soit celle « du Jour présent », car elle vaut pour tous les jours, soit celle qui se retourne pour porter secours, soit celle du « Sort » (*Fors*), qui exprime plutôt les incertitudes du hasard, soit « la Première-Née » (*Primigenia*) parce que dans la naissance....

Le rituel et les prêtres.

XII. **29.** Lorsque existe l'observance des jours fériés et des fêtes religieuses, pour les personnes libres, cela entraîne cessation de procès et d'injures ; pour les esclaves, cessation de travaux et de peines[3]. L'organisation de l'année doit les faire concorder avec l'achèvement des travaux agricoles. Afin que l'on garde pour ce moment les premières offrandes sacrificielles et les portées du bétail, comme il est dit dans la Loi, il faudra tenir compte avec soin de « l'intercalation » ; cet usage ingénieusement institué par Numa s'est trouvé corrompu par la négligence des pontifes postérieurs[4]. Enfin il ne faudra pas modifier ce qui s'appuie sur les données établies par les pontifes et les haruspices, quant à la nature des victimes qui doivent être immolées à chaque

« Pythagoras ait alium animum fieri intrantibus templum deorumque simulacra ex uicino cernentibus et alicuius oraculi opperientibus uocem. «

Febris et altera Esquiliis Malae Fortunae detestataque omnia eius modi repudianda sunt. Quodsi fingenda nomina *sint*, *adsciscenda potius* Vicae Potae et [uincendi atque potiundi] Statae [standi] cognominaque Statoris et Inuicti Iouis, rerumque expetendarum nomina, Salutis, Honoris, Opis, Victoriae, quoniamque exspectatione rerum bonarum erigitur animus, recte etiam Spes a Calatino consecrata est. Fortunaque sit *uel* Huiusce diei (nam ualet in omnis dies), uel Respiciens ad opem ferendam, uel Fors, in quo incerti casus significantur magis, vel Primigenia a gignendo, ...

....

XII. **29.** Cum est feriarum festorumque dierum ratio, in liberis requietem habet litium et iurgiorum, in seruis operum et laborum ; quas compositio anni conferre debet ad perfectionem operum rusticorum. Quod *ad* tempus ut sacrificiorum libamenta seruentur fetusque pecorum quae dicta in lege sunt, diligenter habenda ratio intercalandi est, quod institutum perite a Numa, posteriorum pontificum neglegentia dissolutum est. Iam illud ex institutis pontificum et haruspicum non mutandum est, quibus hostiis immolan-

codd. || uetusta in *Madvig* : uetus stat in AHG uetus est in B detestataque *edd.* : detestatque ABH || sint adsiscenda potius *scripsi* : Vicae Potae et potius *ABH* uincendi atque potiundi *seclus. Ziegler* || Statae *edd.* : stata *codd.* || inuicti : inuicii *B* inuito *AH* || quoniamque *R. Estienne* : quoniam quam AB[2] quem BH quidem H[2].

29 cum est : comestum *ABH* cum est uel *G* || ad perfectionem *H* : et perf. *ABG* || ad *add. Klotz* || libamenta *G* : liberamenta *H* libera mente *AB* || intercalandi *BG* : -calendi *A* -calenda *H*.

divinité : grandes victimes, victimes non sevrées, victimes mâles ou femelles[1].

Des prêtres en certain nombre pour l'ensemble des dieux, mais assignés chacun séparément à une divinité, fournissent le moyen de répondre aux consultations de droit (religieux) et d'exécuter les cérémonies liturgiques. Et puisque Vesta a pris (sous sa protection) pour ainsi dire le foyer de la Ville — comme l'indique en grec le nom qu'elle a reçu, mot grec que nous gardons presque identique sans le traduire — que six vierges président à son culte qui assureront mieux par leurs veilles la garde du feu et dont l'exemple fera comprendre aux femmes que le tempérament féminin peut supporter la chasteté totale[2].

30. La suite intéresse non seulement la religion, mais encore l'équilibre politique de la cité, à savoir que, sans les prêtres constitués par l'État pour l'accomplissement des choses sacrées, on ne peut subvenir à l'accomplissement des cultes privés[3]; car c'est cela qui retient l'État, que le peuple ait toujours besoin de recourir à la sagesse et à l'autorité des grands. La liste des prêtres < qui a été donnée > n'omet aucune catégorie légitime de fonctions religieuses (1). Car les uns ont été établis pour apaiser les dieux, ceux qui doivent présider aux cérémonies sacrées ; les autres sont spécialisés dans l'explication des prophéties des devins : devins peu nombreux, pour que leur tâche ne soit pas illimitée — et dans des conditions telles que personne en dehors de leur collège ne puisse prendre connaissance des textes officiellement reçus.

31. Mais le droit le plus grand et le plus élevé qu'il y ait dans l'État, étroitement joint à la notion même d'autorité,

(1) *de Nat. deor.*, III, 5 : « Alors que toute la religion romaine se partage entre les cérémonies sacrées (*sacra*) et les auspices (*auspicia*), une troisième catégorie a été ajoutée relativement aux prédictions dont nous informent les exégètes de la Sibylle et les haruspices. » Cette tâche concerne les quindecemvirs préposés à la garde et à la sélection des Livres sibyllins, dont le contenu doit demeurer secret (*de Diuinat.* II, 112).

dum quoique deo, cui maioribus, cui lactentibus, cui maribus, cui feminis.

Plures autem deorum omnium, singuli singulorum sacerdotes et respondendi iuris et conficiendarum religionum facultatem adferunt. Quomque Vesta quasi focum urbis, ut Graeco nomine est appellata — quod nos prope idem *ac* Graecum, *non* interpretatum nomen tenemus — conplexa sit, ei colendae *sex* uirgines praesint, ut aduigiletur facilius ad custodiam ignis, et sentiant mulieres in *illis* naturam feminarum omnem castitatem pati.

30. Quod sequitur uero, non solum ad religionem pertinet sed etiam ad ciuitatis statum ut sine iis qui sacris publice praesint, religioni priuatae satis facere non possint. Continet enim *hoc* rem publicam, consilio et auctoritate optimatium semper populum indigere, descriptioque sacerdotum nullum iustae religionis genus prae*ter*mittit. Nam sunt ad placandos deos alii constituti, qui sacris praesint sollemnibus, ad interpretanda alii praedicta uatium, neque multorum, ne esset infinitum, neque ut ea ipsa, quae suscepta publice essent, quisquam extra collegium nosset. **31.** Maximum autem et praestantissimum in re publica ius est augurum cum auctoritate coniunctum.

29 singuli *edd.* : singulis *codd.* || conficiendarum : confitendarum *ABHG* || ac *add. Ziegler* || non interpretatum *edd.* : non *om. codd.* || complexa *Turnèbe* : conspexa *codd.* || sex uirgines : VI *Wissowa* || illis *add. Vahlen.*

30 continet enim hoc *scripsi* : continent enim *codd.* || praetermittit *G* : praemittit *ABH* || ad interpretanda alii praedicta *edd.* : ad interpretandam alii praedicandam alii praedicta *ABH.*

c'est celui des augures[1]. Et je professe ce sentiment, non pas parce que je suis moi-même augure, mais parce qu'il est nécessaire que nous l'admettions ainsi. Y a-t-il en effet plus grande prérogative, si nous nous plaçons au point de vue du droit, que de pouvoir congédier, lorsqu'elles se forment, ou annuler, lorsqu'elles ont lieu, des assemblées ou des réunions convoquées par les plus hauts magistrats ou les plus hautes puissances politiques ? Quoi de plus frappant que de voir une délibération commencée suspendue aussitôt si un seul augure prononce : « A une autre fois ». Quoi de plus prestigieux que de pouvoir décréter que des consuls abdiqueront leur charge ? Quoi de plus délicat et grave que de donner ou de refuser la permission de s'adresser au peuple ou à la plèbe[2] ? Plus encore, abolir des lois illégalement votées, comme le furent la Loi *Titia*, en vertu d'un décret du collège des augures, ou les lois *Liuiae*, sur l'avis de Philippe, à la fois consul et augure ? Et ainsi, tant à l'intérieur qu'aux armées, rien de ce qu'a exécuté un magistrat ne pourra être ratifié par quiconque sans être couvert par l'autorité des augures.

Valeur de la divination.

XIII. **32.** Atticus. — Continue ; je vois ces avantages que tu dis, et, je le reconnais, ils sont grands ; mais parmi vos collègues, il y a — car il m'est arrivé de tomber sur leurs ouvrages — il y a un grand désaccord entre Marcellus et Appius, augures excellents, quand l'un d'eux estime que vos auspices ont été institués dans l'intérêt de l'État, et que l'autre croit que votre science vous permet d'exercer pour ainsi dire la divination[3]. Toi, que penses-tu de cela ?

Marcus. — Moi ? Je suis d'avis que la divination — que les Grecs appellent *mantique* — existe, et en particulier que la branche qui touche aux oiseaux et aux autres

Neque uero hoc quia sum ipse augur ita sentio, sed quia sic existimari nos est necesse. Quid enim maius est, si de iure quaerimus, quam posse a summis imperiis et summis potestatibus comitiatus et concilia uel instituta dimittere, uel habita rescindere ? Quid grauius quam rem susceptam dirimi, si unus augur « alio *die* » dixerit ? Quid magnificentius quam posse decernere, ut magistratu se abdicent consules ? Quid religiosius quam cum populo, cum plebe agendi ius aut dare aut non dare ? Quid, lege*m si* non iure rogata est tollere, ut Titiam decreto collegii, ut Liuias consilio Philippi consulis et auguris ? Nihil domi, nihil militiae, per magistratus gestum, sine eorum auctoritate posse cuiquam probari ?

XIII. **32.** Atticvs. — Age, iam ista uideo fateorque esse magna. Sed est in collegio uestro inter Marcellum et Appium optimos augures magna dissensio — nam eorum ego in libros incidi — cum alteri placeat auspicia ista ad utilitatem esse rei publicae composita, alteri disciplina uestra quasi diuinari uideatur posse. Hac tu de re quaero quid sentias.

Marcvs. — Egone ? Diuinationem, quam Graeci μαντικήν appellant, esse sentio, et huius hanc ipsam

31 neque uero *AB* : n. uerbo *H* || nos est necesse *G* : non est n. *ABH* || alio die *Turnèbe* : alio *ABH* || magistratu se abdicent G : magistratus ea dicent *ABH* || legem si non iure rogata est *G* : leges non iure rogata est *ABH* || Titiam-Liuias : etiam *ABHG* leuias *BHG* (leuies *A*) || consulis et auguris : consulis et augures *ABH* || militiae *R. Estienne* familiae *codd.* || gestum sine eorum auctoritate *G* : gestus sint eorum auctoritatem *ABG*.

32 uideatur G : uideantur ABH || esse *scripsi* : quod (?) *BHG* quo *A*.

présages relève de notre science. Si en effet nous convenons qu'il existe des dieux, et que le monde est dirigé par leur pensée ; que ces mêmes dieux s'intéressent à la race humaine et ont le pouvoir de nous montrer des signes des choses à venir, je ne vois par pourquoi je nierais la divination[1]. **33.** Les principes que j'ai posés existent ; les conclusions qui en résultent seront ce qu'on voudra. En tout cas l'histoire de notre État, celle de tous les royaumes, de toutes les républiques et de toutes les nations est remplie d'innombrables exemples qui nous montrent que beaucoup d'événements se sont réalisés d'une manière incroyable sur les prédictions des augures. Et en effet, Polyeidus, Melampous, Mopsus, Amphiaraus, Calchas ou Hélénus[2] n'auraient pas acquis un nom si illustre ; tant de peuples, comme les Phrygiens, les Lycaoniens, les Ciliciens et surtout les Pisidiens (1) n'auraient pas pratiqué cet art jusqu'à notre temps, si une expérience remontant à l'antiquité ne leur avait prouvé que cela est vrai. Et notre Romulus n'aurait pas fondé la ville après avoir pris les auspices ; un souvenir aussi éclatant n'entourerait pas depuis si longtemps le nom d'Attius Navius[3], si tous ces augures n'avaient annoncé beaucoup de choses étonnantes mais conformes au vrai.

Mais il est incontestable que la théorie et la pratique de l'art augural se sont évanouies du fait de l'ancienneté et de la négligence. Aussi je ne me range ni à l'avis de celui qui prétend que cette science n'a jamais existé parmi notre collège ; ni à l'avis de celui qui pense qu'elle existe encore maintenant. Chez nos ancêtres, elle me paraît avoir eu un double caractère : elle se prêtait quelquefois aux opportunités de la politique ; le plus souvent, à la prudence des décisions à prendre[4].

(1) Cicéron donnera, *de diuinat.*, I, 94, une énumération analogue des peuples doués pour la prophétie : Arabes, Phrygiens, Ciliciens et Pisidiens, Cariens — tous peuples d'Asie Mineure ou du Moyen-Orient.

partem, quae est in auibus ceterisque signis, *esse* disciplinae nostrae. S*i enim* deos esse concedimus eorumque mente mundum regi, et e*os*dem hominum consulere generi, et posse nobis signa rerum futurarum ostendere, non uideo cur esse diuinationem negem.

33. Sunt autem ea quae posui, ex quibus id quod uolumus efficitur et cogitur. Iam uero permultorum exemplorum et nostra est plena res publica, et omnia regna omnesque populi cunctaeque gentes, *ex* augurum praedictis multa incredibiliter uera cecidisse. Neque enim Polyidi neque Melampodis neque Mopsi neque Amphiarai neque Calchantis neque Heleni tantum nomen fuisset, neque tot nationes id ad hoc tempus retinuissent, *ut* Phrygum, Lycaonum, Cilicum maximeque Pisidarum, nisi uetustas ea certa esse docuisset. Nec uero Romulus noster auspicato urbem condidisset, neque Atti Naui nomen memoria floreret tam diu, nisi omnes hi multa ad ueritatem admirabilia dixissent. Sed dubium non est quin haec disciplina et ars augurum euanuerit iam et uetustate et neglegentia. Ita neque illi adsentio*r* qui hanc scientiam negat umquam in nostro collegio fuisse, neque illi qui esse etiam nunc putat. Quae mihi uidetur apud maiores fuisse duplex ut ad rei publicae tempus non numquam, ad agendi consilium saepissime pertineret.

32 si enim deos *Madvig* : summos *ABG* summus *H* || eosdem *Davies* : eorumdem *codd.*

33 ex augurum *edd.* : ex *omis. codd.* || Polyidi *edd.* : poliideip *AB* polideip H || ut Phrygum *Vahlen* : apparygum *A* adpary cum *B* || certa esse *G* : certe *ABH* || nisi omnes hi *G* nisi omnes si *AB* nisio si (multa) *H* || adsentior *edd.* : adsentio *codd.* || ad agendi *edd.* et ag. *codd.*

34. Atticus. — Je crois qu'il en est bien ainsi, et je me rallie tout à fait à ton explication. Mais donne-nous la suite.

Droit des gens et usages expiatoires.

XIV. Marcus. — Je vais vous la donner et, si possible, avec brièveté. Ce qui suit se rapporte au droit de la guerre : nous avons fait préciser par la loi que, dans la déclaration, la conduite et la cessation des hostilités ce seraient le droit et la bonne foi qui devaient avant tout prévaloir et auraient pour organes des personnages qualifiés par l'État [1].

Quant à la pratique des haruspices, aux cérémonies d'expiation ou de conjuration préalable, ce qui en a été dit dans la loi est, je pense, bien clair [2].

Atticus. — J'approuve, — puisque aussi bien tout cet exposé porte sur des questions religieuses.

Cérémonies nocturnes et mystères.

Marcus. — Oui, mais la suite, je me demande, Titus, comment tu pourras l'approuver ou, moi, la rétracter....

35. Atticus. — Quoi donc ?

Marcus. — La question des sacrifices de nuit accomplis par les femmes.

Atticus. — Mais j'approuve, surtout qu'une exception est prévue dans la loi même pour la cérémonie solennelle faite au nom du peuple.

Marcus. — Mais que vont faire Iacchus et vos Eumolpides avec leurs mystères augustes, si nous abolissons les sacrifices de nuit [3] ? Car ce n'est pas au peuple de Rome, c'est à tous les peuples bons et sérieux que nous donnons des lois.

36. Atticus. — Tu fais exception, je pense, pour les Mystères auxquels nous avons été initiés.

Marcus. — Oui, je ferai exception. Car si ta ville

34. ATTICVS. — Credo hercle ita esse, istique rationi potissimum adsentior. Sed redde cetera.

XIV. MARCVS. — Reddam uero, et id, si potero, breui. Sequitur enim de iure belli, in quo et suscipiendo et gerendo et deponendo, ius ut plurimum ualeret et fides, *e*orumque ut publici interpretes essent, lege sanximus.

Iam de haruspicum religione, de expiationibus et procurationibus satis esse *p*lane in ipsa lege dictum puto.

ATTICVS. — Adsentior, quoniam omnis haec in religione uersatur oratio.

MARCVS. — At uero quod sequitur, quo modo aut tu adsentiare *aut* ego reprehendam, sane quaero, Tite.

ATTICVS. — Quid tandem id est ?

35. MARCVS. — De nocturnis sacrificiis mulierum.

ATTICVS. — Ego uero adsentior, excepto praesertim in ipsa lege sollemni sacrificio ac publico.

MARCVS. — Quid ergo aget Iacchus Eumolpidaeque uostri et augusta illa mysteria, si quidem sacra nocturna tollimus ? Non enim populo Romano, sed omnibus bonis firmisque populis leges damus.

36. ATTICVS. — Excipis credo illa, quibus ipsi initiati sumus.

MARCVS. — Ego uero excipiam. Nam mihi cum

34 et id si *H* : et ipsi *B* et si (*omis.* id.) *AG* || et fides H[1] : ut fides AB H[2]G || eorumque *Madvig* : forumque *codd.* || plane *Haupt* : illane *ABH* supraque A^2G || aut tu adsentiare aut *edd.* : aut tu adsentire *AB* aut sentire *H* ||.

35 excepto : expectato *codd.* || Eumolpidaeque : eumolphideque *AGH* eum olphy deque *B*.

d'Athènes me semble avoir mis au jour et apporté dans l'existence des hommes tant de bienfaits de choix et de présents merveilleux, elle ne nous a pourtant rien donné qui soit meilleur que ces Mystères. Ce sont eux qui, nous éloignant d'une vie sauvage et cruelle, nous ont civilisés et amenés à la douceur d'une existence humaine ; qui nous ont fait connaître « les premiers accès » (*initia*), comme on dit, mais en réalité, les vrais principes de la vie, et qui nous ont donné, en plus d'une théorie qui nous enseigne à vivre dans la joie, celle qui nous permet de mourir avec une espérance meilleure[1]. Mais ce qui me déplaît dans les fêtes de nuit, les poètes comiques le font comprendre[2]. Avec une permission pareille à Rome, qu'aurait donc fait l'homme qui, au milieu d'une cérémonie sacrée, introduisit une passion préméditée, là où il n'eut même pas été permis de jeter l'inadvertance des yeux[3] ?

ATTICUS. — Eh bien, tu iras faire voter cette loi-là à Rome ; mais ne nous enlève pas les nôtres.

XV. 37. MARCUS. — Je reviens donc à nos usages : ils nous imposent de préciser avec le plus grand soin qu'une lumière éclatante devra sous les yeux d'une assistance nombreuse sauvegarder la bonne renommée des femmes, et que les initiations à Cérès se fassent selon le rite usité à Rome dans les initiations[4]. C'est un sujet sur lequel la sévérité de nos ancêtres se marque dans la décision du Sénat relative aux Bacchanales ainsi que dans l'enquête et répression exécutée par les consuls avec l'appui de l'armée[5]. Mais pour qu'on ne trouve pas que nous sommes trop sévères, < rappelons > qu'au cœur de la Grèce, Diagondas de Thèbes[6] a supprimé les sacrifices nocturnes par une loi valable à perpétuité. — Quant aux dieux nouveaux et aux veillées nocturnes consacrées à leur culte, Aristophane, le poète le plus moqueur de l'ancienne comédie, les malmène si bien qu'il expulse de la cité Sabazius et d'autres dieux étrangers après les avoir fait passer en justice[7].

multa eximia diuinaque uide*an*tur Athenae tuae peperisse atque in uitam hominum attulisse, tum nihil melius illis mysteriis, quibus ex agresti immanique uita exculti ad humanitatem et mitigati sumus, initiaque, ut appellantur, ita re uera principia uitae cognouimus, neque solum cum laetitia uiuendi rationem accepimus, sed etiam cum spe meliore moriendi. Quid autem mihi displiceat in noct*urnis*, poetae indicant comici. Qua licentia Romae data quidnam egisset ille qui in sacrificium cogitatam libidinem intulit, quo ne inprudentiam quidem oculorum adici *f*as fuit ?

Atticvs. — Tu uero istam Romae legem rogato, nobis nostras ne ademeris.

XV. **37.** Marcvs. — Ad nostras igitur reuertor. Quibus profecto diligentissime sanciendum est, ut mulierum famam multorum oculis lux clara custodiat, initienturque eo ritu Cereri quo Romae initiantur. Quo in genere seueritatem maiorum senatus uetus auctoritas de Bacchanalibus et consulum exercitu adhibito quaestio animaduersio*que* declarat. Atque omnia nocturna (ne nos duriores forte uideamur) in media Graecia Diagondas Thebanus lege perpetua sustulit. Nouos uero deos et in his colendis nocturnas peruigilationes sic Aristophanes facetissumus poeta ueteris comoediae uexat, ut apud eum Sabazius et

36 uideantur *edd.* : uidentur *codd* || in uitam : in uita *codd.* || in nocturnis *R. Estienne* : innocentes *codd* || adici fas *G* : adicias *AB* adatias *H.*

37 uetus *G* : ueius *ABH* || animaduersioque G : -que *om. ABH* || Sabazius : sabaeius *ABH.*

Crimes d'impiété. Le prêtre de l'État affranchira de crainte toute action téméraire expiée délibérément, mais il condamnera et jugera comme impie l'impudence commise en introduisant dans la religion des passions coupables[1].

Jeux publics et musique. 38. Quant aux jeux officiels, puisqu'ils sont divisés en jeux d'orchestre et de cirque, — il faut que les compétitions physiques de course, de pugilat et de lutte et celles de chars équestres vers un but déterminé se passent dans le cirque ; mais que l'orchestre soit réservé au chant, aux lyres et aux flûtes[2], pourvu que cette musique soit exécutée avec la modération que la loi requiert. Je suis en effet de l'avis de Platon qui croyait que rien n'influe aussi facilement sur des esprits tendres et souples que les airs variés de musique dont on ne saurait que difficilement dire toute la puissance en bien comme en mal : car elle excite ceux qui sont endormis, et calme ceux qui sont excités ; tantôt elle détend, et tantôt concentre les ardeurs[3]. Ce fut une affaire importante pour beaucoup de cités de la Grèce de garder le rythme antique dans leur manière de chanter[4]. Celles dont les mœurs ont glissé vers la mollesse se sont transformées en même temps que leurs chants, soit qu'elles aient subi cette transformation sous le charme même de cette décadence musicale, comme le croient certains ; — soit que, leur genre austère étant déjà vaincu par d'autres défauts, dans des oreilles et dans des cœurs qui avaient changé, la place était libre pour ce dernier changement[5].

39. C'est pourquoi l'homme le plus sage et aussi de beaucoup le plus instruit de la Grèce redoute extrêmement cette tare, et dit qu'il est impossible de changer les lois musicales sans changer en même temps les lois politiques[6].

quidam alii dei peregrini iudicati e ciuitate eiciantur. Publicus autem sacerdos imprudentiam consilio expiatam metu liberet, audaciam *libid*ines immittendi religionibus foedas damnet atque inpiam iudicet.

38. Iam ludi publici, quoniam sunt cauea circoque diuisi, sint corporum certationes cursu et pugillatu et luctatione curriculisque equorum usque ad certam uictoriam *in* circo constitu*ae*; cauea cantu*i* u*a*cet et fidibus et tibiis, dummodo ea moderata sint, ut lege praescribitur. Adsentior enim Platoni, nihil tam facile in animos teneros atque mollis influere quam uarios canendi sonos, quorum dici uix potest quanta sit uis in utramque partem. Namque et incitat languentes et languefacit excitatos, et tum remittit animos, tum contrahit ; ciuitatumque hoc multarum in Graecia interfuit, antiquom uocum conseruar*i* modum ; quarum mores lapsi ad mollitias pariter sunt inmutati cum cantibus, aut hac dulcedine corruptelaque deprauati, ut quidam putant, aut cum seueritas eorum ob alia uitia cecidisset, tum fuit in auribus animisque mutatis etiam huic mutationi locus.

39. Quam ob rem ille quidem sapientissimus Graeciae uir longeque doctissimus ualde hanc labem ueretur. Negat enim mutari posse musicas leges sine mutatione legum publicarum. Ego autem nec tam ualde id

37 dei peregrini G : de peregrini(s) *ABH* || libidines immitendi *Ziegler* : in et immitendis (immitendas) religionibus *AB* meti mitendas *H*.
38 pugillatu et luctatione *Vahlem* : pugilla(tio) ueluctatione *AB* pugilla uelluctatione *H* || in *add. du Mesnil* || constitutae *scripsi* : constitutis *codd.* || cantui uacet *Ziegler* : cantu uiceat (uigeat) *H* vice ad (ac) *AB* || conseruari *Bake* : conseruare *codd.*

Pour moi, je ne crois pas que ce danger soit si redoutable, ni qu'il soit non plus tout à fait négligeable. Mais il y a ceci : des chants qui étaient naguère remplis d'une allégresse austère, grâce aux airs de Livius et de Névius, maintenant on en arrive à les hurler et l'on se tord le cou et les yeux en même temps que l'on tord la mesure[1]. Jadis, la Grèce ancienne punissait sévèrement ces abus, pressentant bien longtemps à l'avance combien ce mal qui insensiblement allait se glisser au cœur des citoyens, du fait des mauvaises tendances et des mauvaises leçons, aboutirait brusquement à la ruine totale des cités : si du moins il est vrai que l'austère Lacédémone fit couper les cordes d'un nombre supérieur à sept que Timothée avait placées sur sa lyre (1).

Prescriptions diverses.

XVI. 40. Ensuite la loi porte que : « des rites des ancêtres, il faut mettre en pratique ce qu'il y a de meilleur »[2]. A ce sujet, comme les Athéniens consultaient Apollon Pythien pour savoir quelles pratiques ils devaient surtout observer, l'oracle rendu fut : « Celles qui étaient dans la tradition de leurs ancêtres. » Comme ils revenaient une seconde fois, disant que l'usage avait souvent changé et qu'ils demandaient, parmi tant de coutumes diverses, celles qu'ils devaient suivre de préférence, l'oracle répondit : « La meilleure ». Il en ressort assurément que l'on doit tenir comme le mode le plus ancien et le plus proche de la divinité celui qui est le meilleur.

Nous avons supprimé les quêtes, si ce n'est celle pour qui nous avons fait exception pour quelques jours et qui est propre à la Mère de l'Ida : une telle pratique remplit les esprits de superstition et épuise les maisons[3].

(1) Timothée de Milet, poète et compositeur du IVe siècle. Le nombre traditionnel des cordes était fixé à sept depuis Terpandre (VIIe s.).

timendum nec plane contemnendum puto. Illud quidem *constat* ; quae solebant quondam conpleri seueritate iucunda Liuianis et Naeuianis modis, nunc *fit* ut eadem exululent, *cum* ceruices oculosque pariter cum modorum flexionibus torqueant. Grauiter olim ista uindicabat uetus illa Graecia, longe prouidens quam sensim pernicies illapsa ciuium *in* animos malis studiis malisque doctrinis repente totas ciuitates euerteret, si quidem illa seuera Lacedaemo neruos iussit, quos plures quam septem haberet, in Timothei fidibus in*ci*di.

XVI. **40.** Deinceps in lege est, ut de ritibus patriis colantur optuma. De quo cum consulerent Athenienses Apollinem Pythium, quas potissimum religiones tenerent, oraclum editum est « eas quae essent in more maiorum ». Quo cum iterum uenissent maiorumque morem dixissent saepe esse mutatum, quaesissentque quem morem potissimum sequerentur e uariis, respondit « optumum ». Et profecto ita est ut id habendum sit antiquissimum et deo proximum, quod sit optumum.

Stipem sustulimus, nisi eam quam ad paucos dies propriam Idaeae Matris excepimus. Implet enim superstitione animos et exhaurit domus.

39 constat *scripsi* || fit *suppleui* || ut eadem exululent (cf. *Orator* 27) : tute adem exultet (exultent *G*) *ABH* || in animos *Madvig* || quos plures *Davis* : quo *codd.* || incidi *edd.* : indi *ABH* inde *H*[2].

40 optima *A*[2]*B*[2] : optumi *ABH* || deo proximum *G* : eo pr. *ABH* ad paucos : apud p. *codd* || propriam Idaeae : propriam id eae *A*[2]*B* propria meae *HA*.

Il y a une peine pour le sacrilège, et non pas seulement pour celui qui aura enlevé un objet sacré, mais pour qui aura pris un objet placé sous la sauvegarde sacrée[1] : **41.** usage qui se rencontre maintenant en beaucoup de lieux saints < et qui n'était pas inconnu des anciens, puisque > Alexandre en Cilicie avait, nous dit-on, déposé une somme d'argent dans un temple près de Soles, et Clisthène d'Athènes, citoyen éminent, craignant pour sa situation, avait confié à Junon de Samos la dot de ses filles.

En ce qui concerne les faux serments et l'inceste, il n'y a, du moins en cet endroit, rien à discuter.

Que des impies n'aient pas l'audace de vouloir apaiser les dieux par des offrandes : qu'ils en croient Platon qui n'admet pas que l'on mette en doute les dispositions que pourra avoir la divinité quand il n'y a pas sur terre un homme de bien qui consente à se laisser offrir des dons par un malhonnête homme[2].

L'exécution des vœux et leur sanction divine.

Quant à l'exactitude dans l'accomplissement des vœux, ce qui a été dit dans la loi suffit, et il y a, dans le vœu, un contrat[3] en vertu duquel nous sommes obligés envers la divinité. D'ailleurs on ne peut légitimement récuser le châtiment d'un devoir religieux qui a été enfreint. Faut-il citer ici les précédents que nous ont offert des individus criminels ? Les tragédies en sont pleines : mais je préfère m'en prendre à des exemples que nous avons sous les yeux. Et, bien qu'un tel rappel puisse, je le crains, paraître outrepasser la condition d'un homme, puisque je parle devant vous, je ne cacherai rien, et je voudrais que ce que je vais dire soit considéré comme un hommage de reconnaissance envers les dieux immortels plutôt qu'un grief à l'égard des hommes.

XVII. **42.** Quand, par l'action criminelle de citoyens

Sacrilego poena est, neque ei soli qui sacrum abstulerit, sed etiam ei qui sacro, commendatum *aliquid rapuerit.*

41. Quod et nunc multis fit in fanis, *et olim* Alexander in Cilicia deposuisse apud Solensis in delubro pecuniam dicitur, et Atheniensis Clisthenes Iunoni Samiae ciuis egregius, quom rebus timeret suis, filiarum dotis credidit.

Sed iam de periuriis, de incesto, nihil sane hoc quidem loco disputandum est.

Donis impii ne placare audeant deos, Platonem audiant, qui uetat dubitare qua sit mente futurus deus, quom uir nemo bonus ab inprobo se donari uelit.

De diligentia uotorum satis in lege dictum est ac uoti *est* sponsio qua obligamur deo. Poena uero uiolatae religionis iustam recusationem non habet. Quid ego hic sceleratorum utar exemplis, quorum pl*en*ae tragoediae ? Quae ante oculos sunt, ea potius adtingam. Etsi haec commemoratio uereor ne supra hominis fortunam esse uideatur, tamen quoniam sermo mihi est apud *u*os, nihil reticebo *uelim*que hoc, quod loquar, diis immortalibus gratum potius uideri quam graue *h*om*ini*b*us.*

XVII. **42.** *C*um perditorum ciuium scelere discessu meo religionum iura polluta sunt, uexati nostri Lares

40 sacro : sacrum *codd.* || aliquid rapuerit *complevi.*
41 et olim *scripsi* || de diligentia *scripsi* : diligentiam *ABH* || uoti est *scripsi* : uotis *AB* uoti *HG* || plenae tragoediae *G* : pla et racoediae *A* placet racoediae BH (tragoediae *H*[2]) || adtingam *A*[2] : adtingant *ABH* || apud uos *edd.* : apud eos *ABH* apud deos *G* || uelimque *G* : volamque *ABH.* || hominibus *Madvig* : omnia *codd.*

perdus, au moment de mon éloignement, tous les droits de la religion se sont trouvés souillés ; on a maltraité nos Lares ancestraux, on a élevé sur leur emplacement le temple de l'Anarchie ; on a refusé l'accès des sanctuaires à l'homme qui les avait sauvés. Eh bien ! représentez-vous un instant par la pensée, — il est inutile de prononcer des noms — quelle a été l'issue de tous ces événements[1] ?

Nous, qui n'avions pas voulu, quand on nous arrachait et qu'on abîmait tous nos biens, que la Protectrice de la ville fut insultée par des impies, et qui l'avions reportée de notre maison dans la maison de son Père[2], nous avons, au jugement du Sénat, de l'Italie et enfin de toutes les nations, mérité cette sentence que nous avions sauvé la patrie ! est-il témoignage plus éclatant qui puisse être rendu à un homme ?

Ceux dont l'action criminelle avait alors atteint et bouleversé toutes les formes de religion, les voici, pour une part, non seulement dispersés, épuisés, mais encore abattus à terre, et parmi eux, ceux qui s'étaient fait les meneurs de leurs crimes et dont l'impiété avait surpassé celle des autres, non seulement, aucun tourment, aucune ignominie dans leur vie ne leur ont été épargnés, mais encore ils ont été privés de sépulture et d'obsèques légitimes[3].

43. QUINTUS. — Je vois bien, mon frère, les faits dont tu parles et j'en rends aux dieux les grâces qui leur sont dues ; mais trop souvent, il nous arrive de voir les choses tourner assez différemment.

MARCUS. — C'est que, Quintus, nous nous faisons une idée fausse de ce qu'est le châtiment des dieux. Nous sommes entraînés vers l'erreur par les croyances populaires et nous ne savons pas voir la vérité. Nous mesurons d'après la mort, la douleur physique, la douleur morale ou l'échec judiciaire ce qu'est le malheur des hommes : ce

familiares, in eorum sedibus exaedificatum templum Licentiae, pulsus a delubris is qui illa seruarat : circumspicite celeriter animo (nihil enim attinet quemquam nominari), qui sint rerum exitus consecuti. Nos, qui illam custodem urbis omnibus ereptis nostris rebus ac perditis uiolari ab impiis passi non sumus, eamque ex nostra domo in ipsius patris domum detulimus, iudicia senatus, Italiae, gentium denique omnium conseruatae patriae consecuti sumus. Quo quid accidere potuit homini praeclarius ? Quo*rum* scelere religiones tum prostratae adflictaeque sunt, partim ex illis distract*i* ac dissipat*i* iacent ; qui uero ex iis et horum scelerum principes fuerant, et praeter ceteros in omni religione impii, non solum *nullo in* uita cruciatu atque dedecore, uerum etiam sepultura et iustis exsequiarum caruerunt.

43. Qvintvs. — Equidem ista agnosco, frater, et meritas dis gratias ago. Sed nimis saepe secus aliquanto uidemus euadere.

Marcvs. — Non enim, Quinte, recte existimamus quae poena diuina sit, *sed* opinionibus uulgi rapimur in errorem, nec uera cernimus. Morte aut dolore corporis aut luctu animi aut offensione iudicii hominum miserias ponderamus, quae fateor humana esse et multis bonis uiris accidisse. Sceleris est poena tristis

42 eamque : eam qui *codd.* || quorum scelere *edd.* : quo scelere *AHG* quos scelere *B* || distracti ac dissipati *edd.* : distractae ac dissipatae *codd.* || nullo in uita cruciatu *Halm* : uita cruciati *codd.* || caru(er)e $A^{2}B^{2}$ carent H^{2}.

43 sed *edd.* : nec *ABH*.

sont là, je l'avoue, des contingences humaines, et qui sont arrivées à beaucoup d'hommes de bien. Mais il y a pour le crime un châtiment douloureux, et, indépendamment des effets qui en sont la conséquence, ce châtiment en lui même est très grand. Nous avons vu des hommes qui, s'ils n'avaient eu la haine de la patrie, n'auraient jamais été nos ennemis ; nous les avons vus enflammés tour à tour par la passion, la peur et le remords et, dans tous leurs actes, marquant des sentiments de crainte, puis, par un renversement soudain, un mépris complet envers la religion. Il ont pu forcer par corruption la justice des hommes, mais non celle des dieux [1] !...

44. Mais je vais m'arrêter sans poursuivre davantage, d'autant que j'ai obtenu des représailles plus fortes que je n'en avais demandé. Je me contenterai de fixer que pour le crime le châtiment divin présente un double caractère, consistant, d'une part, dans le tourment qu'il inflige à la conscience des vivants, d'autre part dans l'infamie qui s'attache à la réputation des morts, quand leur destin funeste ne rencontre que la juste approbation et la joie de ceux qui leur survivent [2].

Biens et objets offerts à la divinité.

XVIII. **45.** En empêchant que les champs cultivables fassent l'objet d'aucune consécration, je me conforme tout à fait à l'avis de Platon, qui, si je suis capable de la traduire, s'exprime à peu près ainsi :

« La terre est, comme serait un foyer, une demeure sacrée à l'ensemble des dieux ; aussi que nul ne la consacre une seconde fois. L'or et l'argent dans les cités, chez les particuliers et dans les temples, sont un motif d'envie ; et l'ivoire qui provient d'un corps inanimé (d'un cadavre), n'est pas un don assez pur pour la divinité. Le bronze et le fer sont des instruments de guerre, non de sanctuaire. Que l'on dédie en bois tout objet qu'on voudra, d'une

et, praeter eos euentus qui sequuntur, per se ipsa maxima est. Vidimus eos, qui, nisi odissent patriam, numquam inimici nobis fuissent, ardentes tum cupiditate, tum metu, tum conscientia, *quic*quid agerent, modo timentes, uicissim contemnentes religiones : iudicia perrupta ab isdem, corruptela hominum, non deorum. ...

44. Reprimam iam me, non insequar longius, eoque minus quo plus poenarum habeo quam petiui. Tantum ponam *s*celeri*s* duplicem poenam esse diuinam, quod const*a*t et ex uexandis uiuorum animis, et ea fama mortuorum, ut eorum exitium et iudicio uiuorum et gaudio conprobetur.

XVIII. **45.** Agri autem ne consecrentur, Platoni prorsus adsentior, qui si modo interpretari potuero, his fere uerbis utitur : « Terra igitur ut focus domicilium sacrum deorum omnium est. Quocirca ne quis iterum idem consecrato. Aurum autem et argentum in urbibus et priuatim et in fanis inuidiosa res est. Tum ebur ex inani*mo* corpore extractum haud satis castum donum deo. Iam aes atque ferrum duelli instrumenta, non fani. Ligneum autem quod *quis*que uoluerit uno e ligno *di*cato, itemque lapideum, in delubris

43 quicquid *edd.* : quid *codd* || corruptela *Turnèbe* : corrupta *codd.*
44 petiui : petiuit *codd.* || ponam sceleris *scripsi* : poenam erebi *AB* poena merui *H* || constat et ex *edd.* : quod constaret ex *codd* || iudicio uiuorum G : iudiciorum *ABH*.
45 domicilium sacrum (sacro *G*) A^2B^2 : domiciliorum *ABH* || inanimo *edd.* : inani *codd* || duelli instrumenta *G* : duellis tu(ta)menta *AB* due illi stumata *H* || ligneum *edd.* : lignum *codd.* || quod quisque *Müller* : quodque *codd.* || dicato *Halm* : cato *ABH.*

seule pièce de bois ; de même en pierre, dans les temples publics ; ou en étoffe, mais ne dépassant pas le travail qu'une femme exécute en un mois. Le blanc est la couleur qui convient le mieux à la divinité, dans les autres objets mais surtout dans les étoffes ; pas de teintures si ce n'est pour les enseignes de guerre. Les dons les mieux appropriés à la divinité, ce sont des oiseaux et des figures exécutés par un seul artiste en un seul jour ; et que les autres dons soient sur ce type[1]. »

Voilà son avis ; mais je n'impose pas des limitations aussi sévères, dominé par la richesse des hommes ou peut-être par le confort des temps ; mais je présume que l'agriculture s'en trouvera ralentie, si, quand il s'agit d'utiliser la terre et de la soumettre au fer de la charrue, quelque scrupule de superstition intervient.

Hérédité des cultes domestiques.

ATTICUS. — Tout ceci est acquis ; maintenant reste la question de la perpétuité des charges sacrées et du droit des Mânes (Trépassés).

MARCUS. — Quelle étonnante mémoire, tu as, Pomponius ! Tout cela m'avait échappé....

46. ATTICUS. — Je veux bien le croire, mais ce sont des choses dont je me souviens d'autant mieux et que j'attends avec d'autant plus d'impatience qu'elles touchent à la fois au droit pontifical et au droit civil.

MARCUS. — Oui, et, sur ces questions, les meilleurs experts ont donné une quantité de réponses et d'écrits. Quant à moi, dans tout cet entretien, quelle que soit la catégorie juridique à laquelle m'amène le cours de la discussion, je ne traiterai en chaque catégorie (et dans la mesure de mes moyens) que ce qui a rapport à notre droit civil ; mais cela, dans des conditions telles que soit bien connu le point de départ d'où se déduit chaque application particulière, — si bien qu'il n'y aura plus de difficulté,

» communibus, textile ne operosius quam mulieris opus » menstruum. Color autem albus praecipue decorus deo » est, cum in cetero tum maxime in textili ; tincta uero » absint, nisi a bellicis insignibus. Diuinissima autem » dona aues et formae ab uno pictore uno absolutae die, » itemque cetera huius exempli dona sunto. » Haec illi placent. Sed ego cetera non tam restricte praefinio, uel hominum *di*uitiis uel subsidiis temporum uictus : terrae cultum segniorem suspicor fore, si ad eam utendam ferroque subigendam superstitionis aliquid accesserit.

ATTICVS. — Habeo ista. Nunc de sacris perpetuis et de Manium iure restat.

MARCVS. — O miram memoriam, Pomponi, tuam ! At mihi ista exciderant.

46. ATTICVS. — Ita credo. Sed tamen hoc magis eas res et memini et *ex*specto, quod et ad pontificium ius et ad ciuile pertinent.

MARCVS. — Vero, et a peritissimis sunt istis de rebus et responsa et scripta multa, et ego in hoc omni sermone nostro, quod ad cumque legis genus me disputatio nostra deduxerit, tractabo, quoad potero, eius ipsius generis ius ciuile nostrum ; sed ita, locus ut ipse notus sit, ex quo ducatur quaeque pars iuris, ut non difficile sit, qui modo ingenio possit moueri, quaecum-

45 cetero *BA*[2]: ceterum *AH* ceteris *G* || aues *edd.* : habens *codd.* || illi *G* illa *ABH*[1] || diuitiis *Ziegler* : uitiis *codd.* || conuictus *Ziegler* : victus *codd.* || utendam-subigendam *edd.* : tuendam-subiciendam *codd.*
46 *ex*specto *edd.* : specto *codd.* || a peritissimis *Madvig* : apertissimi *ABH* -ma *A*[2]*B*[2]*G* || legis *G* : legimus *ABH* || pars *edd.* : ars *B* rarsi *AH* || qui modo *edd.* : qui domo *H* (homo *AB*) : qui... moueri *om.* G.

pour qui se laissera guider seulement par son intelligence naturelle, quelle que soit la cause ou la question nouvelle qui se présente, à en tenir la solution juridique, du moment qu'on saura à quelle source il faut aller la prendre.

XIX. **47.** Mais les jurisconsultes, soit pour induire en de faux détours et pour paraître en savoir plus long et des questions plus difficiles, soit, ce qui est plus vraisemblable, dans leur inexpérience didactique (car non seulement c'est le propre de l'art de savoir une chose, mais c'est encore un art de savoir l'exposer), dispersent souvent en une enquête qui n'a plus de limites une matière qui en réalité ne constitue l'objet que d'une seule étude.

Par exemple, dans le domaine qui nous occupe, voyez quelle extension lui donnent les Scévola, l'un et l'autre pontifes en même temps que grands jurisconsultes !

« Souvent, nous dit le fils de Publius (1), j'ai entendu énoncer à mon père qu'on ne pouvait être bon pontife sans connaître le droit civil. » — Le droit civil tout entier ? Comment ? En quoi le droit des murs, celui des eaux ou tout autre regarde-t-il le pontife, en dehors de celui qui se rattache à la religion ? Et qui, lui, est bien peu de chose ! A mon avis, cela se borne au droit relatif aux obligations sacrées, aux vœux, aux féries et tombeaux et aux affaires de ce genre. Pourquoi leur donne-t-on tant d'importance, alors que le reste en a si peu ? Quant à la question des obligations sacrées, celle qui comporte le développement le plus vaste, elle se ramène à cette idée unique : qu'elles soient toujours maintenues et transmises de famille en famille, et, — comme je l'ai établi dans la loi — « que les rites sacrés soient ininterrompus »[1].

48. Mais par la suite, ces droits ont obtenu de par l'autorité des pontifes que, pour empêcher le souvenir des rites sacrés de disparaître à la mort du père de famille, la

(1) Les deux Scévola : **Publius**, consul en 133 et Quintus, consul en 95 et maître de Cicéron, incarnent les plus hautes autorités du droit.

que noua causa consultatioue acciderit, eius tenere ius, quom scias a quo sit capite repetendum.

XIX. **47.** Sed iuris consulti, siue erroris obiciundi causa quo plura et difficiliora scire uideantur, siue, quod similius ueri est, ignoratione docendi (nam non solum scire aliquid artis est, sed quaedam ars *est* etiam docendi) saepe quod positum est in una cognitione, id *in* infinita dispertiuntur. Velut in hoc ipso genere, quam magnum illud Scaeuolae faciunt, pontifices ambo et eidem iuris peritissimi ! « Sae*pe*, inquit Publi filius, ex patre audiui, pontificem bonum neminem esse, nisi qui ius ciuile cognosset ». Totumne ? Quid ita ? Quid enim ad pontificem de iure parietum aut aquarum aut ullo omnino, *ni*si eo quod cum religione coniunctum est ? Id autem quantulum est ? De sacris credo, de uotis, de feriis et de sepulcris, et si quid eius modi est. Cur igitur haec tanta facimus, cum cetera perparua sint ? de sacris autem, qui locus patet latius, haec sit una sententia, ut conseruentur sem*per* et deinceps familiis prodantur, et, ut in lege posui, « perpetua sint sacra ». **48.** A*t* post*ea* haec iura pontificum auctoritate consecuta sunt, ut, ne morte patris familias sacrorum memoria occideret, iis essent ea

quaecumque G : quacumque *ABH* || consultatioue *G* consultationem *ABH*.

47 iuris consulti *edd.* : iuris consultus *codd.* || ignoratione *G* : ignorationem *ABH* || in infinita *G* : infinita ABH || et eidem *edd.* : et fidem *codd.* || saepe *edd.* : sae *AH* ae *B* || parietum *G* : paritum *AH* patriae tum *B* || nisi eo *Madvig* : si ego ABH si ergo *G* || semper et *codd.* : semet *ABH*.

48 At postea *scripsi* : haec positae *AH om. B* || essent adiuncta *Estienne* : esset adiuncta (deuincta A^2B^2G) *ABH*.

charge en serait attribuée à ceux à qui, en suite de son décès, échoit la fortune[1]. Ce seul principe étant établi qui suffit à nous faire connaître la théorie, des cas innombrables se présentent, dont sont remplis les livres des jurisconsultes. On demande en effet : qui est assujetti aux charges sacrées ? La situation des héritiers est celle dont la base juridique est le mieux établie (1) ; il n'est en effet aucune personne en cause qui assume de plus près le rôle de celui qui a quitté la vie ; — ensuite, celui qui, à la mort du défunt et en vertu de son testament, a touché autant que tous les héritiers ensemble. Cela aussi est dans l'ordre, car cela s'adapte bien au principe posé. En troisième lieu, s'il n'y a pas d'héritier, celui qui, des biens qui ont appartenu au décédé, en prend à titre de possédant la plus grande partie. En quatrième lieu, si personne n'a voulu prendre possession, que ce soit celui des créanciers qui garde la part la plus élevée. **49.** Le dernier mis en cause, c'est celui qui éventuellement aura eu des dettes envers le défunt et ne les aura acquittées à personne ; qu'il soit considéré comme ayant touché la fortune.

XX. Voilà ce que nous avons appris de Scévola et qui a été défini d'une manière différente par les juristes anciens. Car voici comment ils s'exprimaient : il y a trois manières d'être assujetti aux charges sacrées : ou par héritage ; ou si l'on prend par possession la part la plus importante de la fortune ; ou si, la part la plus importante ayant fait l'objet d'un legs, on touche de celle-ci une part, quelle qu'elle soit[2].

50. Mais suivons la théorie du pontife. Vous voyez bien que tout dérive de ce principe unique que les pontifes

(1) L'héritier pouvait l'être à titre universel, *ex asse*, ou pour une fraction plus ou moins grande de l'héritage : *ex uncia*, pour 1/12 ; *ex quadrante*, pour le 1/4 ; *ex semisse*, 1/2 ; *ex dodrante*, pour 3/4, etc. D'après Gaïus, II, 226, la Loi Voconia aurait interdit « ne cui plus legatorum nomine mortisue causa capere liceret quam heredes haberent » ; c'est-à-dire que la part disponible du testament ne pouvait être supé-

adiuncta, ad quos eiusdem morte pecunia uenerit. Hoc uno posito, quod est ad cognitionem disciplinae satis, innumerabilia nascuntur, quibus implentur iuris consultorum libri. Quaeruntur enim qui adstringantur sacris. Heredum causa iustissima est ; nulla est enim persona quae ad uicem eius qui e uita emigrarit propius accedat. Deinde qui morte testamentoue eius tantundem capiat quantum omnes heredes : id quoque ordine ; est enim, ad id quod propositum est, adcommodatum. Tertio loco, si nemo sit heres, is qui de bonis, quae eius fuerint, quom moritur, usu ceperit plurimum possidendo. Quarto, si [qui] nemo sit qui ullam rem ceperit, de creditoribus eius *qui* plurimum seruet. **49.** Extrema illa persona est ut, si is qui ei, qui mortuus sit, pecuniam debuerit neminiqu*e* eam soluerit, proinde habeatur quasi eam pecuniam ceperit.

XX. Haec nos a Scaeuola didicimus, non ita descripta ab antiquis. Nam illi quidem his uerbis docebant : tribus modis sacris adstringit*ur* : *aut* hereditate, aut si maiorem partem pecuniae capiat, aut si maior pars pecuniae legata est, si inde quippiam ceperit. Sed pontificem sequamur. **50.** Videtis igitur omnia pendere ex uno illo, quod pontific*es* cum

48 quaeritur *Davis* : quaeruntur *BH* quaerentur *AG* || ad uicem A²B² : ad iudicem *ABH* || quom moritur usu *R. Estienne* : moriturus ut *codd.* || (quarto) si [qui] *seclus. Ziegler* : si qui *ABH* || qui plurimum *scripsi* : is qui *Ziegler.*

49 descripta : descripta sunt *B²* descriptas *AH* descriptis *B* || adstringitur *Halm* : adstringit *H* adstringi ABG || <aut> *Mueller.*

50 pontifices cum *Madvig* : pontificum *codd.*

veulent que les obligations sacrées soient jointes à la fortune et qu'ils assignent aux mêmes personnes les féries de deuil et l'exécution des rites. De plus les Scévola accordent que, lorsqu'il y a partage, si dans le testament la part réservataire (*deducta*) n'est pas inscrite, et que les intéressés aient touché une somme inférieure à celle qui est laissée à l'ensemble des héritiers, ils ne sont pas astreints aux obligations sacrées[1]. En cas de donation, ils ont recours à une interprétation différente, et ce que le père de famille a approuvé dans la donation faite par celui qui est sous sa dépendance est valable ; ce qui a été fait à son insu et n'a pas reçu son agrément n'est pas valable[2].

51. De ces principes surgissent un grand nombre de questions de détail ; si l'on a du mal à les comprendre, il n'y a qu'à remonter à la source, pour les saisir de soi-même facilement.

Par exemple, si quelqu'un n'avait touché qu'une part inférieure afin de ne pas être astreint aux charges sacrées, et que par la suite un de ses héritiers vînt à requérir pour son propre compte ce qui avait été volontairement laissé par celui dont il hérite[3] ; si cette somme jointe à celle rentrée antérieurement cessait d'être inférieure à celle qui a été laissée en bloc aux autres héritiers ; — la personne qui a revendiqué cet argent sera seule astreinte aux charges sacrées sans y entraîner ses co-héritiers. Même ils ont soin de prévoir que celui à qui l'on aura légué une part supérieure à celle que l'on peut recevoir sans assujettissement aux charges religieuses devra *per aes et libram* affranchir les héritiers des servitudes testamentaires, parce que, en ce point, la chose se trouve tellement déliée d'hérédité que c'est comme s'il n'y avait pas eu de legs[4].

rieure à la « quotité » gardée par les héritiers ; mais, d'après Cicéron *in Verr.*, I, 43, cette clause ne visait que les grosses fortunes : « quod per legem Voconiam ei, qui census non sit, licet ».

pecunia sacra coniungi uolunt isdemque ferias et caerimonias adscribendas putant.

Atque etiam hoc docent Scaeuolae, quom est partitio, ut si in testamento deducta scripta non sit, ipsique minus ceperint quam omnibus heredibus relinquatur, sacris ne alligentur. In donatione hoc idem secus interpretantur : et quod pater familias in eius donatione, qui in ipsius potestate est, adprobauit ratum est ; quod eo insciente factum est, si id is non adprobat, ratum non est. **51.** His propositis quaestiunculae multae nascuntur, quas qui non intellegat, si ad caput referat, per se ipse facile perspiciat. Veluti si minus quis cepisset, ne sacris alligaretur, et post de eius heredibus aliquis exegisset pro sua parte, id quod ab eo, quo*i* ipse heres esset, praetermissum fuisset eaque pecunia non minor esset facta cum superiore exactione quam heredibus omnibus esset relicta, qui eam pecuniam exegisset, solum *sine* coheredibus sacris alligari. Quin etiam cauent ut, cui plus legatum sit quam sine religione capere liceat, is per aes et libram heredes testamenti soluat, propterea quod eo loco res est ita soluta hereditate, quasi ea pecunia legata non esset.

XXI. **52.** Hoc ego loco multisque aliis quaero a

50 sacra *A* : sacro A^2*BH* || quom *Davis* : quod *codd.* || hoc idem — donatione *omis. H.* || potestate est *edd.* : potestas esset *ABH* || adprobauit *edd.* : adpropriauit *codd.*

51 quas qui non intellegat *Ziegler* : quas qui nascuntur intellegat non *codd.* || si minus *edd.* : si munus *codd.* || et post *edd.* : ut *ABH* || ab eo quoi *Müller* : quo *H* quoi (cuius) *AB* || sine cohaeredibus *edd.* : nisi coh. *codd.* || heredes : heredis *ABH* heredem *G*.

Concurrence du droit pontifical et du droit civil.

XXI. 52. Sur ce point et sur beaucoup d'autres, vous deux, Scévola, vous qui êtes de grands pontifes et, à mon jugement, des hommes extrêmement intelligents, je vous pose cette question : Pourquoi tenez-vous à placer sur le droit pontifical la surcharge du droit civil ? Car, par la science du droit civil, vous abolissez en quelque sorte le droit pontifical. Si les charges sacrées ont été jointes à la fortune, c'est par l'autorité des pontifes, ce n'est pas par une loi. De sorte que si vous vouliez n'être que pontifes, il vous resterait au moins votre autorité de pontifes, mais parce que vous voulez en même temps être juristes, vous gâtez votre première science par la seconde[1]. De grands pontifes, Publius Scévola, Tiberius Coruncanius, et les autres de même, ont décidé que ceux-là qui toucheraient autant que tous les héritiers seraient assujettis aux charges sacrées. 53. C'est là le droit pontifical ; que s'y ajoute-t-il du côté du droit civil ? L'article du partage prévoyant la déduction de cent sesterces. On a ainsi imaginé le moyen d'affranchir la fortune de l'inconvénient des charges sacrées. Mais si l'auteur du testament n'a pas voulu prendre cette sauvegarde ? Alors, le même Mucius, précisément, pontife, en qualité de jurisconsulte, avertit l'intéressé de prendre une somme inférieure à celle qui est laissée à tous les héritiers ; les anciens disaient que s'il prenait quoi que ce fût, ils le tenaient pour assujetti aux charges sacrées ; au contraire, il en est libéré[2]. Mais voici qui ne regarde en rien le droit pontifical et qui est tiré en plein du droit civil : à savoir qu'il faut « *per aes et libram* affranchir l'héritier des servitudes testamentaires » et que « la chose en revient au point où elle en serait s'il n'y avait pas eu legs », si le bénéficiaire du legs a convenu que l'argent qui

uobis, Scaeuolae, pontifices maximi et homines meo quidem iudicio acutissimi, quid sit quod ad ius pontificium ciuile adp*lic*etis. Ciuilis enim iuris scientia pontificium quodam modo tollitis. Nam sacra cum pecunia pontificum auctoritate, nulla lege coniuncta sunt. Itaque si uos tantummodo pontifices essetis, pontificalis maneret auctoritas ; sed quod idem iuris ciuilis estis peritissimi, hac scientia illam eluditis. Placuit P. Scaeuolae et *Ti.* Coruncanio pontificibus maximis itemque ceteris, eos qui tantundem caperent quantum omnes hered*es* sacris alligari. **53.** Habeo ius pontificium. Quid huc accessit ex iure ciuili ? Partitionis caput scriptum caute, ut centum nummi deducerentur : inuenta est ratio, cur pecunia sacrorum molestia liberaretur. Quid, si hoc qui testamentum faciebat cauere noluisset ? admonet iuris consult*us* hic quidem ipse Mucius, pontifex idem, ut minus capiat quam omnibus heredibus relinquatur. Superi*ores* dicebant, quicquid cepisset, adstringi : rursus sacris liberatur. Hoc uero nihil ad pontificium ius sed e medio est iure ciuili, ut per aes et libram heredem testamenti soluant et eodem loco res sit, quasi ea pecunia legata non esset, si is, cui legatum est, stipulatus est id ipsum, quo*d* legatu*m* est, ut ea pecunia ex stipu-

52 adplicetis *scripsi* : adpetatis *codd.* || estis peritissimi *edd.* : est speretissimi *BH* est spernitis *AG* || illam eluditis *edd.* : illa (ille B) eluditis *AH* || itemque *edd.* : idemque *codd.* || heredes *edd.* : heredibus *codd.*

53 habeo *H* : abeo *ABG* || consultus *edd.* : consulto *codd.* || Mucius *G* : munius ABH || superiores *Turnèbe* : super *codd.* || sacris liberatur *scripsi* : sacri (sacris *G*) liberantur *codd.* || testamenti *AHG* : testamenta *B* || quod legatum *edd.* : quo legatus *codd.*

lui avait été légué lui est dû du fait de son contrat et ne lui a pas été < versé en vertu du testament >.

. . . .

Les rites funéraires.

54. < ...suivant l'opinion de Décimus Brutus > savant dont Accius était le grand ami, mais il s'attachait, je pense, au dernier mois de l'année, et, comme les anciens observaient Février, lui, il observait Décembre. Il estimait que le sacrifice d'une grande victime était une adjonction due à la piété [1].

XXII. **55.** Si grand enfin est le caractère religieux propre aux sépultures qu'on dit qu'il ne saurait être permis de déposer quelqu'un hors de son emplacement consacré et de sa famille ; et c'est la décision qu'a rendue chez nos ancêtres Aulus Torquatus au sujet de la *gens* Popillia [2]. Quant aux jours « meurtriers » (*denicales*), ainsi appelés de « meurtre » (*nex*) parce qu'ils sont chômés en l'honneur des morts (1), ils ne seraient pas, à l'égal des jours de repos consacrés aux autres habitants du ciel, appelés « féries », si nos ancêtres n'avaient voulu compter au nombre des dieux ceux qui ont quitté cette vie. Mais ils ont voulu que ces « féries » fussent attribuées à des jours tels qu'elles eussent un caractère qui ne fut ni privé ni public ; toute la disposition de cette partie du droit pontifical révèle de grands égards et une vénération minutieuse. Et il est inutile d'exposer comment on met un terme au deuil d'une famille souillée par la mort, le genre de sacrifice au cours duquel on immole des béliers au Lar ; comment l'on recouvre de terre un ossement sectionné ; les engagements pris par l'immolation d'une truie ; à partir de quelle date il commence à y avoir « tombeau », et le respect qui l'environne [3].

(1) Étymologie improbable. Les *denicales dies* désignent la période de deuil qui précède le *nouemdiale sacrificium*, « quod mortuo fit nono die quo sepultus est ». Porphyre, *ad Epod.*, XVII, 49.

latione debeatur sitque ea non *e testamento sibi numerata.*

....

54. ... Doctum hominem sane, cuius fuit Accius perfamiliaris — sed mensem credo extremum anni, ut ueteres Februarium, sic hic Decembrem sequebatur. Hostia autem maxima parentare pietatis esse adiunctum putabat.

XXII. 55. Iam tanta religio est sepulcrorum, ut extra sacra et gentem inferri fas negent esse, idque apud maiores nostros A. Torquatus in gente Popillia iudicauit. Nec uero tam denicales (quae a nece appellatae sunt, quia residentur mortuis) quam ceterorum caelestium quieti dies feriae nominarentur, nisi maiores eos qui ex hac uita migrassent in deorum numero esse uoluissent, *sed* eas in eos dies conferre ius*serunt*. ut nec ipsius neque publicae feriae sint. Totaque huius iuris compositio pontificalis magnam religionem caerimoniamque declarat. Neque necesse est edisseri a nobis, quae finis funestae familiae, quod genus sacrificii Lari ueruecibus fiat, quem ad modum os resectum terra obtegatur, quaeque in porca contracta iura sint, quo tempore incipiat sepulcrum esse et reli-

53 e testamento sibi numerata *scripsi ad auctoris sententiam complendam. Post* sit que ea non, *insertus est a Lambino locus restitutus* ; *sed in codicibus nullum omnino interruptionis uestigium apparet.*

54 sic hic : si hic ABHG || decembrem *G* : december *ABH.*

55 tam denicales *edd.* : tandelica lex *AH* tam delifica lex *B* || a nece *HG* : a nec ea *A* an ea *B* || mortuis *edd.* : mortui ABG montui *H* || sed — iusserunt *scripsi* : ius *codd.* || Lari *Lambin.* : lare *codd.* || resectum terra *edd.* : reiectum terrae *codd.*

56. Mais à mes yeux le mode le plus ancien de sépulture paraît avoir été celui qu'emploie Cyrus dans Xénophon : le corps est rendu à la terre, déposé et couché comme s'il était mis à l'abri sous le couvert d'une mère (1). C'est de la même manière que dans ce tombeau qui est non loin de l'autel de Fons fut enseveli, nous a-t-on dit, le roi Numa[1], et nous savons que la *gens* Cornélia s'est jusqu'à notre temps servie de ce mode de sépulture[2]. Sylla, vainqueur, fit disperser les cendres de Marius déposées auprès de l'Anio, poussé par une haine plus cruelle qu'il n'eut convenu s'il avait montré autant de sagesse qu'il montra alors de passion[3]. **57.** C'est peut-être de peur que la même insulte n'arrivât à son corps qu'il fut le premier des patriciens de la *gens* Cornélia à vouloir qu'on le brûlât par la flamme. Car Ennius dit au sujet de l'Africain : « C'est ici qu'il repose[4]. » C'est exact, car on dit que « reposent » ceux qui sont ensevelis. Mais il n'y a pas pour eux de « tombeau » (*sepulcrum*) avant que les devoirs réguliers ne leur aient été rendus et le porc égorgé. L'usage qui s'est généralisé de dire de tous ceux qui ont reçu la sépulture, qu'ils sont « inhumés », ne s'appliquait alors qu'à ceux dont la terre répandue sur eux avait recouvert le corps ; et le droit pontifical confirme cet usage. Car avant que la terre n'ait été répandue sur un ossement du défunt, le lieu sur lequel a été brûlé son corps ne comporte pas d'égards religieux ; mais quand la terre a été répandue, le défunt est alors inhumé en cet endroit : le lieu[5] s'appelle « tombeau » (*sepulcrum*) et désormais un grand nombre de droits religieux le concernent. Aussi dans le cas de l'homme qui avait été assassiné sur un vaisseau, puis jeté dans la mer,

(1) Xénophon, *Cyropédie*, VIII, 7, 25 : « Mes enfants, vous ne déposerez mon corps ni dans l'or ni dans l'argent ni dans une autre matière, mais en terre aussitôt que possible : qu'y a-t-il de plus doux que de se confondre à la terre, elle qui fait croître et nourrit toutes choses belles et bonnes ? »

gione teneatur. **56.** At mihi quidem antiquissimum sepulturae genus illud fuisse uidetur, quo apud Xenophontem Cyrus utitur : redditur enim terrae corpus, et ita locatum ac situm quasi operiment*o* matris obducitur. Eodemque ritu in eo sepulcro quod *haud* procul a Fontis ara est, regem nostrum Numam conditum accepimus, gentemque Corneliam usque ad memoriam nostram hac sepultura scimus esse usam. C. Marii sitas reliquias apud Anienem dissipari iussit Sulla uictor acerbiore odio incitatus, quam si tam sapiens fuisset, quam fuit uehemens. **57.** Quod haud scio an timens *ne* suo corpori posset accidere, primus e patriciis Corneliis igni uoluit cremari. Declarat enim Ennius de Africano : « Hic est ille situs ». Vere, nam siti dicuntur ii, qui conditi sunt. Nec tamen eorum ante sepulcrum est quam iusta facta et porcus caesus est. Et quod nunc communiter in omnibus sepultis uenit usu, *ut* humati dicantur, id erat proprium tum in iis, quos humus iniecta cont*ex*erat, eumque morem ius pontificale confirmat. Nam priusquam in os*sa* iniecta gleba est, locus ille ubi crematum est corpus, nihil habet religionis ; iniecta gleba tum et ill*ic* humatus est, et *sepulcrum* uocatur, ac tum denique multa religiosa iura conplectitur. Itaque in eo qui in

56 operimento *edd.* : operimentum *codd.* || haud *add.* : *Grotius* || ara est *edd.* : aras *codd.* || usam *edd.* : unam *BH* humatam *AB'²G* || C. Marii sitas *G* : C. Mari(us) sitas *AB* maris scitas *H* || si tam *G omis. ABH.*

57 timens ne *Lambin* : ne *om. codd.* || uenit usu ut *Moser* : penitus *ABH* || contexerat *edd.* : conterat (conteret *H*) *AB* contegerat *A²B²* || ossa *scripsi* : os *codd.* || tum et illic *scripsi* : tum et illis H tumulis et *A²B²* || sepulcrum *Vahlen* : gleba *codd.*

Publius Mucius décida que sa famille n'avait pas à se purifier parce qu'un ossement n'existait pas sur terre ; mais que l'héritier était astreint à une truie et devait observer trois jours de deuil et réparer l'impiété avec la femelle d'un porc ; si l'homme était mort en mer, mêmes obligations, sauf le rachat expiatoire et les jours de deuil.

XXIII, 58. ATTICUS. — Je vois bien ce qui est dans le droit pontifical, mais je te pose cette question : qu'y a-t-il dans les lois ?

MARCUS. — Bien peu de chose, Titus, et je pense, des choses que vous n'ignorez pas. Mais elles visent non pas tant les égards religieux dus aux tombeaux que leur condition juridique. « L'homme mort, dit la Loi des XII Tables, qu'on ne l'ensevelisse ni ne le brûle dans la ville. » C'est, je pense, en raison du danger d'incendie. L'addition : « ni ne le brûle », indique que celui-là est « enseveli », non pas l'homme qu'on brûle, mais celui qu'on inhume.

ATTICUS. — Mais comment expliquer que, postérieurement aux XII Tables, tant de grands hommes ont été ensevelis dans la ville ?

MARCUS. — Je pense, Titus, que c'étaient des gens qui en avaient gardé légitimement le droit, étant les descendants de ceux qui antérieurement à cette loi avaient obtenu cet honneur, à cause de leur mérite, comme Poplicola et Tubertus, ou bien encore, ceux qui exceptionnellement, comme Caius Fabricius, ont été en raison de leur mérite dispensés des lois et l'ont ainsi gagné (1).

Mais tandis que, d'une part, la loi interdit que l'on soit enseveli dans la ville, le collège des pontifes a décrété

(1) Valerius Publicola (Poplicola), auteur d'une loi qui garantissait le droit de recours (*prouocatio*) des citoyens condamnés à mort ou aux verges par les magistrats (*de Rep.*, II, 53) ; Aulus Postumius Tubertus, consul et dictateur dans les premiers temps de la République, vainqueur des Sabins. C. Fabricius, consul et censeur, adversaire de Pyrrhus, célèbre par son intégrité (*Tuscul.*, III, 56). L'expression *uirtutis causa* devait appartenir au style officiel.

naue necatus, deinde in mare proiectus esset, decreuit P. Mucius familiam puram, quod os supra terram non extaret; porcam heredi esse contractam, et habendas triduum ferias et porco femina piaculum *faciundum*. Si in mari mortuus esset, eadem praeter piaculum et ferias.

XXIII. **58.** ATTICVS. — Video quae sint in pontificio iure, sed quaero ecquidnam sit in legibus.

MARCVS. — Pauca sane, Tite, et, ut arbitror, non ignota uobis. Sed ea non tam ad religionem spectant quam ad ius sepulcrorum. « Hominem mortuum » inquit lex in XII, « in urbe ne sepelito neue urito ». Credo uel propter ignis periculum. Quod autem addit « neue urito », indicat non qui uratur sepeliri, sed qui humetur.

ATTICVS. — Quid quod post XII in urbe sepulti sunt clari uiri ?

MARCVS. — Credo, Tite, fuisse aut eos quibus hoc ante hanc legem uirtutis causa tributum est, ut Poplicolae, ut Tuberto, quod eorum posteri iure tenuerunt, aut eos si qui hoc, ut C. Fabricius, uirtutis causa soluti legibus consecuti sunt. Sed *ut* in urbe sepeliri lex uetat, sic decretum a pontificum

57 necatus G : uocatus *ABH* || proiectus esset *G* : periectus esse *ABH* || quod os *edd.* : quotos *codd.* || exstaret *edd.* : exstare *codd.* || porcam *edd.* : portam *codd.* || faciundum *Halm* : pati *codd.* || in mari *H* : in mare *ABG*.

58 ecquidnam *edd.* : et quidnam *ABH* || in XII *BH* : in duodecim milia (*sic !*) *A* || quid quod *Madvig* : quidqui *AB* quid *H* || Poplicolae *H* : populi colac *B* publicolae *AH*² || soluti *H* : solutis *AG* solitis *B* || consecuti *G* : non secuti *ABH* || ut *add.* *Madvig* || sic *BG* : sit *A* si *H*.

qu'il n'était pas permis qu'il y eut un tombeau dans un lieu appartenant à l'État. Vous connaissez le temple d'Honneur qui se trouve hors la porte Colline : l'histoire raconte qu'il y avait en cet endroit un autel. Comme on avait trouvé auprès une plaque mince portant l'inscription : « de l'Honneur », ce fut la raison pour laquelle on dédia ce temple. Mais comme il y avait de nombreux tombeaux en cet endroit, ils furent rasés, car le Collège décida qu'un lieu appartenant à l'État ne pouvait être assujetti à des obligations religieuses privées.

Démonstration de deuil.

59. Quant aux autres prescriptions des XII Tables destinées à réduire les dépenses et les lamentations funéraires, elles ont été a peu de choses près transposées des lois de Solon.

« Que l'on ne fasse, disent-elles, rien de plus : que l'on n'équarisse pas le bûcher avec la hache [1]. » Vous connaissez le reste, car, quand nous étions enfants, nous apprenions le texte des XII Tables comme un chant nécessaire : aujourd'hui personne ne l'apprend plus. Donc là dépense étant réduite à trois *ricinia* (coiffes de deuil), un linceul pourpre et dix joueurs de flûtes, la loi suprime encore la lamentation excessive. « Que les femmes ne se râclent pas les joues et ne tiennent pas de *lesse* à l'occasion du convoi. » Les vieux commentateurs, Sextus Aelius et L. Acilius, ont dit qu'ils ne comprenaient pas très bien ce passage, mais qu'ils supposaient qu'il s'agissait de quelque vêtement funèbre ; Lucius Aelius explique *lesse* comme un cri de deuil, — ce que le mot lui-même indique [2]. Cette interprétation me paraît d'autant plus exacte que la loi de Solon porte la même défense [3]. Voilà des mesures louables et communes aux riches comme à la plèbe, et cela est bien conforme à la nature de faire disparaître toute inégalité de condition dans la mort.

collegio, non esse ius in loco publico fieri sepulcrum. Nostis extra portam Collinam aedem Honoris. Aram in eo loco fuisse memoriae proditum est. Ad eam cum *la*mina esset inuenta, et in ea scriptum *nomen* « Honoris », ea causa fuit *ut* aedis haec dedicare*tur*. Sed quom multa in eo loco sepulcra fuissent, exarata sunt. Statuit enim collegium locum publicum non potuisse priuata religione obligari.

59. Iam cetera in XII minuendi sumptus [sunt] lamentationisque funeris, translata *sunt* de Solonis fere legibus. « Hoc plus », inquit, « ne facito ». « Rogum ascea ne polito. » Nostis quae sequuntur. Discebamus enim pueri XII ut carmen necessarium, quas iam nemo discit. Extenuato igitur sumptu tribus reciniis et tunicula purpurea et decem tibicinibus, tollit *nimiam* lamentationem : « mulieres genas ne radunto neue lessum funeris ergo habento ». Hoc ueteres interpretes, Sex. Aelius, L. Acilius, non satis se intellegere dixerunt, sed suspicari uestimenti aliquod genus funebris, L. Aelius « lessum » quasi lugubrem eiulationem, ut uox ipsa significat. Quod eo magis iudico uerum esse quia lex Solonis id ipsum uetat. Haec laudabilia et locupletibus fere cum plebe communia. Quod quidem maxime e natura est, tolli fortunae discrimen in morte.

58 nostis G : nostris *ABH* || lamina : domina *ABG* mina *H* || scriptum nomen *scripsi* || ut... dedicaretur *Müller* : dedicaret (ut *omis.*) *codd.*

59 sunt *seclusi* || translata sunt *scripsi* || ascea *ABH* : ascia G || et tunicula purpurea *edd.* : et uincla (unicula G) purpurae *ABH* || nimiam *add. Huschke* || genus funebris *edd.* : funeris *codd.* || L. Aelius *Turnèbe* : laelius *codd.* || in morte : in mortem *ABH*.

XXIV. **60.** De même, toutes les autres démonstrations funéraires qui renforcent l'expression du deuil ont été supprimées par les XII Tables : « De l'homme mort, dit la loi, qu'on ne recueille pas les ossements pour lui faire plus tard des funérailles. » Mais elle fait exception pour le cas de mort à la guerre ou à l'étranger. En outre, on trouve ceci dans nos lois, au sujet de l'onction, dite servile : « l'onction est supprimée ainsi que l'usage de boire à la ronde ». c'est avec raison qu'on les supprime et on ne les aurait pas supprimés si de tels usages n'avaient existé. Laissons le « Pas d'aspersion coûteuse ni de couronnes longues ni d'encensoirs » ; mais voilà qui exprime bien que les décorations honorifiques concernent même les morts, puisque la loi ordonne que « la couronne gagnée par sa bravoure » sera, sans qu'il y ait délit, placée sur le corps de celui qui l'a gagnée et celui de son père (1). Et c'est, je crois, parce qu'alors on avait coutume de célébrer en l'honneur d'un mort plusieurs fois des funérailles et de lui joncher plusieurs lits de parade que la loi a décidé que cela non plus ne se ferait pas. Quant à la prescription qui était dans cette loi : « Qu'on n'apporte pas de l'or », voyez avec quelle bonté la loi suivante en apporte dispense : « Celui à qui les dents sont reliées par de l'or, et si avec cet or on l'enterre ou le brûle, que ce soit sans délit. » Vous voyez en même temps que « ensevelir » et « brûler » étaient des coutumes différentes.

61. Il y a encore deux lois relatives aux tombeaux : l'une a pour objet de veiller aux maisons particulières ; l'autre, aux tombeaux eux-mêmes. Car quand la loi défend « d'approcher un bûcher ou un brasier nouveau à moins de soixante pieds de la maison d'autrui sans l'autorisation du propriétaire », cette mesure est visiblement

(1) Pline l'Ancien (*Nat. hist.*, XXI, 3, 7), qui n'a peut-être pas bien compris le texte des XII tables, suppose qu'il s'agit d'une couronne gagnée aux jeux par les esclaves ou les chevaux du vainqueur : cette couronne pouvait s'acquérir *pecuniaue eius uirtutisue causa*. On peut

XXIV. 60. Cetera item funebria quibus luctus augetur, XII sustulerunt. « Homini, inquit, mortuo ne ossa legito, quo pos*t* funus faciat. » Excipit bellicam peregrinamque mortem. Haec praeterea sunt in legibus : de unctura quae seruilis *dicitur*, unctura tollitur omnisque circumpotatio. Quae et recte tolluntur, neque tollerentur nisi fuissent. « Ne sumptuosa respersio, ne longae coronae, ne acerrae » praetereantur. Illa iam significatio est, laudis ornamenta ad mortuos pertinere, quod coronam uirtute partam et ei qui peperisset et eius parenti sine fraude esse lex impositam iubet. Credoque, quod erat factitatum ut uni plura *funera* fierent lectique plures sternerentur, id quoque ne fieret lege sanctum est. Qua in lege quom esset « neue aurum addito », *uidetote* quam humane excipiat altera lex, [praecipit altera lege] : « At cui auro dentes iuncti escunt, ast im cum illo sepeliet uretue, se fraude esto. » Et simul illud uidetote, aliud habitum esse sepelire et urere.

61. Duae sunt praeterea leges de sepulcris, quarum altera priuatorum aedificiis, altera ipsis sepulcris cauet. Nam quod « rogum bustumue nouum » uetat «propius sexaginta pedes adigi aedes alienas inuito

60 funebria *G* : funebris a *ABH* || quo post funus : quo(s) pos funus *AB* quo possimus *H* || de unctura quae AH : de uncturaque B || dicitur *scripsi* || partam et ei qui : paratam et ei quae AB et eius quae *H* || plura funera *Turnèbe* || sternerentur G : interrentur *codd.* || uidetote *add. Ziegler* || at cui *edd.* : ut cui *codd* || escunt *edd.* : essent *codd.* || sepeliet uretue *edd.* : sepelletur etue *codd.* || sepelire et urere : sepeliretur aere *codd.*
61 propius *G* : proprius *ABH* || adigi *Madvig* : adici *ABH* adduci G.

prise par crainte de l'incendie : de même, interdiction de l'usage de l'encens. Mais quand elle défend que le *forum*, c'est-à-dire le couloir d'accès au tombeau, ou le lieu du bûcher (*bustum*) fasse l'objet d'une prise de possession, elle protège le droit des tombeaux [1].

Voilà ce que nous trouvons dans la Loi des XII Tables, conformément à la nature qui est la règle de la loi. Le reste dépend de l'usage : que l'on fasse l'annonce des funérailles si elles comportent des jeux ; que l'ordonnateur des funérailles se serve d'un adjoint et de licteurs ; **62.** que les mérites des personnages qui ont été investis d'honneurs soient rappelés dans un discours public et que cet éloge soit accompagné de chants réglés sur la flûte : ce que l'on appelle des *nénies*, mot employé chez les Grecs pour désigner les chants de deuil [2].

Luxe des tombeaux. Usages athéniens.

XXV. Atticus. — Je suis heureux de voir que nos lois s'adaptent bien à la nature, et la sagesse de nos ancêtres me cause une joie extrême ; mais voyons, je réclame une limitation, non seulement des autres dépenses, mais encore des tombeaux.

Marcus. — Ta demande est juste, et jusqu'à quel point de dépenses en est venue cette affaire, tu l'as vu, je crois, à l'occasion du tombeau de Caïus Figulus [3]. Que ce luxe ait été autrefois fort peu recherché, bien des exemples qui subsistent de nos ancêtres nous le montrent. Les commentateurs de notre loi n'auront qu'à remonter à l'article qui ordonne d'éloigner du droit des Mânes « la dépense et le deuil », pour comprendre qu'il faut en tout premier lieu réduire la magnificence des tombeaux.

63. Et ce point n'a pas été omis par les législateurs les

penser qu'il s'agit d'une récompense décernée à un citoyen pour le remercier de l'argent donné à l'occasion d'une famine ou d'une calamité publique.

domino », incendium uereri *uide*tur : *item* acerram uetat. Quod autem « *f*orum », id est uestibulum sepulcri, « bustumue usu capi », uetat, tuetur ius sepulcrorum. Haec habemus in XII, sane secundum naturam quae norma legis est. Reliqua sunt in more : funus ut indicatur, si quid ludorum ; dom*in*usque funeris utatur accenso atque lictoribus, **62.** honoratorum uirorum laudes in contione memorentur, easque etiam cantus ad tibicinem prosequatur, cui nomen neniae, quo uocabulo etiam *apud* Graecos cantus lugubres nominantur.

XXV. Atticvs. — Gaudeo nostra iura ad naturam accommodari, maiorumque sapientia admodum delector. Sed [cedo] quaero, ut ceteri sumptus, sic etiam sepulcrorum modum.

Marcvs. — Recte requiris. Quos enim ad sumptus progressa iam ista res sit, in C. Figuli sepulcro uidisse *te* credo. Minimam olim istius rei fuisse cupiditatem multa extant exempla maiorum. Nostrae quidem legis interpretes, quo capite iubentur « sumptum et luctum » remouere a deorum Manium iure, hoc intellegant in primis, sepulcrorum magnificentiam esse minuendam. **63.** Nec haec a sapientissimis legum

61 uereri uidetur *scripsi* : ueretur *codd.* || item acerram *scripsi* : acerbum *H omis. ABG* || forum *Turnèbe* : eorum *codd.* || indicatur *B* : inducatur *AHG* || dominusque : domusque *codd.* || accenso *G* : ascenso *ABH*.

62 uirorum G : uiuorum *ABH* || memorentur : memorantur *ABH* memoranto G || etiam cantus : etiam et cantus *ABH* etiam ad cantus *G* || apud *Wesenberg* || quaero : recedoquaero *H* recedoquiro *H* recedo *om. G* || ceteri sumptus *HG* : ceteras *AB* || quos enim G : quis enim ABH || te *add. Madvig* || extant exempla *Madvig* : extarent ampla *ABH*.

plus sages : car déjà à Athènes, selon une coutume due à Cécrops, dit-on, a persisté jusqu'à aujourd'hui[1] le rite d'ensevelir en terre, rite en vertu duquel, après que les proches avaient célébré la cérémonie et que la fosse était recouverte de terre, on y semait des céréales, d'une part, pour assurer au mort le repos comme au sein de sa mère, d'autre part, pour que le sol, purifié par le grain produit, fut rendu aux vivants. Venait ensuite un festin auquel prenaient part les parents du mort portant des couronnes, en présence desquels on ne pouvait dire, à la gloire du mort, rien que la vérité — car on considérait comme impie de mentir. Ainsi étaient accomplis les derniers devoirs.

64. Mais par la suite, ainsi que l'écrit Démétrius de Phalère ([1]), comme les funérailles et les lamentations commençaient à entraîner de grandes dépenses, Solon les supprima par une loi. C'est cette loi que nos décemvirs ont introduite presque dans les mêmes termes dans leur dixième Table. Car la mention relative aux trois coiffes de deuil et la plupart des détails appartiennent à Solon. Mais au sujet des lamentations, les expressions sont textuellement reproduites : « Que les femmes ne se râclent pas les joues et ne tiennent pas de *lesse* à l'occasion du convoi[2]. »

XXVI. Au sujet des tombeaux, on ne trouve rien de plus chez Solon que ceci : « Que nul ne les détruise et n'y amène < un cadavre > étranger », et il y a une pénalité : « si quelqu'un, dit-il, abîme, renverse ou brise un édifice funéraire (c'est, je pense, cela qu'on appelle *tumbos*) ou commémoratif ou une colonne. » Mais quelque temps après, étant donné l'extension de ces tombeaux que nous pouvons voir encore dans le Céramique, la loi prescrivit

(1) Démétrius de Phalère, homme d'État et orateur (fin du IVe s.), s'efforça sous le protectorat de Cassandre, successeur d'Alexandre, de restaurer l'ordre et la prospérité d'Athènes (317-307). Cicéron en parle toujours avec beaucoup d'estime (*de Rep.*, II, 2). Cf. *infra*, II, 66.

scriptoribus neglecta sunt. Nam et Athenis iam ille mos a Cecrope, ut aiunt, permansit *hucusque* terra humandi, qu*od* quom proxumi fecerant obductaque terra erat, frugibus obserebatur, ut sinus et gremium quasi matris mortuo tribueretur, solum autem frugibus expiatum ut uiuis redderetur. Sequebantur epulae, quas inibant propinqui coronati, apud quos de mortui laude, quom ni*si* quid ueri erat *non* praedicatum *esset* (nam mentiri nefas habebatur), iusta confecta erant. **64.** Postea qu*o*m, ut scribit Phalereus *Demetrius*, sumptuosa fieri funera et lamentabilia coepissent, Solonis lege sublata sunt, quam legem eisdem prope uerbis nostri decem uiri in decimam tabulam coniecerunt. Nam de tribus reciniis et pleraque illa Solonis sunt. De lamentis uero expressa uerbis sunt : « Mulieres genas ne radunto neue lessum funeris ergo habento. »

XXVI. De sepulcris autem nihil est apud Solonem amplius quam « ne quis ea deleat neue alienum inferat », poenaque est, « si quis bustum (nam id puto appellari τύμβον) aut monumentum » inquit « aut columnam uiolarit, deiecerit, fregerit ». Sed post aliquanto propter has amplitudines sepulcrorum, quas in Ceramico uidemus, lege sanctum est, « ne quis

63 ille mos *AB*²*G* : illo mores *BH* || hucusque *Ziegler* : hoc ius *codd.* || quod *edd.* : quam *codd.* || inibant *G* : inirent *AB* inirant *H* || nisi quid... non praedicatum esset *scripsi* : ni quid *AG* ui quid H || iusta confecta : ad iusta coniecta *codd.*

64 quom : quam *codd.* || Demetrius *Ziegler* || nostri decemuiri : nostris uiri *ABH* nostri *G* || τύμβον : tum bona *ABH* tymbon *G* || deiecerit *G* : iacerit *AH* acerit *B* || quas in *G* : quasi in *ABH*.

que « nul ne ferait un tombeau qui exigerait un travail supérieur à celui de dix hommes en trois jours », **65.** et on ne devait l'embellir d'aucun toit ni le surmonter de ce qu'on appelle là-bas des *hermès*[1] ; on n'avait pas la permission de célébrer la gloire du défunt, si ce n'est à l'occasion d'obsèques nationales, et nul ne pouvait prendre la parole en dehors de celui qui était officiellement désigné pour cette tâche. L'affluence excessive des hommes et des femmes était interdite afin de réduire les démonstrations d'affliction ; car le rassemblement des personnes < multiplie > l'expression du deuil. **66.** C'est la raison pour laquelle Pittacus défend à quiconque d'assister aux obsèques des personnes étrangères[1]. Mais Démétrius nous dit encore que ce luxe des funérailles et des tombeaux avait repris de nouveau, luxe qui est maintenant bien près de s'établir à Rome, et il réduisit lui-même cet abus par une loi. C'était, vous le savez, non seulement un grand savant, mais encore un citoyen qui avait grandement mérité de l'État et toujours au courant du bien de la cité. Il réduisit non seulement la dépense[2], mais le temps, car il ordonne d'emporter le corps avant la levée du jour. Il fixa du moins une limitation pour les tombeaux neufs, car il ne voulut pas que l'on plaçât sur le monceau de terre autre chose qu'une colonne qui ne devait pas être haute de plus de trois pieds, une table ou une vasque, et il avait nommé un fonctionnaire spécial chargé de veiller à l'exécution de ces mesures.

XXVII. **67.** Voilà ce qu'ont fait tes gens d'Athènes. Mais voyons Platon qui renvoie les rites funéraires aux

(1) Il semble qu'il s'agit de figurines ou de statuettes. Habituellement, les symboles d'Hermès ne figuraient pas dans les cimetières. Les hermès mutilés par les compagnons d'Andocide et d'Alcibiade, lors de l'expédition de Sicile en 414, n'étaient pas sur des tombes.

sepulcrum faceret operosius quam quod decem homines effecerint triduo », 65. neque id opere tectorio exornari, nec « hermas » hos quos uocant, licebat imponi nec de mortui laude nisi in publicis sepulturis, nec ab alio nisi qui publice ad eam rem constitutus esset dici licebat. Sublata etiam erat celebritas uirorum ae mulierum, quo lamentatio minueretur ; *auget* enim luctum concursus hominum. 66. Quocirca Pittacus omnino accedere quemquam uetat in funus ali*en*orum. Sed ait rursus idem Demetrius increbuisse eam funerum sepulcrorumque magnificentiam, quae nunc fere Romae est. Quam consuetudinem lege minuit ipse. Fuit enim hic uir, ut scitis, non solum eruditissimus, sed etiam ciuis *d*e re publica maxime *meritus* tuendaeque ciuitatis peritissimus. Is igitur sumptum minuit non solum pe*cunia* sed etiam tempore : ante lucem enim iussit efferri. Sepulcris autem nouis finiuit modum ; nam super terrae tumulum noluit quid*quam* statui, nisi columellam tribus cubitis ne*c* altiorem aut mensam aut labellum, et huic procurationi certum magistratum praefecerat.

XXVII. 67. Haec igitur Athenienses tui. Sed uideamus Platonem, qui iusta funerum reicit ad interpretes

65. textorio : tectorio *codd.* || nec hermas hos : nec hermas os *AG* ne cernam hos *H* ne cermas os *B.* || auget *Ursinus* : hunc *A* huic *B* huc *H* habet *G.*

66. alienorum *Bake* : aliorum *codd.* || idem *G* : eidem *ABH* || consuetudinem *G* : -tudine *ABH* || de re publica maxime meritus *scripsi* : e R. P. maxime *H* rei p. maximae *A* || ciuitatis peritissimus *Estienne* : paratissimus *codd.* || is igitur *Madvig* : isti ig. *ABH* || pecunia *scripsi* : poena *codd.* || nouis *G* : nobis *ABH* || noluit *G* : uoluit *ABH* || quidquam *edd.* : quid G quod *ABH* || nisi *om. H.* || nec *scripsi* : ne *codd.*

commentateurs attitrés des observances religieuses : attitude que nous garderons. Au sujet des tombeaux, voici comment il s'exprime : il défend que l'on prenne aucune parcelle d'un terrain cultivé ou susceptible d'être cultivé pour y établir un tombeau. Mais s'il y a un terrain qui ne soit bon qu'à recevoir le corps des morts sans porter préjudice aux vivants, que ce soit celui-là avant tout qu'on remplisse. Quant à la terre qui peut produire des récoltes et, comme une mère, nous fournir notre nourriture, il n'est personne, ni vivant, ni mort, qui doive la réduire.

68. Il défend d'élever un tombeau dépassant le travail que pourraient exécuter cinq hommes en cinq jours ; de dresser ou de poser à plat une pierre plus grande que pour contenir l'éloge du mort gravé au maximum en quatre vers héroïques — ceux qu'Ennius appelle des « longs vers ». Nous avons donc sur la question des tombeaux l'opinion et l'autorité d'un grand philosophe, qui fixe de même la dépense des funérailles à une somme variant de cinq mines à une mine (1).

69. Je crois cette fois que vous possédez dans tout son développement le chapitre des droits religieux (2).

QUINTUS. — Oui, mon frère, et largement ; mais continue la suite.

MARCUS. — Je continuerai, certes, et, puisqu'il vous a plu au cours de notre conversation d'aujourd'hui de me

(1) Platon, *Lois*, 958-959. Cinq mines représentent une valeur de 500 drachmes, somme peu considérable.

(2) La phrase *Deinceps*... d'une latinité plus que médiocre, n'est pas authentique. Au reste, dans les *Lois*. la question qui vient immédiatement après est de savoir comment assurer la stabilité de la constitution ; puis p. 967-968, Platon établit la divinité de l'âme et des astres, mais ne parle pas des sanctions d'outre-tombe. L'interpolateur a confondu avec le Livre X de la *République*.

religionum ; quem nos morem tenemus. De sepulcris autem dicit haec : uetat ex agro culto eoue qui coli possit, ullam partem sumi sepulcro ; sed quae natura agri tantum modo efficere possit, ut mortuorum corpora sine detrimento uiuorum recipiat, ea potissimum ut compleatur ; quae autem terra fruges ferre et ut mater cibos suppeditare possit, eam ne quis nobis minuat neue uiuus neue mortuus. **68.** Extrui autem uetat sepulcrum altius, quam quod *quinque homines* quinque diebus absoluerint, nec e lapide excitari plus nec inponi, quam quod capiat laudem mortui incisam ne plus quattuor hero*i*cis uersibus, quos longos appellat Ennius. Habemus igitur huius quoque auctoritatem de sepulcris summi uiri a quo item funerum sumptus praefinitur ex censibus a minis quinque usque ad minam. [Deinceps dicit eadem illa de inmortalitate animorum et reliqua post mortem tranquillitate bonorum poenis impiorum.]

69. Habetis igitur explicatum omnem, ut arbitror, religionum locum.

QVINTVS. — Nos uero, frater, et copiose quidem ; sed perge cetera.

MARCVS. — Pergo equidem, et quoniam libitum est uobis me ad haec inpellere, hodierno sermone

67 cibos supped. *AG* : cibus *BH*.
68 quinque homines *Turnèbe* || excitari plus *edd.* : prius *codd.* || heroicis *G* heroes *ABH* || item *edd.* : iterum *codd.* || censibus *G* : sensibus *ABH* || [deinceps... impiorum] *Verba illic inserta a vero sensu Platonis abhorrent neque cum M. Tullii genere dicendi conueniunt. Seclusit Wagner.*
69 nos uero *G* : non uero *ABH* || cetera *ABH* : ad cetera *G*.

lancer sur ce sujet, je le terminerai, j'espère, aujourd'hui même. Je vois que Platon a procédé pareillement et que tout son discours sur les lois a été prononcé en entier au cours d'une seule journée d'été. Je procéderai donc et traiterai de cette façon au sujet de l'organisation des magistrats, car c'est d'elle à coup sûr, une fois constituée la religion, que dépend principalement l'organisation de l'État.

Atticus. — Eh bien, parle, et suis le plan que tu as pris dès le commencement.

conficiam, spero, hoc praesertim die ; uideo enim Platonem idem fecisse omnemque orationem eius de legibus peroratam esse uno aestiuo die. Sic igitur faciam, et dicam de magistratibus. Id enim est profecto quod constituta religione rem publicam contineat maxime.

ATTICVS. — Tu uero dic et istam rationem, quam coepisti, tene.

69 sic igitur *G* : sic *om. ABH* || coepisti : cepisti G accepisti *ABH* || M. T. CICERO. DE LEGIB. LIB. II EXPL. INCP. LIB. III *AH* (M. TULLI CICERONIS *B*).

LIVRE TROISIÈME

Introduction.

1. I. MARCUS. — Je m'attacherai donc, selon mon plan, à suivre cet homme divin dont, sous l'impression d'une admiration extraordinaire, je fais l'éloge, plus souvent peut-être qu'il ne faudrait.

ATTICUS. — C'est apparemment Platon que tu veux dire....

MARCUS. — C'est lui-même, Atticus.

ATTICUS. — Tu ne pourras jamais le louer ni trop ni trop souvent ; car même mes compagnons qui n'admettent pas qu'on loue personne en dehors de leur maître, m'accordent la permission d'aimer Platon à mon gré[1].

MARCUS. — Ils ont raison ; et qu'y a-t-il qui convienne mieux à cette distinction d'esprit qui est la tienne ? Toi, dont l'existence aussi bien que le langage me paraît avoir réalisé cette association si difficile du sérieux et de l'amabilité.

ATTICUS. — Je suis très heureux de t'avoir interrompu, puisque tu m'as ainsi donné un témoignage si éclatant de ton appréciation sur moi. Mais poursuis, comme tu avais commencé.

MARCUS. — Commençons donc par présenter la recommandation de la loi en elle-même, en nous appuyant sur des arguments vrais et appropriés au genre auquel elle se rattache.

ATTICUS. — Fort bien ; comme tu as fait pour la loi sur les choses religieuses.

LIBER TERTIVS

I. 1. Marcvs. — Sequar igitur, ut institui, diuinum illum uirum, quem *incredibili* quadam admiratione commotus saepius fortasse laudo quam necesse est.

Atticvs. — Platonem uidelicet dicis.

Marcvs. — Istum ipsum, Attice.

Atticvs. — Tu uero eum nec nimis ualde umquam nec nimis saepe laudaueris. Nam hoc mihi etiam nostri illi, qui neminem nisi suum laudari uolunt, concedunt ut eum arbitratu meo diligam.

Marcvs. — Bene hercle faciunt. Quid enim est elegantia tua dignius ? Cuius et uita et oratio consecuta mihi uidetur difficillimam illam societatem grauitatis cum humanitate.

Atticvs. — Sane gaudeo quod te interpellaui, quoniam quidem tam praeclarum mihi dedisti iudicii tui testimonium. Sed perge, ut coeperas.

Marcvs. — Laudemus igitur prius legem ipsam ueris et propriis generis sui laudibus ?

Atticvs. — Sane quidem, sicut de religionum lege fecisti.

1 uirum. *AH*[2] : utrum *BH* || incredibili *add.* *Ziegler* || dicis *G*: diligis *ABH*.

Théorie du pouvoir.

2. MARCUS. — La nature essentielle du commandement consiste donc, vous le voyez, à diriger et à prescrire des actions justes, avantageuses et s'accordant avec les lois. Car tout comme les lois commandent aux magistrats, ainsi les magistrats commandent au peuple, et l'on peut dire avec vérité que le magistrat est « la loi qui parle » tandis que la loi est « un magistrat silencieux ». **3.** Or il n'y a rien qui soit autant approprié au droit et à l'ordre de la nature — et, quand je m'exprime ainsi, je tiens que l'on entende que c'est la « loi » que je veux dire — rien, dis-je, autant que le pouvoir du commandement. Sans lui, ni maison ni cité ni peuple ne peuvent se maintenir, ni l'ensemble de la race humaine, ni toute la nature physique, ni enfin même le monde : car le monde obéit à la divinité et à lui obéissent les mers et les terres, et l'existence des hommes est soumise aux ordres de la Loi suprême [1].

II. **4.** Et enfin, pour en arriver à des objets plus rapprochés et mieux connus de nous, toutes les nations anciennes ont jadis obéi à des rois. Ce genre d'autorité fut d'abord déféré aux hommes les plus justes et les plus sages — et cela resta en vigueur dans notre état, tant que celui-ci fut soumis à la puissance royale — puis il passait par succession à leurs descendants : telle est la coutume toujours suivie dans les pays où maintenant encore s'exerce la royauté. Quant à ceux qui n'ont pas voulu du pouvoir royal, ils décidèrent non pas de n'obéir à personne, mais de ne pas obéir toujours à un seul et même homme. Pour nous, puisque nous sommes en train de donner des lois à des peuples libres (républiques) et que, dans nos six Livres précédents [2], nous avons fait connaître notre sentiment sur l'État idéal, nous allons en ce moment adapter nos lois à la constitution politique à laquelle nous donnons la préférence.

2. Marcvs. — Videtis igitur magistratus hanc esse uim, ut praesit praescribatque recta et utilia et coniuncta cum legibus. Vt enim magistratibus leges, sic populo praesunt magistratus uereque dici potest, magistratum legem esse loquentem, legem autem mutum magistratum. **3.** Nihil porro tam aptum est ad ius condicionemque naturae — quod quom dico, legem a me dici intellegi uolo — quam imperium, sine quo nec domus ulla nec ciuitas nec gens nec hominum uniuersum genus stare, nec rerum natura omnis nec ipse mundus potest. Nam et hic deo paret, et huic oboediunt maria terraeque, et hominum uita iussis supremae legis obtemperat.

II. **4.** Atque ut ad haec citeriora ueniam et notiora nobis, omnes antiquae gentes regibus quondam paruerunt. Quod genus imperii primum ad homines iustissimos et sapientissimos deferebatur (idque *e*t in re publica nostra maxime ualuit, quoad ei regalis potestas praefuit), deinde etiam deinceps posteris prodebatur; quod [et] in iis qui etiam nunc regnant*ur* manet. Quibus autem regia potestas non placuit, non ii nemini, sed non semper uni parere uoluerunt. Nos autem quoniam leges damus liberis populis, quaeque de optima re publica sentiremus, in sex libris ante diximus, accommodabimus hoc tempore leges ad

2 leges sic *Halm* : leges his (legisis *H*) *B* C et hi *A* C ita *H*².
3 nihil aliud intelligi *H* : nihil aliud *om. AB*.
4 idque et *Davis* : idque ut *BH* ut *om. AG* || quoad ei *H*² : quo et ad *H* quoad et *AB* || [et] in iis : et *seclus. edd.* || regnantur *Ziegler* : regnant *codd.*

5. Il faut donc qu'il y ait des magistrats, sans la sagesse et l'activité desquels une cité ne peut exister, et c'est de la façon dont ils sont organisés que dépend tout le régime de l'État. Il ne suffit pas de prescrire à ceux-ci les modalités du commandement, mais il faut aussi prescrire aux citoyens celles de l'obéissance : car celui qui exerce bien le commandement, il est nécessaire qu'il ait un jour obéi, et celui qui obéit avec discipline a tout lieu de paraître digne de commander un jour. C'est pourquoi il faut que celui qui obéit ait l'espoir de commander en un temps ou un autre et que celui qui exerce le commandement songe que dans un temps assez court il aura le devoir d'obéir. Et même nous prescrivons aux citoyens non seulement d'obéir et d'être soumis aux magistrats, mais encore de les respecter et de les aimer, ainsi que Charondas l'a fait dans ses lois (1). Quant à notre Platon, lui, il fait descendre de l'engeance des Titans, les hommes qui, à l'exemple de ceux qui s'étaient révoltés contre les dieux du ciel, se soulèvent contre leur magistrats[1]. Cela étant, venons-en, si vous le permettez, au texte même des lois.

Atticus. — La proposition me plaît, et l'ordre que tu suis dans ces matières.

Lois sur l'organisation politique.

III. 6. Que les commandements soient conformes à la légalité, et que les citoyens y soient obéissants avec discipline et sans contradiction ; que le magistrat réprime le citoyen indocile et malfaisant par l'amende, les chaînes et les verges, à moins que n'y fassent opposition un pouvoir égal ou supérieur, ou le peuple, auxquels on pourra en appeler[2].

Quand le magistrat aura prononcé et réclamé le jugement, la détermination de l'amende ou de la peine se fera par le peuple[3].

(1) Prologue de Charondas, 9 (Stobée, IV, 2, 24, p. 149 Hense) : « Il faut montrer un esprit bienveillant à l'égard des autorités en leur obéissant comme à des pères et en les vénérant... Il faut que les magistrats commandent les citoyens d'une manière juste, comme leurs propres enfants, faisant abstraction de haine, amitié ou colère. »

illum, quem probamus, ciuitatis statum. **5.** Magistratibus igitur opus est, sine quorum prudentia ac diligentia esse ciuitas non potest, quorumque descriptione omnis rei publicae moderatio continetur. Neque solum iis praescribendus est imperandi, sed etiam ciuibus obtemperandi modus. Nam et qui bene imperat, paruerit aliquando necesse est, et qui modeste paret, uidetur qui aliquando imperet dignus esse. Itaque oportet et eum qui paret sperare se aliquo tempore imperaturum, et illum qui imperat cogitare breui tempore sibi esse parendum. Nec uero solum ut obtemperent oboediantque magistratibus, sed etiam ut eos colant diligantque, praescribimus, ut Charondas in suis facit legibus. Noster uero Plato Titanum e genere *natos* statuit eos qui, ut illi caelestibus, sic hi aduers*ar*entur magistratibus. Quae cum ita sint, ad ipsas iam leges ueniamus, si placet.

Atticvs. — Mihi uero et istud et ordo iste rerum placet.

III, **6.** Marcvs. — Iusta imperia sunto, isque ciues modeste ac sine recusatione parento. Magistratus nec oboedientem et noxium ciuem multa uinculis uerberibusue coherceto, ni par maiorue potestas populusue prohibessit, ad quos prouocatio esto.

Cum magistratus iudicassit inrogassitue, per populum multae poenae certatio esto. Militiae ab eo qui imperabit

5 esse parendum : esset p. *ABH* || e genere AHG : egene B || natos *scripsi* || aduersarentur *scripsi* : aduersentur *codd.*

6 noxium G *edd.* : innoxium *ABH* || uerberibusue *H* : uerberibusne *AB* || maiorue *G* : maior uero *ABH*.

A l'armée, il n'y aura pas appel à l'encontre de celui qui exerce le commandement, et ce qu'aura commandé celui qui a direction de la guerre, que ce soit légal et valable.

Magistratures inférieures. Les magistrats inférieurs de droit limité seront plusieurs pour des fonctions diverses[1] : à l'armée, qu'ils commandent à ceux qu'ils auront reçu ordre de commander et que des tribuns soient à leur disposition[2] ; à l'intérieur, qu'ils gardent l'argent de l'État, surveillent les chaînes des coupables, procèdent aux sanctions capitales, marquent au nom de l'État le cuivre, l'argent et l'or ; jugent les conflits engagés et exécutent toute décision du sénat (1).

Magistratures supérieures. 7. Que les édiles soient administrateurs de la Ville, du ravitaillement et des jeux solennels, et que ce soit pour eux le premier échelon pour s'élever vers un accroissement d'honneurs[3]. Que les censeurs recensent dans le peuple les conditions d'âge, les descendants, l'ensemble des serviteurs et la fortune ; qu'ils veillent sur les temples de la ville, les routes, les eaux, le trésor, les impôts ; qu'ils séparent en tribus les éléments de la population, puis qu'ils distinguent les fortunes, les âges et les ordres ; qu'ils répartissent les jeunes classes entre cavaliers et piétons ; qu'ils empêchent qu'il y ait des célibataires ; qu'ils règlent les mœurs du peuple, ne laissent pas de scandale dans le sénat ; qu'ils soient deux et détiennent leur magistrature pendant cinq ans (les autres magistratures seront annuelles), et que leur pouvoir effectif soit toujours en vigueur[4].

8. Décisionnaire du droit pour juger les intérêts privés ou les faire juger sera le préteur[5] ; qu'il soit le gardien du droit civil; qu'il ait, investis d'un pouvoir égal, autant < de collègues > que l'aura décrété le sénat et ordonné le peuple. Qu'ils soient deux ayant le pouvoir royal, et parce qu'ils ont priorité, justice, conseil, qu'ils soient appelés : préteurs, juges, consuls ;

(1) Sont englobés dans ce paragraphe sous la dénomination de *minores magistratus*, outre les *legati* et *tribuni militum*, les *quaestores* chargés surtout de fonctions administratives et financières, les *tresuiri capitales*, chargés de la police, les *triumuiri A. A. A. F. F.* (auro argento aeri flando feriendo), chargés du contrôle des monnaies, les *decemuiri stlitibus diiudicandis*, juges en matière civile.

prouocatio nec esto, quodque is qui bellum geret imperassit, ius ratumque esto.

Minoris magistratus partiti iuris plures in ploera sunto. Militiae quibus iussi erunt imperanto eorumque tribuni sunto : domi pecuniam publicam custodiunto, uincula sontium seruanto, capitalia uindicanto, aes argentum aurumue publice signanto, litis contractas iudicanto quodcumque senatus creuerit, agunto.

7. Suntoque aediles curatores urbis annonae ludorumque sollemnium, ollisque ad honoris amplioris gradum is primus ascensus esto.

Censoris populi aeuitates suboles familias pecuniasque censento, urbis templa uias aquas aerarium uectigalia tuento, populique partis in tribus discribunto, exin pecunias aeuitates ordines partiunto, equitum peditumque prolem describunto, caelibes esse prohibento, mores populi regunto, probrum in senatu ne relinquonto. Bini sunto, magistratum quinquennium habento ; reliqui magistratus annui sunto ; eaque potestas semper esto.

8. Iuris disceptator, qui priuata iudicet iudicariue iubeat, praetor esto. Is iuris ciuilis custos esto. Huic potestate pari quo*t*cumque senatus creuerit populusue iusserit, tot sunto.

Regio imperio duo sunto, iique *a* praeeundo iudicando consulendo praetores iudices consules appellamino. Mili-

6 bellum geret *BH* : gerat *AG* || in ploera : imploera *AB* impera (in prelia) *H* || iussi erunt *G* : erant *ABH* || eorumque H^2G : eorum qui *ABH* || seruanto H^2G : speruanto *B* spernanto *AH* || quodcumque GH^2 : quod quodcumque *ABH* || senatus *G* : natus *AB omis. H* || agunto *G* a cuncto *ABH* argunto H^2.

7 primus *edd.* : prius *codd.* || urbis templa H^2G : urbista templa *ABH* || aerarium : errarium *H* || in tribus *BHG* : in quibus *A* || partiunto *G* : partisunto *ABH* || bini : binis *ABH*.

8 disceptator H^2 : discertator *ABH* disceptatio *G* || quotcumque *edd.* : quodcumque *codd.* || a praeeundo : a *omis. codd.* || appellamino BH^2 : appellanto *AHG*

qu'à l'armée ils aient un droit absolu, ne soient soumis à personne ; pour eux, le salut du peuple sera la loi suprême[1].

9. Que nul ne prenne la même magistrature s'il n'y a eu intervalle de dix ans ; qu'ils observent les conditions d'âge d'après la loi « d'annalité » (*Lex annalis*).

Mais s'il s'élève une guerre plus importante ou des luttes civiles assez graves, qu'un personnage égal en droit aux deux consuls prenne charge — pas pour plus de six mois — si le sénat l'a décrété ; et que, nommé sous des auspices de gauche, il soit le Maître du peuple ; et qu'il ait près de lui celui qui commandera la cavalerie, égal en droit à celui, quel qu'il soit, qui aura décision de justice ; qu'il n'y ait pas d'autres magistrats[2].

Magistrats et sénat.

Mais quand il n'y aura ni consuls ni Maître du peuple, les auspices appartiendront aux Pères : ils tireront de chez eux ceux qui auront pouvoir de créer régulièrement des consuls en comices (1).

Pour les commandements, pouvoirs et missions qu'aura décrétés le sénat et ordonnés le peuple, qu'ils sortent de la Ville, conduisent légalement les guerres légitimes, ménagent les alliés, se tiennent eux et les leurs avec modération, accroissent la gloire du peuple, rentrent dans leur maison avec honneur. Que nul ne soit chargé de mission en vue de ses intérêts privés[3].

Magistrats et peuple.

Que ceux que la plèbe aura créés pour elle, pour < se prémunir > contre la violence et en vue de lui porter aide, au nombre de dix, en soient les tribuns ; tout ce qu'ils auront empêché ou fait voter à la plèbe sera valable ; qu'ils soient sacrés et qu'on ne laisse pas la plèbe veuve de ses tribuns[4].

10. Tous les magistrats possèderont droit d'auspices et de justice, et le sénat se recrutera parmi eux ; ses décrets seront valables, et, s'il y est fait opposition d'un pouvoir égal ou supérieur, qu'on en garde le texte par écrit[5].

(1) En cas d'intérim, si par exemple on n'a pu procéder en temps utile aux élections, le sénat assure la continuité du pouvoir et de la religion et crée un *interroi* chargé de réunir les comices. C'est en qualité d'*interroi* que, pour sortir l'État d'une situation inextricable, le jurisconsulte Servius Sulpicius, en 52, avait créé Pompée consul sans collègue.

tiae summum ius habento, nemini parento. *Ollis* salus populi suprema lex esto.

9. **Eumdem magistratum, ni interfuerint decem anni, ne quis capito. Aeuitatem annali lege seruanto.**

Ast quando duellum grau*ioresue* discordiae ciuium escunt, oenus ne amplius sex menses, si senatus creuerit, idem iuris quod duo consules teneto, isque aue sinistra dictus populi magister esto. Equitatumque qui regat habeto pari iure cum eo quicumque erit iuris disceptator. Reliqui magistratus ne sunto.

Ast quando consules magisterue populi nec erunt, auspicia patrum sunto ollique ex se produnto qui comitiatu creare consules rite possit.

Imperia, potestates, legationes, cum senatus creuerit populusue iusserit ex urbe exeunto, duella iusta iuste gerunto, sociis parcunto, se et suos continento, populi [sui] gloriam augento, domum cum laude redeunto.

Rei suae ergo ne quis legatus esto.

Plebes quos pro se contra uim auxilii ergo decem creassit, [et] tribuni eius sunto, quodque ii prohibessint quodque plebem rogassint, ratum esto ; sanctique sunto, neue plebem orbam tribunis relinquunto.

10. **Omnes magistratus auspicium iudiciumque habento exque is senatus esto. Eius decreta rata sunto. Ast potestas par maiorue prohibessit, perscripta seruanto.**

8 ollis *Estienne* : oius *B* ius *AH* huius H^2G || populi *edd.* : populo *codd.*

9 lege H^1G : leges *ABH* || ast *HG* : a si *B* et *A* || grauioresue *Momsen* : gravius *codd.* || oenus *Lambin* : ones *codd.* || teneto : tenunto *codd.* || equitatumque qui *edd.* : aequitatem (equitatem) cumque qui AB (quicumque *HG*) || Reliqui — ne sunto : *hic locauit Mueller membrum quod in codicibus infra scriptum est, post* : auspicia patrum || Consules magisterue *Madvig* : consulis magistratusue *H* consulis est magistratusue *AB* || nec erunt *Halm* : nec runt *ABH* || possit *edd.* : possim *ABH* possint A^2H^2 || creuerit H^2 : creauerit *B* creauit *AHG* || sociis *AG* : socius *BH* || et suos *edd.* : et seruos (seruus *B*) *AHG* || sui *seclusi* || et *seclusi* || ii prohibessint H^2 : id *ABH*.

10 prohibessit *edd.* : prohibet se *ABH*.

Cet ordre sera sans défaut ; qu'il serve de modèle aux autres. Quand l'élection des magistrats, les jugements rendus par le peuple, les lois ou défenses feront l'objet d'un vote, les suffrages se feront à la connaissance des nobles, librement pour la plèbe [1].

IV. S'il est besoin d'assurer l'administration de quelque charge en dehors des magistrats réguliers, que le peuple crée celui qui administrera l'affaire et lui confère droit de l'administrer. Le consul, le préteur, le Maître de cavalerie et celui que nomment les Pères en vue de faire élire des consuls (interroi) auront le droit de traiter directement avec le peuple et les Pères ; les tribuns que la plèbe se sera donnés auront le droit de traiter directement avec les Pères ; ils soumettront également à la plèbe ce qui sera utile.

Que tout ce qui est débattu devant le peuple ou devant les Pères le soit avec mesure.

11. Le sénateur qui sera absent devra s'excuser ou se trouvera en faute ; que le sénateur parle à son rang et avec mesure ; qu'il connaisse les affaires du peuple.

Que la violence ne soit pas employée auprès du peuple. Qu'un pouvoir égal ou supérieur ait la prépondérance. Pour tout désordre qui se produira au cours d'un débat, la faute en soit à l'auteur du débat. Que le citoyen patriote se porte opposant à une mesure funeste [2].

Que ceux qui conduisent un débat observent les auspices, obéissent à l'augure de l'État, conservent dans le trésor les projets qui auront été au préalable publiés et affichés, et ne mettent à chaque fois qu'une seule question en cause ; qu'ils instruisent le peuple de l'affaire et le laissent instruire par les magistrats et les non-magistrats.

Que l'on ne porte pas de lois de caractère personnel ; s'il s'agit de la tête d'un citoyen, il ne peut être prononcé que dans le grand Comice, composé de ceux que les censeurs ont répartis par classes (centuries) [3].

Devoirs des magistrats.

Qu'on ne reçoive ni donne de présents pour une charge que l'on demande, qu'on remplit ou qu'on a remplie. Qui aura transgressé l'une de ces choses, la peine soit égale au délit.

Que les censeurs gardent l'authenticité des lois ; que les < anciens magistrats, redevenus > particuliers leur rendent compte de leurs actes, sans pour autant s'en trouver dégagés de la loi.

Is ordo uitio uacato, ceteris specimen esto.

Creatio magistratuum, iudicia populi, iussa uetita cum suffrag*iis* consciscentur, *ea* optumatibus nota, plebi libera sunto.

IV. Ast quid erit quod extra magistratus coerari oesus sit, qui coeret, populus creato eique ius coerandi dato.

Cum populo patribusque agendi ius esto consuli, praetori, magistro populi equitumque, eique quem patres produnt consulum rogandorum ergo ; tribunisque quos sibi plebes *cre*assit ius esto cum patribus agendi ; idem ad plebem, quod oesus erit, ferunto.

Quae cum populo quaeque in patribus agentur, modica sunto.

11. Senatori qui nec aderit, aut causa aut culpa esto. Loco senator et modo orato, causas populi teneto.

Vis in populo abesto. Par maiorue potestas plus ualeto. Ast quid turbassitur in agendo, fraus actoris esto. Intercessor rei malae salutaris ciuis esto.

Qui agent, auspicia seruanto, auguri publico parento, promulgata proposita in aerario co*nd*ita *ha*b*e*nto ; nec plus quam de singulis rebus semel consulunto, rem populum docento, doceri a magistratibus priuatisque patiunto.

Priuilegia ne inroganto. De capite ciuis nisi per maximum comitiatum ollosque quos censores in partibus populi locassint, ne ferunto.

Donum ne capiunto neue danto neue petenda neue gerenda neue gesta potestate. Quod quis earum rerum migrassit, noxiae poena par esto.

10 specimen *A²G* : speciem *ABH* || suffragiis consciscentur, ea *scripsi* : suffragio eos cincentur (cingentur H) AB || ast quid *edd.* : aut quid *BHG* ut quid *A* || coerari oesus *edd.* : coherario (quo herario) esus *ABH* || eique G : ei qui *ABH* || plebs G : PL *BH* PRL *A* || creassit *Bake* : rogassit *codd*, || agentur : agetur *ABH*.

11 uis *ABG* : ius *H* || abesto *G* : adesto *ABH* || maiorue H² : :maiorque ABHG || actoris *edd.* : auctoris *codd.* || rei malae : re in malae *B* (male *AH* mala *G*) || condita habento *Turnèbe* : cognita agunto || locassint *BHG* : locarint A² || poena *edd.* : poenae *codd.*

Lecture a été donnée de la loi. Je vais vous dire de vous ranger et vous ferai distribuer des tablettes.

Réflexions sur le caractère des lois politiques.

V. **12.** Quintus. — Comme tu as su, mon frère, en peu de mots nous placer sous les yeux le tableau de toutes les magistratures ! Mais c'est à peu près celui qui existe dans notre État, encore que tu aies introduit quelques innovations.

Marcus. — Ta remarque est très juste, Quintus ; car c'est là cette constitution modérée vantée par Scipion dans mon livre, et à laquelle il accorde de beaucoup la préférence ; constitution qui n'aurait pu se réaliser avec une organisation de magistratures qui eut été différente[1]. Car retenez bien que ce qui fait l'État, ce sont les magistratures et les pouvoirs dirigeants, et c'est d'après leurs rapport respectifs que l'on saisit clairement quelle est la nature de chaque état.

Et puisque cet État s'est trouvé constitué par nos ancêtres de la manière la plus sage et la mieux modérée, je n'ai rien eu de neuf — du moins je n'en ai guère eu — que j'aie cru devoir introduire dans nos lois.

13. Atticus. — Eh bien donc, comme tu l'as fait sur mon avis et à ma demande dans la loi relative aux affaires religieuses, tu vas, au sujet des magistratures, nous développer les raisons qui font que cette organisation est celle qui te convient le mieux.

Marcus. — Je procéderai comme tu le désires, Atticus : je vous exposerai < d'abord > le sujet complet, tel qu'il a été étudié et développé par les plus grands savants de la Grèce, puis conformément au plan posé dès le début, j'en viendrai à l'étude de notre droit.

13. Atticus. — C'est tout à fait le genre d'exposé que j'attends.

Censoris fidem legum custodiunto. Priuati ad eos acta referunto, nec eo magis lege liberi sunto.

Lex recitata est : discedere et tabellam iubebo dari.

V. 12. QVINTVS. — Quam breui frater in conspectu posita est a te omnium magistratuum descriptio, sed ea paene nostrae ciuitatis, etsi a te paulum adlatum est noui.

MARCVS. — Rectissime, Quinte, animaduertis. Haec est enim, quam Scipio laudat in *illis* libris et quam maxime probat, temperatio rei publicae, quae effici non potuisset, nisi tali descriptione magistratuum. Nam sic habetote, magistratibus iisque qui praesint contineri rem publicam, et ex eorum compositione, quod cuiusque rei publicae genus sit, intellegi. Quae res cum sapientissime moderatissimeque constituta esset a maioribus nostris, nihil habui sane *aut* non multum, quod putarem nouandum in legibus.

13. ATTICVS. — Reddes igitur nobis, ut in religionis lege fecisti admonitu et rogatu meo, sic de magistratibus, ut disputes quibus de causis maxime placeat ista descriptio.

MARCVS. — Faciam, Attice, ut uis, et locum istum totum, ut a doctissimis Graeciae quaesitum et disputatum est, explicabo, et, ut institui, nostra iura attingam.

ATTICVS. — Istud maxime exspecto disserendi genus.

11 legum *Madvig* : legem *codd.* || priuati :priuata *AG*.

12 in illis *edd.* : illis *omis. codd* || temperatio *scripsi* : temperationem *codd.* || cuiusque rei publicae *edd.* : eiusque in rep (R. P.) *codd.* || *post* nostris nihil *deficit H*.

Marcus. — Pourtant, il en a déjà été dit beaucoup de choses dans nos livres précédents, et il nous fallait le faire, quand nous cherchions la forme la meilleure de constitution : mais sur cette question des magistratures, des études précises et plus approfondies ont été conduites d'abord par Théophraste, puis par le stoïcien Dion [1].

VI. 14. Atticus. — Comment ? les stoïciens aussi se sont occupés en détail de ces choses ?

Marcus. — Pas beaucoup, si ce n'est celui que je viens de citer et, plus tard, un homme de grande valeur et d'une érudition supérieure, Panaetius (1). Car les anciens traitaient des questions d'état d'une façon purement théorique, avec ingéniosité sans doute, mais sans penser à des applications actuelles de caractère politique ou civil. Ces études découlèrent surtout de l'Académie sous l'impulsion donnée par Platon ; puis Aristote, en l'examinant, mit en lumière toute cette question de l'organisation de la cité, ainsi qu'Héraclide du Pont, qui lui aussi se rattache à Platon. Mais c'est Théophraste, formé par Aristote, qui s'est complu, comme vous le savez, dans ce genre d'études, et Dicéarque, également instruit par Aristote, ne s'est désintéressé ni de ces théories ni de ces recherches [2]. Plus tard, à la suite de Théophraste, Démétrius de Phalère, que j'ai déjà mentionné précédemment, a réalisé ce miracle de faire sortir la science du refuge ombragé des experts, où elle se tenait inutilisée, pour la mener non pas au soleil et à la poussière de l'arène, mais aux risques mêmes de la bataille. Car nous pourrions en rappeler beaucoup qui, avec une formation scientifique médiocre, furent de grands hommes d'état, et des personnages très savants qui ne furent guère versés dans les affaires politiques ; mais un homme éminent sous les deux rapports, capable d'être le

(1) Panaetius de Rhodes, contemporain de Polybe, ami de Scipion-Emilien, contribua beaucoup à la diffusion du stoïcisme dans les milieux romains, au IIe s. Voir Introduction, p. XXVI.

MARCVS. — Atqui pleraque sunt dicta in illis libris, quod faciendum fuit, quom de optuma re publica quaereretur. Sed huius loci de magistratibus sunt propria quaedam, a Theophrasto primum, deinde à Dione Stoico quaesita subtilius.

VI. 14. ATTICVS. — Ain tandem ? Etiam a Stoicis ista tractata sunt ?

MARCVS. — Non sane, nisi ab eo quem modo nominaui et postea a magno homine et in primis erudito, Panaetio. Nam ueteres uerbo tenus acute illi quidem, sed non ad hunc usum popularem atque ciuilem, de re publica disserebant. Ab Ac*ade*mia magis ista manarunt Platone principe. Post Aristoteles inlustrauit omnem hunc ciuilem in disputando locum Heraclidesque Ponticus, profectus ab eodem Platone. Theophrastus uero institutus ab Aristotele habitauit, ut scitis, in eo genere rerum, ab eodemque Aristotele doctus Dicaearchus huic rationi studioque non defuit. Post a Theophrasto Phalereus ille Demetrius, de quo feci supra mentionem, mirabiliter doctrinam ex umbraculis eruditorum otioque non modo in solem atque in puluerem, sed in ipsum discrimen aciemque produxit. Nam et mediocriter doctos magnos in re publica uiros, et doctissimos homines non nimis in re publica uersatos, multos commemorare possumus : qui uero utraque re excelleret, ut et doctrinae studiis et

14 ain *G*: anin *A* an in *B* || ab Academia *Haupt*: ab hac familia (hanc familia) *codd.* || feci supra *AG*: fecisti *B* || otioque *G*: odioque *AB* quae hodieque A^2 || non nimis *G* : non minus *AB* .

premier à la fois par sa culture scientifique et par son talent de diriger l'État, en dehors de Démétrius, qui pourrait-on facilement citer ?

ATTICUS. — Je crois que ce serait possible, et même que ce serait un de nous trois. Mais continue, comme tu avais commencé.

Équilibre des pouvoirs.

VII. 15. MARCUS. — La question s'est posée à ces auteurs de savoir s'il y aurait dans la cité un magistrat unique auquel tous les autres obéiraient : solution qui, je le vois, aurait plu à nos ancêtres, après l'expulsion des rois. Mais comme le pouvoir royal, naguère en faveur, avait depuis été rejeté, non pas tant pour les défauts de la royauté que pour ceux d'un roi, on n'aura, semble-t-il, rejeté du roi que le nom, et la chose demeurera, si un chef unique commande aux autres magistrats.

16. Aussi n'est-ce pas sans raison qu'à Lacédémone Théopompe opposa les éphores aux rois, et que, chez nous, on opposa les tribuns aux consuls [1]. Car le consul a bien le droit parfaitement établi que tous les autres magistrats lui soient soumis — excepté le tribun, qui, plus tard, apparut pour empêcher que se reproduisit ce qui avait eu lieu. C'est là ce qui a d'abord réduit l'étendue du droit des consuls, le fait que soit apparu quelqu'un qui n'était pas tenu par ce droit ; ensuite, qu'il pût porter appui non seulement aux autres magistrats, mais encore à des particuliers ne voulant pas se soumettre au consul [2].

17. QUINTUS. — C'est là un grand mal, dont tu nous parles : car, avec la naissance d'un tel pouvoir, l'autorité des grands est tombée, et la force des masses a pris de la vigueur.

MARCUS. — Non, Quintus, ce n'est pas exact. Car non seulement il était fatal que le pouvoir des consuls parût aux yeux du peuple avoir quelque chose de trop altier et

regenda ciuitate princeps esset, quis facile praeter hunc inueniri potest ?

ATTICVS. — Puto posse, et quidem aliquem de tribus nobis. Sed perge, ut coeperas.

VII. **15.** MARCVS. — Quaesitum igitur ab illis est, placeret*ne* unum in ciuitate esse magistratum, cui reliqui pa*r*erent. Quod exactis regibus intellego placuisse nostris maioribus. Sed quoniam regale ciuitatis genus, probatum quondam, postea non tam regni quam regis uitiis repudiatum est, nomen tantum uidebitur regis repudiatum, res manebit, si unus omnibus reliquis magistratibus imperabit. **16.** Quare nec ephori Lacedaemone sine causa a Theopompo oppositi regibus, nec apud nos consulibus tribuni. Nam illud quidem ipsum, quod in iure positum est, habet consul, ut ei reliqui magistratus omnes pareant, excepto tribuno, qui post exstitit, ne id quod fuer*a*t, esset. Hoc enim primum minuit consulare ius, quod exstitit ipse qui eo non teneretur, deinde quod attulit auxilium reliquis non modo magistratibus, sed etiam priuatis consuli non parentibus.

17. QVINTVS. — Magnum dicis malum. Nam ista potestate nata grauitas optimatium cecidit, conualuitque uis multitudinis.

MARCVS. — Non est, Quinte, ita. Non ius enim illud solum superbius populo et uiolentius uideri

15 placeretne *G*: placeret *AB* || parerent *edd.*: placerent *AB* || regis A^2 : regnis *AB*.

16 a Theopompo *AG*: at haec pompo *B* || fuerat *edd.*: fuerit *codd.* || reliquis A^2G : relium (relicim) reliquis *AB*.

de trop violent — on y a par la suite apporté une sage modération — < mais encore (1)...................

....

Missions sénatoriales.

VIII. **18.** « Qu'ils rentrent dans leur maison avec honneur. » Il n'est rien en effet, hormis l'honneur, que des gouverneurs vertueux et intègres puissent rapporter de chez l'ennemi ou de chez les alliés. Mais il n'est à coup sûr rien de plus scandaleux que de voir quelqu'un envoyé en mission pour d'autre intérêt que celui de l'État[1]. Je ne veux pas décrire comment se conduisent ou se sont conduits ceux qui, sous le couvert d'une mission, poursuivent le recouvrement de leurs héritages ou de leurs créances ; c'est peut-être un défaut attaché aux hommes ; mais je vous le demande, qu'y a-t-il qui soit plus scandaleux dans sa substance même qu'un sénateur envoyé en mission sans activité définie, sans instructions, sans aucune charge concernant l'État ? C'est un genre de mission qui s'adaptait bien, semble-t-il, aux convenances du sénat ; pourtant, quand j'étais consul, avec l'approbation d'une majorité très nombreuse, j'aurais pu l'abolir si un méprisable tribun ne m'avait fait opposition[2]. J'en ai du moins réduit l'étendue, et j'ai fixé à une année la limite d'un abus qui se prolongeait indéfiniment. Ainsi le scandale subsiste, mais la durée a été réduite. Maintenant, si vous y consentez, quittons les provinces et revenons dans la Ville.

Atticus. — Nous ? nous voulons bien, mais cela n'agrée pas du tout à ceux qui sont dans les provinces (2).

(1) Manque ici l'explication de plusieurs paragraphes très importants sur le pouvoir des consuls, la dictature, les vacances et interrègnes du pouvoir, l'activité exécutive et militaire des consuls ou préteurs et le gouvernement des provinces (cf. *Fragment*, III).

(2) Allusion ironique, visant peut-être César qui s'obstinait à garder son proconsulat des Gaules.

necesse erat. Quo posteaquam modica et sapiens temperatio accessit, † conuertem lex in omnis est.

....

VIII. **18.** « Domum cum laude redeunto. » Nihil enim praeter laudem bonis atque innocentibus neque ex hostibus neque a sociis reportandum.

Iam illud apertum est profecto, nihil esse turpius quam [est] quemquam legari nisi rei publicae causa. Omitto quem ad modum isti se gerant atque gesserint, qui legatione hereditates aut syngraphas suas persequuntur. In hominibus est hoc fortasse uitium. Sed quaero quid reapse sit turpius, quam sine procuratione senator legatus, sine mandatis, sine ullo rei publicae munere ? Quod quidem genus legationis ego consul, quamquam ad commodum senatus pertinere uidebatur, tamen adprobante senatu frequentissimo, nisi mihi leuis tribunus plebis tum intercessisset, sustulissem. Minui tamen tempus, et quod erat infinitum, annuum feci. Ita turpitudo manet, diuturnitate sublata.

Sed iam si placet de prouinciis decedatur, in Vrbemque redeatur.

Atticvs. — Nobis uero placet, sed iis qui in prouinciis sunt, minime placet.

17 *ad fin. Plura capitula desunt interitu foliorum archetypi codicis, Vahlen*, p. 179.

18 cum laude redeunto : cum laudem pede uno *AB* (repedandum *G*) || est *codd.* : *seclus. edd.* || reapse *edd.* : re ab se *B* re hac *AG* || procuratione *edd.* : procuratore *codd.* || uidebatur *edd.* : uideatur *ABG* || leuis *BG* : leius *A* leuissimus *edd.* || sublata : sublatus *B*.

19. Marcus. — Pourtant, Titus, s'ils obéissent à nos lois, ils ne connaîtront rien qui leur soit plus doux que la Ville et que leur foyer, rien de plus pénible et de plus écrasant qu'un gouvernement en province.

Le pouvoir des tribuns de la plèbe.

Mais vient ensuite la loi qui sanctionne le pouvoir des tribuns de la plèbe, tel qu'il existe dans notre État : sujet sur lequel il est tout à fait inutile de s'étendre.

Quintus. — Mais au contraire, mon frère ; je veux savoir quel est ton sentiment sur ce pouvoir. Pour moi, il me semble désastreux, comme devait l'être un pouvoir né dans la révolution pour la révolution et dont, si nous voulons nous rappeler l'origine première, c'est au milieu des guerres civiles, quand étaient occupés ou bloqués les quartiers de la ville, que nous le voyons venir au monde [1]. Puis après qu'on l'eût bien vite fait mourir comme un enfant d'une difformité manifeste est mis à mort en vertu de la loi des XII Tables, peu de temps après, ressuscité sans qu'on sache comment, on l'a vu renaître encore plus monstrueux et répugnant < qu'avant >.

IX. Quel mal n'a-t-il pas fait ? D'abord, comme il convenait à un être impie, il a arraché aux Pères tout leur prestige : en élevant au niveau des choses les plus hautes celles qui étaient les plus basses, il a tout égalé, brouillé, confondu ; et après avoir abattu la dignité des grands, il n'a jamais pu quand même se tenir en repos. **20.** Car, pour ne pas rappeler Caius Flaminius et ces événements qui nous paraissent maintenant trop lointains à cause de leur date ancienne [2], quel droit a laissé aux gens de bien le tribunat de Tibérius Gracchus ? Encore est-il que cinq ans auparavant un homme de la plus basse condition et de caractère abject, un tribun de la plèbe, C. Curiatius avait

19. Marcvs. — At uero, Tite, si pareb*unt* his legibus, nihil erit iis Vrbe, nihil domo sua dulcius, nec laboriosius molestiusque prouincia.

Sed sequitur lex, quae sancit eam tribunorum plebis potestatem, quae *est* in re publica nostra. De qua disseri nihil necesse est.

Qvintvs. — At mehercule ego, frater, quaero, de ista potestate quid sentias. Nam mihi quidem pestifera uidetur, quippe quae in seditione et ad seditionem nata sit. Cuius primum ortum, si recordari uolumus, inter arma ciuium et occupatis et obsessis Vrbis locis procreatum uidemus. Deinde, quom esset cito *n*ecatus tamquam ex XII tabulis insignis ad deformitatem puer, breui tempore nescio quo pacto recreatus multoque taetrior et foedior *re*natus est.

IX. Qu*id* enim ille non edidit ? Qui primum, ut impio dignum fuit, patribus omnem honorem eripuit, omnia infima summis paria fecit, turbauit, miscuit. Cum adflixisset principum grauitatem, numquam tamen conquieuit. **20.** *N*a*m*que, ut C. Flaminium atque ea, quae iam prisca uidentur propter uetustatem, relinquam, quid iuris bonis uiris *T*iberi Gracchi tribunatus reliquit ? Etsi quinquennio ante Decimum Brutum et P. Scipionem consules — quos et quantos

19 parebunt *edd.* : parebant *B* pareant *AG* || quae <est> *Turnèbe* || uidemus *G* : uidimus *AB* || necatus *edd.* : legatus *codd.* || renatus *edd.* : natus *codd.* || quid enim *Madvig* : quem enim *codd.*

20 namque *edd.* : anque *AB* atque *G* || C. Flaminium : cum Flaminius *AB* || Tiberi : liberi *codd.*

fait jeter dans les fers les consuls Décimus Brutus et Publius Scipion — de tels citoyens et de si grande valeur ! — chose qu'on n'avait jamais faite auparavant[1]. Quant au tribunat de Caïus Gracchus, avec ces poignards qu'il avait, disait-il lui-même jetés sur le forum pour que les citoyens pussent s'entre-égorger, n'a-t-il pas bouleversé tout l'équilibre de l'État[2] ? Que dirais-je de Saturninus, de Sulpicius et des autres[3] ? L'État n'a pas pu les repousser de lui sans employer le fer.

21. Mais à quoi bon citer des exemples anciens ou étrangers plutôt que ceux-là mêmes qui nous touchent directement et qui sont tout récents ? Y eut-il jamais, dis-je, individu si hardi, si monté contre nous, qui eût la pensée qu'il pourrait ébranler notre situation sans avoir au préalable aiguisé contre nous le poignard d'un tribun ? Et comme des gens criminels et perdus ne pouvaient le trouver, ce tribun, dans aucune maison, dans aucune lignée, ils eurent l'idée de profiter des ténèbres où se trouvait l'État pour brouiller les lignées. C'est pour nous certes un éloge exceptionnel et qui comptera pour la gloire immortelle de notre mémoire, que l'on n'ait pas pu contre nous, à aucun prix, trouver un seul tribun, si ce n'est celui-là précisément, l'homme qui n'avait pas le droit d'être tribun ! **22.** Mais lui, quels désastres n'a-t-il pas causés ? Ceux assurément que l'on devait attendre de la rage furieuse dénuée de raison et de tout noble espoir, d'une bête immonde embrasée elle-même de toutes les rages de la multitude[4] !

Voilà la raison pour laquelle, sur ce point du moins, j'approuve vivement Sylla qui, en enlevant aux tribuns de la plèbe par une de ses lois le pouvoir de commettre l'injustice, leur a laissé le droit de porter secours ; et,

(1) Le tribunat, supprimé en fait par Sulla, fut rétabli mais dans des conditions précaires par une loi de Cotta en 75 et restauré dans son intégrité par Pompée en 70.

uiros ! — homo omnium infimus et sordidissimus tribunus plebis C. Curiatius in uincula coniecit, quod ante factum non erat. C. uero Gracchi *tribunatus* sicis quas ipse se proiecisse in forum dixit, quibus digladiarentur inter se ciues, nonne omnem rei publicae statum perturbauit ? Quid iam de Saturnino, Sulpicio, reliquis dicam ? Quos ne depellere quidem a se sine ferro potuit res publica. **21.** Cur autem aut uetera aut aliena proferam potius quam et nostra et recentia ? Quis, *in*quam, tam audax, tam nobis inimicus fuisset, ut cogitaret umquam de statu nostro labefactando, nisi mucronem aliquem tribunicium exacuisset in nos ? Quem quom homines scelerati ac perditi non modo ulla in domo, sed nulla in gente reperirent, gentes sibi in tenebris rei publicae perturbandas putauerunt. Quod nobis quidem egregium et ad inmortalitatem memoriae gloriosum, neminem in nos mercede ulla tribunum potuisse reperiri, nisi cui nec esse quidem licuisset tribuno. **22.** Sed ille quas strages edidit ! Eas uidelicet quas sine ratione ac sine ulla spe bona fu*ror* edere potuit impurae beluae, multorum inflammatus furoribus. Quam ob rem in ista quidem re uehementer Sullam probo, qui tribunis plebis sua lege iniuriae faciendae potestatem ademerit, auxilii

20 tribunatus *Halm* : ruinis et iis sicis (et inscitiis A) *AB* || proiecisse *G* : -iecisset *AB* || perturbauit *Oxoniensis* : permutauit *ABG* || Saturnino, Sulpicio *edd.* : Saturnini supplicio *codd.*

21 inquam *scripsi* : unquam *codd.* || fuisset ut : f. et ut A || nec esse *G* : necesse *AB* || tribuno : tribu nos B.

22 furor edere *edd.* : futura reddere *ABG* || impurae beluae *A* : impura euelbe *B* || auxilii A : auxilium A^2BG.

pour tous les autres points, j'exalte toujours notre ami Pompée avec les plus grands éloges, mais quand il s'agit du pouvoir des tribuns, je me tais. Je n'aimerais pas en effet le blâmer, et je ne puis le louer.

X. **23.** MARCUS. — Tu vois fort bien, Quintus, les défauts du tribunat. Mais il est injuste lorsqu'on fait la critique d'une chose, de passer sous silence les avantages pour se livrer à l'énumération des inconvénients et ne choisir que les torts. Car, avec cette méthode, même le consulat peut être critiqué, si tu rassembles les fautes de consuls, que je n'ai aucun vouloir de citer. Il y a, j'en conviens, un mal inhérent à ce pouvoir même ; mais, sans ce mal, nous ne saurions avoir le bien que l'on a voulu atteindre grâce à ce pouvoir. — « Le pouvoir des tribuns est excessif. » — Qui dit le contraire ? Mais la force populaire est encore beaucoup plus sauvage et beaucoup plus violente, elle qui, lorsqu'elle possède à sa tête un chef, se montre parfois plus accessible au calme que si elle n'en avait pas [1]. Le chef en effet réfléchit qu'il s'avance à ses risques personnels ; l'élan du peuple, lui, ne calcule pas ses risques. — « Mais il arrive quelquefois qu'on l'enflamme ! » — Et souvent aussi, on l'apaise ! **24.** Y a-t-il un groupe si désespéré où l'on ne puisse, sur dix personnes, en trouver une seule qui ait des sentiments raisonnables ? Quand, même à l'encontre de Tibérius Gracchus, un tribun, pourtant évincé et déchu de sa charge, ne manqua pas d'exercer son opposition ? Or, qui l'a jeté à bas si ce n'est le fait qu'il avait voulu annihiler le pouvoir d'un collègue opposant (1) ?

(1) Tiberius Gracchus, passant outre à l'opposition de M. Octauius, était sorti de la légalité : *Brutus*, 95 : « iniuria accepta fregit Ti. Gracchum patientia... ciuis in rebus optimis constantissimus M. Octauius ». Même structure d'idée, mais appliquée à l'institution consulaire, dans *post redit. ad Senatum*. 9 : « audieram... non saepe unum consulem improbum, duo uero numquam... fuisse ».

ferendi reliquerit, Pompeiumque nostrum ceteris rebus omnibus semper amplissimis summisque effero laudibus, de tribunicia potestate taceo. Nec enim reprehendere libet, nec laudare possum.

X. **23.** MARCVS. — Vitia quidem tribunatus praeclare, Quinte, perspicis, sed est iniqua in omni re accusanda praetermissis bonis malorum enumeratio uitiorumque selectio. Nam isto quidem modo uel consulatus uituper*ari* potest, si consulum, quos enumerare nolo, peccata collegeris. Ego enim fateor in ista ipsa potestate inesse quiddam mali, sed bonum, quod est quaesitum in ea, sine isto malo non haberemus. « Nimia potestas est tribunorum plebis. » Quis negat ? Sed uis populi multo saeuior multoque uehementior, quae, ducem quom habet, interdum lenior est, quam si nullum haberet. Dux enim suo *se* periculo progredi cogitat, populi impetus periculi rationem sui non habet. « At aliquando incenditur. » Et quidem saepe sedatur. **24.** Quod enim est tam desperatum collegium, in quo nemo e decem sana mente sit ? Qu*om* in ipsum Ti. Gracchum non solum *eui*ctus, sed etiam sublatus intercessor *non de*fueri*t* Quid enim illum aliud perculit, nisi quod potestatem intercedent*i* collegae abrogauit ? Sed tu sapientiam maiorum in illo uide : concessa plebei a patribus ista potestate, arma

23 uituperari potest : uitupera(bilis) est *AG* uitapetest *B* || quom habet *Halm* : quod h. *ABG* || nullum *G* : nullam *AB* || se *omis AB*.

24 quom in *scripsi* : quin *codd.* || euictus *scripsi* : nectus *AB* uetitus *G* || non defuerit *scripsi* : fuerat *codd.* || illum *G* : illud *AB* || intercedenti *Madvig* : intercedendi *ABG* || maiorum in illo *edd.* : maior in nihilo *AB* || plebei a patribus ista potestate *edd.* : plebe ista potestas

Remarque en ce point la sagesse de nos accêtres : une fois ce pouvoir accordé par les Pères à la plèbe, les armes sont tombées ; la révolte a été éteinte ; on a trouvé un compromis grâce auquel les humbles ont eu le sentiment qu'ils étaient les égaux des puissants — et c'est là tout ce qui a fait le salut de l'État.

« Mais il y a eu les deux Gracques. » — Oui, mais en dehors d'eux (bien que tu puisses en compter beaucoup, puisqu'on les nommait par dix) tu n'en trouveras pas à aucune époque de l'histoire qui aient été vraiment funestes. Des tribuns méprisables ? — Oui. — Qui n'étaient pas du parti des gens de bien ? — Peut-être un certain nombre. — Mais si l'ordre suprême de l'État ne soulève pas la haine, la plèbe pour son propre compte ne provoque pas de conflits dangereux. **25.** C'est pourquoi, ou bien il ne fallait pas chasser les rois, ou bien il fallait donner la liberté au peuple, réellement, et non pas en paroles. On la lui a donnée mais dans des conditions telles que, grâce à de nombreuses et excellentes mesures, elle devait être amenée à céder devant l'autorité des grands.

XI. Notre cause, mon frère très bon et très aimé, s'est heurtée au pouvoir d'un tribun, mais nous ne sommes pas entrés en lutte avec le tribunat. D'ailleurs ce n'était pas la plèbe excitée qui avait pris en haine ma situation ; mais on a rompu les chaînes des prisonniers, on a soulevé des troupes d'esclaves et on y a ajouté la terreur de l'armée. Nous avions non seulement à nous débattre avec un tel fléau, mais encore avec des circonstances extrêmement critiques pour l'État et si nous n'avions cédé devant elles, la patrie n'aurait pas profité longtemps du fruit de mes services.

Et la suite des événements l'a prouvé : y a-t-il eu, je ne dis pas un homme libre, mais un esclave digne de la liberté, qui n'ait souhaité notre salut ?

26. Que si les mesures que nous avons prises en vue du

ceciderunt, restincta seditio est, inuentum est temperamentum, quo tenuiores cum principibus aequari se putarent, in quo uno fuit ciuitatis salus. « At duo Gracchi fuerunt. » Et praeter eos, quamuis enumeres multos licet, cum deni crearentur, nullos in omni memoria reperies perniciosos tribunos ; leues ? etiam ; non bonos ? fortasse plures. *Si* inuidia quidem summus ordo caret, plebes de suo iure periculosas contentiones nullas facit. **25.** Quam ob rem aut exigendi reges non fuerunt, aut plebi re, non uerbo, danda libertas. Quae tamen sic data est, ut multis *institutis* praeclarissimis adduceretur, ut auctoritati principum cederet.

XI. Nostra autem causa quae, optume et dulcissume frater, incidit in tribuniciam potestatem, nihil habuit contentionis cum tribunatu. Non enim plebes incitata nostris rebus inuidit, sed uincula soluta sunt et seruitia *co*ncitata, adiuncto terrore etiam militari. Neque nobis cum illa tum peste certamen fuit, sed cum grauissimo rei publicae tempore, cui *ni* cessissem, non diuturnum beneficii mei patria fructum tulisset. Atque hoc rerum exitus indicauit : quis enim non modo liber, sed etiam seruus libertate dignus fuit, cui nostra salus cara non esset ? **26.** Quodsi is casus

B p. ista patribus ista potestas *A* potestate *G* || putarent *edd.* : putarint *AB* || deni crearentur *G* : dent creantur *AB* || nullos *A* : nullus *B* nonnullos *edd.* || si invidia *scripsi.*

25 institutis *add. Vahlen* || adduceretur *edd.* : addiceretur *ABG* || incidit *G* : incedit *A* incendit *B* || concitata *edd.* : incitata *codd.* || ni *Vahlen* : si non *G* non *om. AB* || hoc rerum *edd.* : hoc rei G haec rej *A* rei *B* || sed etiam G : *omis. AB.*

salut de l'État n'avaient pas eu pour effet de me valoir la reconnaissance de tous ; si c'était la haine enflammée de la multitude en fureur qui nous eût exilés ; si la violence des tribuns avait soulevé le peuple contre moi, comme Gracchus le souleva contre Laenas ou Saturninus contre Métellus [1] ; nous supporterions cette épreuve, ô mon frère Quintus, et ce qui nous consolerait, ce ne seraient pas tant les philosophes qui ont vécu à Athènes et qui nous en font un devoir, que les grands hommes qui, exilés de cette ville, ont mieux aimé se priver de leur pays ingrat que de rester dans un pays hostile [2].

Quant à Pompée, à qui sur ce seul point tu refuses ton approbation entière, tu ne me sembles pas assez tenir compte qu'il devait voir non pas seulement ce qu'il y avait de mieux, mais encore ce que la nécessité lui imposait de faire. Il a bien compris qu'on ne pouvait toujours ajourner dans ce pays le rétablissement de ce pouvoir, d'autant que, s'agissant d'un droit que notre peuple avait si instamment réclamé quand il n'en avait pas encore fait l'expérience, comment pourrait-il s'en passer, après l'avoir connu ? Mais il appartenait à un citoyen sage de ne pas laisser aux mains d'un dangereux citoyen une cause qui n'avait en soi rien de mauvais et qui était devenue trop populaire pour que l'on pût y faire opposition.

Tu sais, mon frère, que dans des entretiens comme celui-ci, on a l'habitude, pour faciliter le passage à un autre sujet, de répondre : « Très bien » ou « Tout à fait exact. »

QUINTUS. — Je ne suis pas du tout de ton avis ; pourtant, je voudrais que tu poursuives.

MARCUS. — Alors tu résistes, et tu t'en tiens à ton opinion ancienne.

ATTICUS. — Et moi, par Hercule, je ne suis pas bien éloigné de partager l'opinion de Quintus ; mais écoutons le reste.

fuisset rerum, quas pro salute rei publicae gessimus, ut non omnibus gratus esse*m*, et si nos multitudinis furentis inflammata inuidia pepulisset tribuniciaque uis in me populum, sicut Gracchus in Laenatem, Saturninus in Metellum incitasset, *id* ferremus, o Quinte frater, consolarenturque nos non tam philosophi qui Athenis fuerunt (qui hoc facere *iu*bent), quam clarissimi uiri qui, illa urbe pulsi, carere ingrata ciuitate quam manere in improba maluerunt. Pompeium uero quod una ista in re non ita ualde probas, uix satis mihi illud uideris attendere non solum ei quid esset optimum uidendum fuisse, sed etiam quid necessarium. Sensit enim deberi non posse huic ciuitati illam potestatem : quippe quam tanto opere populus noster ignotam expetisset, qui posset carere cognita ? Sapientis autem ciuis fuit, causam nec perniciosam et ita popularem ut non posset obsisti, perniciose populari ciui non relinquere. — Scis solere, frater, in huius modi sermone, ut transiri alio possit, dici « Admodum » aut « Prorsus ita est ».

Qvintvs. — Haud equidem adsentior. Tu tamen ad reliqua pergas uelim.

Marcvs. — Perseueras tu quidem et in tua uetere sententia permanes.

Atticvs. — Nec mehercule ego sane a Quinto nostro dissentio. Sed ea quae restant, audiamus.

26 essem *scripsi* : esset *codd.* || furentis *AG* : fuerent his *B* || tribuniciaque uis *edd.* : tribunitia quis (qui *G*) *AB* || id *addidi* || iubent *Vahlen* (p. 187) : debent *codd.* || in improba *edd.* : improbam *AB* || nec mehercule *Madvig* : nunc m. *AB* non *G*.

Droits propres aux magistrats et au sénat.

XII. **27.** Ensuite si l'on a accordé à tous les magistrats le droit d'auspices et le droit de justice, ce fut, le droit de justice, sous réserve du pouvoir du peuple devant qui il y aurait appel ; le droit d'auspices, afin que des retards opportuns puissent faire obstacle à beaucoup d'assemblées préjudiciables[1]. Souvent en effet, grâce aux auspices, les dieux immortels ont réfréné un élan illégal du peuple. Eu égard au fait que le sénat se recrute parmi ceux qui ont exercé une magistrature, c'est sans doute une mesure bien démocratique que nul ne puisse accéder au rang le plus élevé si ce n'est par le peuple et en supprimant la désignation conjointe des censeurs. Mais c'est un inconvénient auquel remédie aussitôt notre loi, quand elle consolide l'autorité du sénat. **28.** Car vient ensuite : «ses décrets seront valables.[2]» Si en effet, il est bien établi que le Sénat est le maître de la politique générale, que tous doivent défendre les mesures qu'il a prises, et si les autres ordres ont la volonté que l'État soit gouverné selon la politique de l'ordre dirigeant (1), alors, de cette compensation des droits où le pouvoir appartient au peuple et l'initiative au sénat, résulte que l'on pourra garder cet équilibre modéré et harmonieux de l'État, < qui est notre idéal >, surtout si la loi suivante est obéie. Car immédiatement après, on lit : « Que cer ordre soit sans défaut ; qu'il serve de modèle aux autres. »

Quintus. — Elle est fort belle, mon frère, cette loi : « Que le sénat soit sans défaut », mais cela s'étend loin et elle requiert un censeur pour l'interpréter.

29. Atticus. — Oui, car encore que cet ordre te soit

(1) Sur le rôle prépondérant qui revient au Sénat dans la politique romaine et comment il doit servir de guide aux autres ordres, *pro Sestio*, 137. Le parallélisme des textes est frappant.

XII. **27.** MARCVS. — Deinceps *idcirco* omnibus magistratibus auspicia et iudicia da*ta sunt* ; iudicia, ut esset populi potestas ad quam prouocaretur, auspicia, ut multos inutiles comitiatus probabiles impedirent morae. Saepe enim populi impetum iniustum auspiciis di immortales represserunt.

Ex iis autem qui magistratum ceperunt, quod senatus efficitur, populare *est* sane neminem in summum locum nisi per populum uenire, sublata cooptatione censoria. Sed praesto est huius uitii temperatio, quod senatus lege nostra confirmatur auctoritas. **28.** Sequitur enim : « eius decreta rata sunto ». Nam ita se res habet, ut si senatus dominus sit publici consilii, quodque is creuerit defendant omnes, et si ordines reliqui principis ordinis consilio rem publicam gubernari uelint, possit ex temperatione iuris, cum potestas in populo, auctoritas in senatu sit, teneri ille moderatus et concors ciuitatis status, praesertim si proximae legi parebitur ; nam proximum est : « is ordo uitio careto, ceteris specimen esto ».

QVINTVS. — Praeclara uero, frater, ista lex sed *et* late *p*atet ut uitio careat ordo, et censorem *re*qu*i*rit interpretem.

29. ATTICVS. — Ille uero etsi tuus est totus ordo,

27 idcirco... data sunt *scripsi* (propter temp. concordantiam) : igitur (*omis.* B)... dantur *codd.* || comitiatus *edd.* : commitatus *AB* || populare est *edd.* : popularem (est *om.*) *ABG*.

28 quodque *G* : quoque *AB* || defendant *G*: defendat *AB* || principis ordinis *edd.* : principes ordines || et late patet *edd.* : eclaterat et *A* et laterat et *B* et altera *G* || requirit *Ziegler* : quaerat *ABG*.

29 retinet G : retinent *AB*.

tout acquis et qu'il te garde la plus vive reconnaissance pour ton consulat, avec ta permission, je dirai qu'il est bien en mesure d'épuiser non seulement tous les censeurs, mais encore tous les juges (1).

XIII. MARCUS. — Laisse tout cela, Atticus ; nous ne parlons pas du sénat actuel ni des hommes qui le composent maintenant, mais de ceux qui viendront et, si par chance il s'en trouve qui veuillent obéir à ces lois, c'est d'eux que traite notre discours. Car puisque la loi veut que le sénat soit sans défaut, c'est que nul individu entaché de défaut n'entrera dans cet ordre. Cela est difficile à réaliser et ne peut se faire que par une sorte d'éducation et de formation morale — sujet sur lequel nous aurons peut-être à dire quelque chose, si le lieu et le moment s'y prêtent.

30. ATTICUS. — Le lieu ne manquera pas, puisque c'est toi qui tiens le programme des lois, et pour le temps, on t'accorde toute la longueur du jour. En tout cas, même si tu l'oublies, je me charge de te réclamer ce passage sur l'éducation et la formation morale.

MARCUS. — Soit, Atticus, celui-là et tout autre passage que j'ai pu omettre.

« Qu'il serve de modèle aux autres. » Si nous maintenons cela, nous gardons tout. Car de même qu'un pays se trouve d'ordinaire corrompu par les passions et les défauts de ses chefs, c'est grâce à leur modération qu'il se corrige et se redresse. Un grand homme et qui fut notre ami à tous, Lucius Lucullus[1], aurait, a-t-on raconté, fait cette réponse, qu'on trouvait ingénieuse, lorsqu'il a dit, comme on lui reprochait la magnificence de sa villa de Tusculum, qu'il avait deux voisins : en haut, un chevalier romain ; en bas, un affranchi ; quand tous deux avaient des villas magnifiques, on pouvait bien lui accorder ce qu'on laissait faire à des gens d'un ordre inférieur. Mais

(1) La corruption du sénat, thème des attaques plébéiennes depuis Marius, est un fait que personne à l'époque de Cicéron ne cherche

gratissimamque memoriam retinet consulatus tui, pace tua dixerim : non modo censores sed etiam iudices omnes potest defatigare.

XIII. MARCVS. — Omitte ista, Attice ! Non enim de hoc senatu nec his de hominibus qui nunc sunt, sed de futuris, si qui forte his legibus parere uoluerint, haec habetur oratio. Nam cum omni uitio carere lex iubeat, ne ueniet quidem in eum ordinem quisquam uitii particeps. Id autem difficile factu est nisi educatione quadam et disciplina ; de qua dicemus aliquid fortasse, si quid fuerit loci aut temporis.

30. ATTICVS. — Locus certe non deerit, quoniam tenes ordinem legum ; tempus uero largitur longitudo diei. Ego autem etiam si praeterieris, repetam a te istum de educatione et de disciplina locum.

MARCVS. — Tu uero et istum, Attice, et si quem alium praeterii.

« *Ceteris* specimen esto. » Quod si tenemus, *seruamus* omnia. Vt enim cupiditatibus principum et uitiis infici solet tota ciuitas, sic emendari et corrigi continentia. Vir magnus et nobis omnibus amicus L. Lucullus ferebatur quasi commodissime respondisset, cum esset obiecta magnificentia uillae Tusculanae, duo se habere uicinos, superiorem equitem Romanum, inferiorem libertinum : quorum cum essent magnificae uillae, concedi sibi oportere quod iis qui inferioris

29 si quid *G* : est quod *AB*.
30 quoniam *omis. B* || praeterii *G* : praeteris *AB* || ceteris *omis. ABG* || seruamus *add.* || inferiorem *G* : interiorem *AB* || inferioris : interioris (— riosis *B*) *A* tenuioris *G*.

ne vois-tu pas, Lucullus, que c'est de toi qu'est née l'idée de leur passion ? Si tu ne faisais cela, on ne le leur laisserait pas faire. **31.** Qui en effet pourrait tolérer ces gens-là quand on voit leurs villas pleines de statues et de tableaux pris en partie à l'État, en partie à des temples ou des lieux vénérés ? Qui ne voudrait briser leurs convoitises, si ceux-là qui auraient le devoir de les briser, n'étaient possédés de la même passion ?

XIV. Le mal n'est pas tant que les chefs soient fautifs — encore que cela soit un grand mal en soi — que dans ce fait qu'un très grand nombre de gens surgissent pour imiter les chefs. Car on peut observer, si l'on remonte le cours de l'histoire, qu'un pays a toujours été tel que furent dans ce pays les hommes du plus haut rang. Tout changement moral qui se produit dans les chefs se poursuit dans le reste du peuple. **32.** Et cela est bien plus vrai que ce que pense Platon, qui dit que la constitution des cités change quand on change la musique[1]. Pour moi, je suis d'avis que, lorsque change le genre de vie morale et physique des hautes classes, les mœurs du pays changent. C'est pourquoi des dirigeants vicieux font d'autant plus de mal à l'État que, non seulement eux-mêmes contractent des vices, mais encore ils les inculquent dans la cité ; ils ne sont pas nuisibles seulement parce qu'ils sont corrompus, mais parce que, de plus, ils corrompent les autres, et ils font plus de mal par leur exemple que par leur propre faute. D'ailleurs cette loi, étendue à un ordre tout entier, peut aussi se restreindre : il suffit de quelques gens peu nombreux et même très peu nombreux, pour corrompre ou redresser les mœurs d'un pays. Mais en voilà assez et nous avons traité tous ces points avec plus de soin dans nos livres. Aussi arrivons-en à ce qui nous reste.

à contester. Appius Claudius, lors de sa censure en 50, César, au début de sa dictature, procéderont à des épurations retentissantes (Suétone, *Caes*, 43).

ordinis essent liceret. Non uides, Luculle, a te id ipsum natum ut illi cuperent? quibus, id si tu non faceres, non liceret. **31.** Quis enim ferret istos, cum uideret eorum uillas signis et tabulis refertas, partim publicis, partim etiam sacris et religiosis? quis non frangeret eorum libidines, nisi illi ipsi qui eas frangere deberent cupiditatis eiusdem tenerentur? XIV. Nec enim tantum mali est peccare principes (quamquam est magnum hoc per se ipsum malum) quantum illud quod permulti imitatores principum existunt. Nam licet uidere, si uelis replicare memoriam temporum, qualescumque summi ciuitatis uiri fuerint, talem ciuitatem fuisse; quaecumque mutatio morum in principibus extiterit, eandem in populo secutam. **32.** Idque haud paulo est uerius, quam quod Platoni nostro placet. Qui musicorum cantibus ait mutatis mutari ciuitatum status : ego autem nobilium uita uictuque mutato mores mutari ciuitatum puto. Quo perniciosius de re publica merentur uitiosi principes, quod non solum uitia concipiunt ipsi, sed ea infundunt in ciuitatem, neque solum obsunt quod ipsi corrumpuntur, sed etiam quod corrumpunt plusque exemplo quam peccato nocent. Atque haec lex, dilatata in ordinem cunctum, coangustari etiam potest : pauci enim atque admodum pauci honore et gloria amplificati uel corrumpere mores ciuitatis uel corrigere possunt. Sed haec et nunc satis, et in illis libris

31 refertas G : repertas *AB* || quanquam *G* : quamque *AB* || secutam *edd.* : securam *B* secuturam *AG*.

Le vote du peuple, ses modalités.

XV, 33. L'article suivant est relatif aux formes de vote ; je veux que les suffrages, «laissés à la connaissance des nobles, soient libres pour le peuple.»

ATTICUS. — Par Hercule, j'ai remarqué cela et je n'ai pas bien compris ce que la loi voulait dire — ou plutôt les termes de la loi.

MARCUS. — Je vais te l'expliquer, Titus, et m'attacher à une question malaisée, qui a été beaucoup et souvent discutée : vaut-il mieux, quand il s'agit de confier une magistrature, de juger un accusé, de voter une loi ou une résolution (*rogatio*), que les suffrages soient publics ou secrets ?

QUINTUS. — Cela peut-il se discuter ? J'ai peur de me trouver à nouveau en désaccord avec toi.

MARCUS. — Non, Quintus, cela n'arrivera pas. Car je suis d'un avis qui, je le sais, a toujours été le tien : il n'y a rien de mieux comme procédé de vote que le vote à voix haute (1). Mais il faudra voir si on peut l'imposer.

34. QUINTUS. — Et pourtant, mon frère, permets-moi de le dire, voilà une réflexion qui, plus que toute autre, dupe les naïfs et cause bien souvent un grand tort à l'État : quand on reconnaît qu'une idée est vraie et juste, mais qu'on renonce à l'imposer, c'est-à-dire à surmonter l'opposition du peuple. D'abord, on rencontre toujours de l'opposition quand on agit avec rigueur ; ensuite, il vaut mieux être vaincu par la force en défendant une cause bonne que de céder à une mauvaise. Qui donc ne se rend pas compte que toute l'autorité des nobles a été détruite

(1) Dans le premier *Discours sur la Loi agraire*, II, 2, 4, Cicéron se félicite d'avoir été élu par acclamation : « non tabellam uindicem tacitae libertatis, sed uocem uiuam... tulistis ». Cf. *pro Cornelio*, (vers 65) 1, fr. 51, Klotz-Schoell, p. 120.

tractata sunt diligentius. Quare ad reliqua ueniamus.

XV. **33.** Proximum autem est de suffragiis, quae iubeo « nota esse optimatibus, populo libera. »

Atticvs. — Ita mehercule attendi, nec satis intellexi quid sibi lex aut quid uerba ista uellent.

Marcvs. — Dicam, Tite, et uersabor in re difficili ac multum et saepe quaesita, *utrum* suffragia in magistratu mandando ac de reo iudicando *sciscenda*que in lege aut rogatione clam an palam ferri melius esset.

Qvintvs. — An etiam id dubium est ? Vereor ne a te rursus dissentiam.

Marcvs. — Non facies, Quinte. Nam ego in ista sum sententia qua te fuisse semper scio, nihil ut fuerit in suffragiis uoce melius ; sed obtineri *num* possit, uidendum est.

34. Qvintvs. — Qua*nquam*, frater, bona tua uenia dixerim, ista sententia maxime et fallit imperitos, et obest saepissime rei publicae, cum aliquid uerum et rectum esse dicitur, sed obtineri, id est obsisti posse populo, negatur. Primum enim obsistitur cum agitur seuere ; deinde ui opprimi in bona causa est melius quam malae cedere. Quis autem non sentit omnem auctoritatem optimatium tabellariam legem abstu-

33 proximum G : proximus *AB* || de suffr. *G* : dein suffr. *AB* || quid sibi lex *redupl. AB* || utrum *addidi* || ac *edd.* : an ABG || sciscendaque in lege *Vahlen* || qui in lege *ABG* || clam an *edd.* : clamant *AB* || ferri *Bake* ferre *codd.* || num *addidi* || an possunt *AB* : an possit *G*.

34 quanquam *scripsi* : quia A qua B quare G || et obest *edd.* : sed obest *ABG* || obtineri : optinere (obtinere) *ABG* || ui opprimi : ui *om.* B || quis *Turnèbe* : qui *codd.* || tabellariam legem abstulisse G : tabellaria lege (legio B) obtulisset *AB*.

par la loi des suffrages ? Loi dont le peuple, tant qu'il a été libre, n'a jamais éprouvé le besoin, mais qu'il a exigée quand il s'est trouvé accablé par la tyrannie et les abus de pouvoir des grands. Aussi les verdicts les plus rigoureux contre des personnages très puissants s'expriment-ils à voix haute et non par *tabella.*

C'est pourquoi on aurait dû enlever à l'aristocratie l'arbitraire excessif qu'elle exerçait sur les votes dans des causes malhonnêtes, mais il ne fallait pas ouvrir au peuple des abris clandestins, grâce auxquels, les opinions de chacun échappant à la connaissance des gens de bien, une tablette anonyme dissimule un vote mauvais. Et d'ailleurs on n'a jamais trouvé parmi les gens de bien personne qui ait proposé ou recommandé la motion dont tu parles.
XVI. **35.** Il y a en effet quatre lois tabellaires, dont la première eut pour objet la désignation des magistratures [1]. C'est la Loi Gabinia, portée par un individu obscur et méprisable. Suivit deux ans plus tard la loi Cassia, relative aux jugements prononcés par le peuple, portée par un noble, L. Cassius, mais (que sa famille me permette de le dire !) un noble qui était en conflit avec l'aristocratie et qui, dans son action politique, ne pensait qu'à capter toutes les sympathies démocratiques. La troisième loi sur le vote ou le rejet des lois est de Carbon, citoyen séditieux et malhonnête, auquel même son retour vers les gens de bien ne put de leur part lui valoir sa grâce. **36.** On ne voyait plus subsister le suffrage à haute voix que dans un seul cas, que Cassius lui-même avait excepté : celui de haute trahison. C. Coelius attribua aussi aux jugements de cette espèce le suffrage écrit et il eut la douleur, pendant toute sa vie, d'avoir fait du mal à l'État, simplement pour accabler Caius Popillius. Et, dans le municipe où nous nous trouvons en ce moment, ce fut notre grand-père, homme d'un rare courage, qui, pendant toute sa vie, s'opposa à Marcus Gratidius, dont la sœur était sa

lisse ? Quam populus liber numquam desiderauit, idem oppressus dominatu ac potentia principum flagitauit. Itaque grauiora iudicia de potentissimis hominibus extant uocis quam tabellae. Quam ob rem suffragandi nimia libido in non bonis causis eripienda fuit potentibus, non latebra danda populo, in qua bonis ignorantibus quid quisque sentiret, tabella uitiosum occultaret suffragium. Itaque isti r*o*gationi neque lator quisquam est inuentus nec auctor umquam bonus.

XVI. **35.** Sunt enim quattuor leges tabellariae, quarum prima de magistratibus mandandis : ea est Gabinia, lata ab homine ignoto et sordido. Secuta biennio post Cassia est de populi iudiciis, a nobili homine lata L. Cassio, sed, pace familiae dixerim, dissidente a bonis atque omnis rumusculos populari ratione aucupante. Carbonis est tertia de iubendis legibus ac uetandis, seditiosi atque inprobi ciuis, cui ne reditus quidem ad bonos salutem a bonis potuit adferre. **36.** Vno in genere relinqui uidebatur uocis suffragium, quod ipse Cassius exceperat, perduellionis. Dedit huic quoque iudicio C. Coelius tabellam, doluitque, quoad uixit, se, ut opprimeret C. Popillium, nocuisse rei publicae. Et auus quidem noster singulari uirtute in hoc municipio, quoad uixit, resti-

34 uocis quam *edd.* : uoces quam *codd.* || rogationi *Lambin* : rationi *codd.*

35 indiciis *Bake* : iudicis is *A* iudiciosis *B*.

36 relinqui uidebatur : reliqui uidebatur *G* uideba(m) *A* uideba *B* || quoad uixit *G* : quod adducit *AB* || se ut opprimeret C. Popilium nocuisse *edd.* : sed ut opprimeret c. populum nocuissent (nocuit *G*) *AB*.

femme, notre grand'mère, et qui proposait une loi tabellaire. Gratidius, en effet, soulevait, comme on dit, des vagues dans un verre d'eau ; mais son fils Marius les déchaîna plus tard en pleine mer Égée.... Et c'est à notre grand-père que le consul M. Scaurus dit, comme la question était portée devant le sénat : « Cicéron, que n'as-tu voulu, avec ce courage et cette vertu qui te caractérisent, venir avec nous t'adonner aux plus hauts intérêts de l'État plutôt qu'à ceux de ton municipe ? »

37. Voilà pourquoi, puisqu'il ne s'agit pas en ce moment de prendre connaissance des lois du Peuple romain, mais de rechercher des lois qu'on nous a enlevées ou d'en écrire de nouvelles, j'estime que tu dois nous dire, non pas ce que nous sommes en mesure d'imposer dans l'état actuel du peuple, mais ce qui est le mieux. Car ton grand Scipion a aussi sa responsabilité dans la Loi Cassia qui fut portée, dit-on, à son instigation. Toi, si tu proposes une loi tabellaire, tu la porteras pour ton propre compte : car je n'en suis pas partisan, ni notre ami Atticus, autant que j'en juge à sa physionomie.

XVII. Atticus. — Rien de ce qui est démocratique ne m'a jamais convenu, et je dis que la meilleure forme de république, c'est celle dont un consul ici présent avait dressé la constitution, soumise au pouvoir de l'aristocratie.

38. Marcus. — Eh bien, vous autres, je le vois, vous rejetez ma loi sans avoir besoin de tablettes. Mais moi, encore que Scipion en ait bien assez dit pour son compte dans mon livre[1], je n'accorde la liberté au peuple que sous condition que les nobles aient une grande influence et en fassent usage.

Voilà comment j'ai donné lecture de la loi des suffrages : « qu'ils soient portés à la connaissance des nobles, libres pour la plèbe ». L'intention de cette loi est d'entraîner l'abolition de toutes les lois portées ultérieurement

tit M. Gratidio, cuius in matrimonio sororem auiam nostram habebat, ferenti legem tabellariam. Excitabat enim fluctus in simpulo, ut dicitur, Gratidius, quos post filius eius Marius in Aegaeo excitauit mari. Ac nostro quidem *auo*, cum res esset ad *senatum* delata, M. Scaurus consul : « Vtinam, inquit, M. Cicero, isto animo atque uirtute in summa re publica nobiscum uersari quam in municipali maluisses ! » **37.** Quam ob rem, quoniam non recognoscimus nunc leges populi Romani, sed aut repetimus ereptas, aut nouas scribimus, non quid hoc populo obtineri possit, sed quid optimum sit, tibi dicendum puto. Nam Cassiae legis culpam Scipio tuus sustinet, quo auctore lata esse dicitur ; tu si tabellariam tuleris, ipse praestabis. Nec enim mihi placet nec Attico nostro, quantum e uultu eius intellego.

XVII. ATTICVS. — Mihi uero nihil umquam populare placuit, eamque optimam rem publicam esse dico, quam hic consul constituerat, quae sit in potestate optimorum.

38. MARCVS. — Vos *qui*dem, ut uideo, legem antiquastis sine tabella. Sed ego, etsi satis dixit pro se in illis libris Scipio, tamen ita libertatem istam largior populo, ut auctoritate et ualeant et utantur boni.

36 habebat : habebant *AB* || fluctus *edd.* : fletus *ABG* || auo *add. Lambin* || cum res : qui cum res *AB* || ad senatum *Madvig* : ad se *codd.* || utinam : utinamque *codd.*

37 hoc populo *AB* : ab hoc populo G.

38 uos quidem *Turnèbe* : uos de(m) uos demum *G* || ita libertatem istam :***libertatem istam A ista libertatem ista B || boni *edd.* : bonis *ABG*.

qui de toute sorte de manières assurent le secret de vote, en empêchant de regarder la tablette, de questionner, d'interpeller.... Même la loi Maria a ordonné des passerelles étroites [1].

39. Si de telles mesures ont été opposées à des agents de brigue, ce qui est le cas général, je ne les blâme pas [2]; mais si des lois ne peuvent avoir pour résultat de supprimer la brigue, eh bien ! que le peuple garde sa tablette comme garant de sa liberté, pourvu qu'on la tende et qu'on la présente spontanément au contrôle de ce qu'il y a de mieux et plus respectable parmi les citoyens : de telle sorte que la liberté consistera exactement en ceci que l'on accordera au peuple le pouvoir de faire avec honneur un beau geste envers les gens de bien.

Et c'est ainsi que se réalise, Quintus, ce que tu disais tout à l'heure : le suffrage écrit fait moins de condamnés que n'en faisait le suffrage à haute voix, parce que le peuple se contente de posséder un droit. Moyennant quoi, pour le reste, la volonté populaire s'en remet à l'influence ou à la sympathie. C'est pourquoi — en laissant de côté les suffrages faussés par des largesses — ne vois-tu pas, quand il arrive à la brigue de se taire, que le peuple demande, au moment de voter ce que pensent les meilleurs citoyens ? — Voilà la raison pour laquelle grâce à notre loi, en accordant la forme apparente de la liberté, l'autorité des gens de bien est sauvegardée et toute occasion de conflit supprimée [3].

....

La tenue des débats.

XVIII. **40.** Ensuite vient la nomenclature de ceux qui ont le droit de traiter directement avec le peuple ou avec le sénat. Puis, loi très importante et, à mon avis, très belle : « Que tout ce qui est débattu devant le peuple ou

Sic enim a me recitata lex est de suffragiis : « optimatibus nota, plebi libera sunto ». Quae lex hanc sententiam continet, ut omnes leges tollat, quae postea latae sunt, quae tegunt omni ratione suffragium, ne quis inspiciat tabellam, ne roget, ne appellet. Pontes etiam lex Maria fecit angustos. **39.** Quae si opposita sunt ambitiosis, ut sunt fere, non reprehendo ; si n*on* ualuerint tamen leges, ut ne sit ambitus, habeat sane populus tabellam quasi uindicem libertatis, dummodo haec optimo cuique et grauissimo ciui ostendatur ultroque offeratur, ut in eo sit ipso libertas, in quo populo potestas honeste bonis gratificandi datur. Eoque nunc fit illud quod a te modo, Quinte, dictum est, ut minus multos tabella condemnet, quam solebat uox, quia populo licere satis est : hoc retento reliqua uoluntas auctoritati aut gratiae traditur. Itaque, ut omittam largitione corrupta suffragia, non uides, si quando ambitus sileat, quaeri in suffragiis quid optimi uiri sentiant ? Quam ob rem lege nostra libertatis species datur, auctoritas bonorum retinetur, contentionis causa tollitur.

....

XVIII. **40.** Deinde sequitur, quibus ius sit cum populo agendi aut cum senatu. *Tum* grauis et, ut arbitror, praeclara lex : « *quae cum populo* quaeque

38 tollat *edd.* : tollet *B* tolleret *AG.*
39 si non : sin *ABG* || ne sit *edd.* : ne sim *AB* ne sint *G* || quasi uindicem *G* : quasi (bi) *A* uindicent *AB* || ut in eo sit ipso *edd.* : ut nesit ipso *AB* uti sit ipsa *G.* || tollitur : *hic duorum capitulorum explicatio aperte deficit. Cf.* III, 10.
40 tum *add. Vahlen* || quae cum populo *omis. ABG.*

devant les Pères le soit avec modération », c'est-à-dire, se passe avec discipline et dans le calme[1]. Car celui qui a la parole règle à son gré et pétrit non pas seulement la pensée et la volonté mais, pour ainsi dire, le visage de ceux devant lesquels il parle. Pour ce qui se passe au sénat, il n'y a pas de difficulté ; cela en effet dépend du sénateur lui-même dont l'esprit ne doit pas se laisser ramener à l'influence d'autrui, mais qui veut plutôt que l'on tienne compte de son attitude. Il y a trois consignes qui le concernent : — qu'il soit présent ; car cela contribue à la dignité du débat quand le sénat est en nombre ; — qu'il parle à son rang ; c'est-à-dire lorsqu'on lui demande son avis ; — qu'il parle avec mesure, pour qu'il y ait une limite, car la brièveté quand il s'agit de faire connaître son avis est un grand mérite, non seulement du sénateur, mais encore de l'orateur. Et il n'y a jamais lieu d'user d'un long discours — chose que l'on fait presque toujours pour se faire valoir — à moins que le sénat se mettant en défaut et aucun magistrat ne prêtant son aide, il n'y ait avantage à laisser passer la journée ; ou encore quand l'affaire est d'une importance telle qu'elle réclame le talent abondant d'un orateur pour convaincre ou instruire : deux occasions où excelle notre ami Caton[2].

41. Quand la loi ajoute : « qu'il connaisse les affaires du peuple », c'est qu'il est nécessaire au sénateur d'avoir une notion complète de l'État ; et cela s'étend loin : savoir l'effectif des armées, la puissance financière, les alliés, amis et tributaires que possède l'État, chacun en vertu de quelle loi, condition ou traité ; connaître les précédents traditionnels des décisions à prendre, l'exemple des ancêtres.... Vous voyez enfin tout ce que cela comporte en général de savoir, d'application, de mémoire, et sur quoi un sénateur ne saurait en aucune manière se trouver pris au dépourvu[3].

in patribus agentur, modica sunto », id est modesta atque sedata. Actor enim moderatur et fingit non modo mentes ac uoluntates, sed paene uoltus eorum, apud quos agit. Quod si *fit* in senatu, non difficile ; est enim ip*sius* senatoris, cuius non ad *al*ter*um* referatur animus, sed qui per se ipse spectari uelit. Huic iussa tria sunt : ut adsit, nam grauitatem res habet, cum frequens ordo est ; ut loco dicat, id est rogatus ; ut modo, ne sit infinitus. Nam breuitas non modo senatoris sed etiam oratoris magna laus est in sententia, nec est umquam longa oratione utendum (quod fit ambitione saepissime), nisi aut peccante senatu nullo magistratu adiuuante tolli diem utile est, aut cum tanta causa est, ut opus sit oratoris copia uel ad hortandum uel ad docendum ; quorum generum in utroque magnus noster Cato est.

41. Quodque addit : « causas populi teneto », est senatori necessarium nosse rem publicam — idque late patet : quid habeat militum, quid ualeat aerario, quos socis res publica habeat, quos amicos, quos stipendiarios, qua quisque sit lege, condicione, foedere ; tenere consuetudinem decernendi, nosse exempla maiorum. Videtis iam genus hoc omne scientiae, dili-

40 agentur (cf. *supra* III, 10) : aguntur *codd.* || sedata : ad sedata *codd.* || actor *edd.* : auctor *codd.* || mentes *Ziegler* : mentem *codd.* || si fit in senatu *scripsi* : si in senatu *ABG* || ipsius senatoris *scripsi* : ipse senatoris *A* ipse se senaturis *B* || ad alterum *scripsi* : ad auctorem *G* ab auctorem *AB* || quod fit... saepissime *hic retulit Bake* ; *in codd. post* senatu. || nisi aut *edd.* : nisi ut *codd.* || *ad verbum* ambitione *deficit B usque ad* XXI, 42. || aut utile est aut : utile est autem AG.

41 decernendi *G* : recernendi *AB*.

42. Vient aussitôt après la façon de conduire les débats devant le peuple, dont la première et la plus importante règle est : « Que la violence ne soit pas employée. » Il n'y a en effet rien de plus funeste aux cités, rien de plus opposé au droit et à la légalité, rien de moins conforme à des mœurs sociables et à l'humanité que d'exécuter quelque chose par violence dans un État régulièrement constitué. La loi ordonne d'obéir à l'autorité qui intervient : c'est la mesure la plus sage, car il vaut mieux qu'une chose bonne soit entravée plutôt que d'en laisser faire une mauvaise.

XIX. Si j'ordonne que « la faute soit imputée à l'auteur du débat », je l'ai dit entièrement dans l'esprit de Crassus, homme de grande sagesse, que le sénat approuva quand, sous le consulat de Caius Claudius[1], chargé de faire un rapport sur la révolte de Cnéius Carbo, il eut décidé « qu'une révolte ne pouvait se produire hors le gré de celui qui a affaire avec le peuple », puisque en effet ce dernier a toujours le droit de dissoudre la réunion, dès qu'elle a fait l'objet d'une « intercession » légale ou qu'il a commencé d'y avoir du tumulte. Quiconque la laisse poursuivre dans le trouble, alors qu'on ne peut plus valablement rien débattre, cherche la violence et de ce fait n'a plus de par notre loi à se prévaloir de l'impunité.

Vient ensuite : « Que le citoyen patriote se porte opposant à une mesure mauvaise[2]. » **43.** Qui ne voudrait avec un zèle ardent se porter au secours de l'État, quand la loi le glorifie en des termes si beaux (1) ?

Sont posées ensuite ces règles qui figurent aussi dans nos institutions et notre législation : « qu'ils observent les

(1) Dans le *pro Rabirio*, en 63, Cicéron définit ainsi les devoirs respectifs du magistrat et des citoyens : 3 : « Quam ob rem, si est boni consulis, cum cuncta auxilia rei p. labefactari conuellique uideat, ferre opem patriae, est etiam bonorum et fortium ciuium... intercludere omnes seditionum uias, munire praesidia rei publicae, summum in consulibus imperium, summum in senatu consilium putare. »

gentiae, memoriae, de quo *non* paratus esse senator nullo pacto potest.

42. Deinceps sunt cum populo actiones, in quibus primum et maximum : « uis abesto ». Nihil est enim exitiosius ciuitatibus, nihil tam contrarium, iuri ac legibus, nihil minus ciuile et *in*humanius, quam *in* composita et constituta re publica quicquam agi per uim. Parere iubet intercessori, quo nihil praest*abilius* : inpediri enim bonam rem melius quam concedi malae.

XIX. Quod uero « actoris » iubeo « esse fraudem », id totum dixi ex Crassi sapientissimi hominis sententia, quem est senatus secutus, cum decreuisset C. Claudio consule de Cn. Carbonis seditione referente, inuito eo qui cum populo ageret seditionem non posse fieri, quippe cui liceat concilium, simul atque intercessum turbarique coeptum sit, dimittere. Quod qui perm*ittit*, quom agi nihil potest, uim quaerit, cuius impunitatem amittit hac lege.

*Se*quitur illud : « intercessor rei malae salutaris ciuis esto ». **43.** Quis non studiose rei publicae subuenerit hac tam praeclara legis uoce laudatus ?

Sunt deinde posita deinceps, quae habemus etiam in publicis institutis atque legibus : « auspicia seruanto

41 memoriae de quo non paratus *scripsi* : memoriae de quo paratus *A* memoriam esse sine quo p. *G.* || esse. *G* : esset *A.*

42 in humanius *Ziegler* : humanius *A* humanum *G* || in republica. in *adjeci* || praestabilius *Ziegler* : praestius *A* || de Cn. Carbonis *edd.* : dign. carbonis *A* designato Carbonis *G* || permittit *scripsi* : permouet *A* || quom agi : *hic rursus usque ad cap.* 49 *codex B* || amittit *edd.* : amitti *AB* admitti G || sequitur *edd.* : quitur *AB* queritur *G.*

auspices, obéissent à l'augure (de l'État) ». C'est le devoir d'un bon augure de se rappeler qu'il doit se trouver disponible dans les grandes occasions de l'État et qu'il a été donné comme interprète et auxiliaire à Jupiter très bon, très grand ; il doit savoir que c'est à lui d'instruire ceux auxquels il a fait prendre les auspices et que des attributions d'ordre céleste lui ont été divinement confiées pour qu'il en puisse souvent tirer un secours pour l'État. Il s'agit ensuite de la publication des questions à débattre, de l'obligation de ne discuter qu'une question à la fois, et de l'audience à donner aux magistrats et aux non-magistrats [1].

Caractères de généralité des lois judiciaires.

44. Enfin deux lois très belles ont été transcrites de la Loi des XII Tables : l'une supprime les lois de caractère privé (*priuilegia*), l'autre ne veut pas qu'on mette en cause la vie d'un citoyen, si ce n'est devant le très grand « Comice ». Et certes, à une époque où ne s'étaient pas encore trouvés de tribuns révolutionnaires, où l'on n'imaginait pas qu'il y en eût, c'est une chose admirable que nos ancêtres aient prévu aussi loin dans la suite des temps. Ils n'ont pas voulu que l'on portât des lois contre des hommes privés : car c'est exactement cela, un « privilège », et que peut-il y avoir de plus contraire au droit, quand l'essence de la loi, c'est qu'elle soit « ce qui est décidé et ordonné pour tous » [2] ?

Ils n'ont pas voulu qu'on prononcât sur des particuliers, si ce n'est dans les comices centuriates [3] : en effet le peuple réparti selon la fortune, le rang social et l'âge apporte à son vote plus de réflexion que le peuple convoqué en masse par tribus.

45. C'est pourquoi, lors de mon procès, un homme de grand talent et de grande expérience, Lucius Cotta, pou-

auguri *publico* parento. » Est autem boni auguris meminisse *se* maximis rei publicae temporibus praesto esse debere, Iouique optimo maximo se consiliarium atque administrum datum, ut *sciat* sibi *docendos* eos quos in auspicio esse iusserit, caelique partes sibi d*iui*nit*us* esse traditas, e quibus saepe opem rei publicae ferre possit. Deinde de promulgatione, de singulis rebus agendis, de priuatis magistratibusue audiendis.

44. Tum leges praeclarissimae de duodecim tabulis translatae duae, quarum altera priuilegia tollit, altera de capite ciuis rogari nisi maximo comitiatu uetat. Et nondum in*uen*tis seditiosis tribunis plebis, ne cogitatis quidem, admirandum tantum maiores in posterum prouidisse. In priuatos homines leges ferri noluerunt, id est enim priuilegium : quo quid est iniustius, cum legis haec uis sit, *ut sit* scitum et iussum in omnis ? Ferri de singulis nisi centuriatis comitiis noluerunt. Descriptus enim populus censu, ordinibus, aetatibus, plus adhibet ad suffragium *con*silii quam fuse in tribus conuocatus. **45.** Quo uerius in causa nostra uir magni ingenii summaque prudentia L. Cotta dicebat, nihil omnino actum esse de nobis. Praeter enim quam

43 auguri publico *edd.* : publico *omis. codd.* || se *add. Lambin* || ut sciat sibi docendos eos *scripsi* (cf. *supra* III, 11) : ut sibi eos *ABG* || in auspicio esse : in auspitia esse AG || diuinitus *scripsi* : definitas *codd.* || saepe opem reip. ferre possit : saepe (sae *B*) opem (*om.* *G*) rep. ferre (rep. ferret B) possit *A*.

44 tollit *edd.* : tolli *ABG* || comitiatu *edd.* : comitatu *ABG* || inuentis *Turnèbe* : intis *AB* initis *G* || ne cogitatis *edd.* : negotia his *AB* negociatis G || priuatos *AG* : prouidatos *B* || <ut sit> *Scheffer* || nisi centuriatis *dd.* : si centuriatis *AB* || consilii *edd.* : (aux)ilii *AG* silii *B*.

vait dire avec assez de vérité que rien absolument de régulier n'avait été décidé contre nous : outre que les comices s'étaient tenus avec intervention armée des esclaves, il soutenait que des comices tributes ne pouvaient être valables dans une affaire capitale, ni aucuns d'ailleurs dans une affaire de « privilège » ; aussi n'avions-nous pas besoin d'une loi pour des choses dans lesquelles rien n'avait été fait en vertu des lois[1]. Mais il nous a semblé, à nous et aux citoyens les plus illustres, qu'il était préférable, lorsque se trouvait en cause un homme sur lequel les esclaves et les brigands disaient s'être prononcés, de faire paraître quel était à son égard le sentiment de l'Italie entière[2].

Devoirs des magistrats.

XX. **46.** Suivent les lois relatives à la concussion et à l'intrigue ; et, comme ces fautes doivent être sanctionnées par des arrêts plutôt que par des textes, on ajoute : « Que la peine soit pareille au dommage », pour que chacun soit frappé dans son vice : la violence, d'une peine capitale ; la rapine, de l'amende ; la recherche coupable des honneurs, par l'ignominie. Les lois finales qui ne sont pas en usage chez nous, sont indispensables à l'État. Nous n'avons aucune garde des lois ; aussi ces lois sont-elles ce que veulent nos appariteurs ; nous les demandons à des libraires, nous n'avons aucun document officiel les rappelant, enregistré dans des archives publiques. Les Grecs étaient plus soigneux sur ce point, chez lesquels on nommait des *Nomophylaques* (gardes des lois), et ces magistrats surveillaient non seulement des archives (car cela se faisait aussi chez nos ancêtres), mais encore les actions des hommes, et rappelaient ceux-ci à l'observation des lois[3]. **47.** C'est un soin qu'il faut confier aux censeurs, d'autant plus que nous avons voulu qu'ils soient toujours en fonctions dans l'État. C'est devant eux

quod comitia illa essent armis gesta seruilibus, prae*tendebat* neque tributa capitis comitia rata esse posse neque ulla priuilegii. Quocirca nihil nobis opus esse lege, de quibus omnino nihil actum esset legibus. Sed uisum est et *n*obis et clarissimis uiris melius, de quo serui et latrones sciuisse aliquid dicerent, de hoc eodem cunctam Italiam quid sentiret, ostendere.

XX. **46.** Sequitur de captis pecuniis et de ambitu [leges]. Quae cum magis iudiciis quam uerbis sanciend*a* s*i*nt, adiungitur : « noxiae poena par esto » ut in suo uitio quisque plectatur, uis capite, auaritia multa, honoris cupiditas ignominia sanciatur.

Extremae leges sunt nobis non usitatae, rei publicae necessariae. Legum custodiam nullam habemus, itaque eae leges sunt, quas apparitores nostri uolunt : a librariis petimus, publicis litteris consignatam memoriam publicam nullam habemus. Graeci hoc diligentius, apud quos nomophylaces crea*ba*ntur, nec ei solum litteras (nam id quidem etiam apud maiores nostros erat), sed etiam facta hominum obseruabant ad legesque reuocabant. **47.** Haec detur cura censoribus, quandoquidem eos in re publica semper uolumus esse. Apud eosdem, qui magistratu abierint edant et exponant, quid in magistratu gesserint, deque iis

45 comitia illa *edd.* : amicitia illa *AB* || praetendebat *scripsi* : praeterea *codd.* || posse : possent *ABG* || nobis *scripsi* : uobis *codd.* || serui et latrones *edd.* : seruiatque (et *B*) patronis *ABG* || sentiret G : sentirem *AB*.
46 leges *seclusi* || sancienda sunt G : sanciendae sunt AB || ut in suo G : et in s.u. *AB* || eae leges *A* : ea lege *B* et leges G || nomophylaces ABG || creabantur *edd.* : creantur ABG || nec ei *edd.* : nei AB nec enim G.
47 apud eosdem : ab eosdem *B* || deque iis censores *G* : deque in censore *AB*.

encore que les magistrats sortant de charge auront à dire et à exposer ce qu'ils ont fait au cours de leur magistrature, et les censeurs rendront sur eux un jugement provisoire[1]. En Grèce, cela se passe à l'aide d'accusateurs publics ; mais ceux-ci ne peuvent guère être dangereux que lorsqu'ils agissent spontanément. Aussi vaut-il mieux que les magistrats rendent des comptes et exposent leur cause devant les censeurs, cependant que l'action de la loi sera réservée intacte pour l'accusateur et pour le débat judiciaire.

Mais voilà suffisamment développée la question des magistratures ; à moins que vous ne désiriez encore quelque chose.

Atticus. — Quoi ? Même si nous ne le disons pas, le point où tu en es ne te suggère-t-il pas ce qui te reste à dire ?

Marcus. — Ce sera, je pense, sur l'organisation judiciaire, Pomponius : car voilà qui se rattache à la magistrature.

48. Atticus. — Mais sur les droits du peuple romain, de la manière dont tu avais commencé, tu ne crois pas qu'il y ait lieu d'en parler ?

Marcus. — Pourquoi demandes-tu qu'on discute ce sujet en ce moment-ci ?

Atticus. — Pourquoi ? parce que, quant à moi, je trouve absolument scandaleux que des gens qui s'occupent des affaires de l'État restent dans cette ignorance. Car, de même que tout à l'heure tu nous as dit qu'on était obligé de demander les lois aux libraires, je remarque que la plupart de ceux qui exercent des magistratures dans l'ignorance de leur droit, n'en savent que ce que leurs appariteurs veulent bien qu'ils en sachent. C'est pourquoi si tu as estimé que tu devais parler de l'aliénation des charges sacrées, dès lors que tu avais proposé des lois relatives aux questions religieuses, tu as aussi le devoir, ces

censores praeiudicent. Hoc in Graecia fit publice constitutis accusatoribus, qui quidem graues esse non possunt, nisi sunt uoluntarii. Quocirca melius est rationes referri causamque exponi censoribus, integram tamen legem accusatori iudicioque seruari.

Sed satis [et] iam disputatum est de magistratibus, nisi forte quid desideratis.

ATTICVS. — Quid ? Si nos tacemus, locus ipse te non admonet, quid tibi sit deinde dicendum ?

MARCVS. — Mihine ? De iudiciis arbitror, Pomponi ; id est enim iunctum magistratibus.

48. ATTICVS. — Quid ? De iure populi Romani, quem ad modum instituisti, dicendum nihil putas ?

MARCVS. — Quid tandem hoc loco est quod requiras ?

ATTICVS. — Egone ? Quod ignorari ab iis qui in re publica uersantur turpissimum puto. Nam, ut modo a te dictum est, leges a librariis *exigi*, sic animaduerto *ple*rosque in magistratibus ignoratione iuris sui tantum sapere quantum apparitores uelint. Quam ob rem si de sacrorum alienatione dicendum putasti, quom de religione leges proposueras, faciendum tibi est ut magistratibus lege constitutis de potestatum iure disputes.

49. MARCVS. — Faciam breuiter, si consequi po-

47 melius est G : est *om.* AB || iam : etiam *codd.* || quid si nos *edd.* : quid si n(on) *A* sin *B* si nos (*om.* quid) G.

48 quod requiras G : quid r. *AB* || exigi *scripsi* : lego *codd.* || plerosque *Estienne* : quosque *A* rosque *B* quousque G || quom G : quoniam (quam) *AB* || de religione : *hic desit codex B.* || potestatum iure *edd.* : potestate tum iure (de iure *G*) *A*.

magistratures étant légalement établies, de discuter de l'étendue du pouvoir qui leur revient.

49. Marcus. — Je le ferai brièvement, si je puis y arriver ; car sous une forme plus développée, M. Junius[1] a adressé à ton père, dont il était collègue, un ouvrage écrit avec autant de compétence que de souci d'exactitude ; quant à nous, personnellement, notre tâche est de réfléchir par nous-mêmes sur le droit naturel et d'en traiter ; sur les droits du peuple romain, nous ne pouvons dire que ce que l'on nous a légué et transmis.

Atticus. — C'est tout à fait mon avis et le point que tu énonces est celui-là même que j'attends.

tuero. Nam pluribus uerbis scripsit ad patrem tuum M. Iunius sodalis, perite meo quidem iudicio et diligenter. Nos a*utem* de iure nat*ur*ae cogitare per nos atque dicere debemus, de iure populi Romani, quae relicta sunt et tradita.

ATTICVS. — Sic prorsum censeo, et id ipsum quod dicis, exspecto.

49 nam G : non A || sodalis perite *G* : sodaliae peritum *A* || autem *edd.* : at A ac *G* || naturae cogitare *edd.* : nate (naturae G) cogitari || sic prorsum *edd.* : sit p(ro) cu(m) *A* sic profecto *G* || quod dicis *edd.* : quae dicis *AG* || exspecto *G* : specto *A*.

M. TULLI CICERONIS DE LEGIBUS LIBER III EXPLICIT A.

FRAGMENTS

I

LIVRE PREMIER

De même que, grâce à une seule et même nature, le Monde reste compact et s'appuie sur des parties qui, toutes, se répondent les unes aux autres ; de même, tous les hommes confondus entre eux par la nature ont beau se disputer par méchanceté, ils ne comprennent pas qu'ils sont parents par le sang et assujettis à une seule et même puissance qui les protège : s'ils avaient conscience de ce fait, à coup sûr les hommes vivraient la vie des dieux.

II

LIVRE TROISIÈME

Comment pourra-t-il défendre les alliés, s'il ne possède pas la distinction des choses utiles et contraires à l'utile ?

III

LIVRE CINQUIÈME

Ne veux-tu donc pas, puisque le soleil ne paraît s'être encore que bien peu éloigné du méridien et que ces jeunes arbres ne font pas assez d'ombre pour couvrir tout l'endroit où nous sommes, ne veux-tu pas que nous descendions vers le Liris et que nous poursuivions ce qui nous reste à discuter, à l'ombre des aulnes qui sont là-bas ?

FRAGMENTA

I

Sicut una eademque natura mundus omnibus partibus inter se congruentibus cohaeret ac nititur, sic omnes homines inter se natura confusi prauitate dissentiunt, nec se intellegunt esse consanguineos et subiectos sub unam eandemque tutelam ; quod si teneretur, deorum profecto uitam homines uiuerent.

LACTANTIVS, *Inst. diu.* V, 8, 10.

II

Qui poterit socios tueri, si dilectum rerum utilium et inutilium non habebit ?

MACROBIVS, *de diff.*, XVII, 6.

III

Visne igitur, quoniam sol paululum a meridie iam deuexus uidetur nequedum satis ab his nouellis arboribus omnis hic locus opacatur, descendamus ad Lirim eaque, quae restant, in illis alnorum umbraculis persequamur ?

MACROBIVS, *Saturn.*, VI, 4, 8.

IV

LIVRE INDÉTERMINÉ

Estimons-nous heureux puisque la mort, ou bien nous apportera une condition meilleure que celle que nous avons pendant la vie, ou bien en tout cas ne nous en apportera pas une pire : car l'esprit gardant sa vigueur, sans qu'il y ait de corps, c'est la vie des dieux ; lorsque manque tout sentiment, il n'y a assurément plus de mal.

IV

Gratulemurque nobis, quoniam mors aut meliorem, quam qui est in uita, aut certe non deteriorem, adlatura est statum ; nam sine corpore animo uigente diuina uita est, sensu carente nihil profecto est mali.

Lactantivs, *Inst. diu.*, III, 19, 2.

NOTES COMPLÉMENTAIRES

I, 2, p. 1, n. 1. Second vers (pentamètre) d'un distique élégiaque. L'auteur, Quintus Scevola, descendant d'une lignée de jurisconsultes célèbres, tribun en 54, ami de Cicéron, s'acquitta de diverses missions en Asie et en Cilicie dans l'entourage de Quintus Cicéron et du proconsul Appius Claudius Pulcher.

I, 2, p. 2, n. 1. *Odyssée*, VI, 162. Il est difficile d'identifier la jeune tige décrite par Ulysse avec le tronc que Latone enserra de ses bras lors de la naissance d'Apollon (Hymne homérique *à Apollon*, I, v. 117.) Cf. Pline, *Hist. nat.*, XVI, 89.

I, 2, p. 2, n. 2. Un extrait de 13 vers, *de Diuinat.*, 106, semble se rapporter au même épisode, présage de la grandeur de Marius : « Hic Iouis altisoni subito pennata satellis... » Le héros aurait vu un aigle aux prises avec un serpent, se débarrasser de son adversaire et prendre son vol vers l'Orient. — Il semble qu'il s'agit d'une composition qui devait être encore assez récente : cf. *ad fam.*, I, 9 (23) à Lentulus (déc. 54) : « fero referoque ad mansuetiores Musas.... »

I, 3, p. 2, n. 3. Q. Tullius Cicero, frère de l'orateur. Sur ce personnage voir *de Oratore*, liv. I., édit. Courbaud (collection G. Budé), p. XXXII.

I, 3, p. 2, n. 4. Légende de Proculus, *de Re publica*, II, 10. Légende de Borée et d'Orithye, dans Platon, *Phèdre* 229 *b*. Dans le dialogue platonicien comme ici l'allusion soulève une discussion, vite écartée, sur la véracité des récits merveilleux.

I, 3, p. 3, n. 1. Légende de Tarquin. Tite-Live, I, 34,9 : un aigle en planant se serait approché de Tarquin, lui aurait enlevé sa coiffe d'augure et la lui aurait reposé sur la tête.

I, 6, p. 4, n. 1. Plaisanterie d'Atticus, qui était féru d'érudition. Les éditeurs ont corrigé : « Rien de plus aride » : *nihil ieiunius* (ou *iniucundius*). *de Orat.*, II, 54, Cicéron donne également une esquisse de l'évolution du genre historique à Rome. Jugement sévère sur les auteurs (*non exornatores rerum sed... narratores*) avec la même exception en faveur de Coelius Antipater.

I, 7, p. 4, n. 2. C. Licinius Macer, tribun en 73. Ses Annales embrassaient l'histoire de Rome. Orateur sans éclat, mais précis, extrêmement attentif aux détails : « mira accuratio » (*Brutus*, 238).

I, 7, p. 4, n. 3. Parmi les historiens qui n'ont encore rien publié, Cicéron doit penser à Lucceius (*ad fam.*, V, 12). Il passe sous silence le nom de Valerius Antias, qui fut pourtant l'une des sources de Tite-Live.

I, 8, p. 5, n. 1. Cicéron marque son embarras à choisir entre le genre des *commentarii* et les études d'histoire contemporaine (cf. Sylla, Lucullus, et plus tard César, Salluste) et la conception d'une histoire générale *ab urbe condita*, telle que l'avaient comprise Lic. Macer et Sisenna.

I, 8, p. 5, n. 2. Ceci fixe la date du dialogue avant 49. Noter d'autre part qu'après 48 Cicéron s'est brouillé avec son frère.

I, 9, p. 6, n. 1. A cette date, l'œuvre écrite de Cicéron ne comprenait encore que les trois livres *de Oratore* et les six livres *de Re publica*. La production livresque de Varron devait être plus vaste : peut-être faut-il entendre : *e nostris*, « de notre groupe, de nous trois ».

I, 10, p. 6, n. 2. Ce rêve d'une vieillesse heureuse et respectée, consacrée à la jurisprudence, avait déjà été exprimé, *de Orat.*, I, 199 (dans la bouche de l'orateur Crassus).

I, 11, p. 7, n. 1. Allusion peut-être au ton moins âpre des discours *post reditum* et du discours sur les Provinces consulaires (56 av. J.-C.) par comparaison avec la vigueur du *pro Roscio Amerino* et des réquisitoires contre Verrès et Catilina. Encore tout cela est-il relatif et ne peut faire oublier la vivacité des invectives contre Clodius et Pison. Il n'en reste pas moins que Cicéron s'attachera à la pratique d'une éloquence plus ample et plus sereine jusqu'au temps de la dictature de César : *pro Marcello, pro Ligario*. Il ne reviendra à un genre plus sec et plus nerveux que sous les critiques des néo-atticistes et reprendra l'éloquence de combat dans les *Philippiques*.

I, 13, p. 7, n. 2. Sur les relations de Cicéron avec Q. Scévola, l'augure, beau-père de Crassus, cf. *Brutus*, 306, et *de Amicit.*, I, 1.

I, 17, p. 10, n. 1. Servius Sulpicius Rufus, le plus grand jurisconsulte de l'époque. Voir *Introduction*, p. XIV. Né en 106, consul en 51, mort en janvier 43. Ami personnel de Cicéron, cf. *Brutus*, 150-153. Éloge de l'homme politique, *IXe Philipp.*

I, 17, p. 10, n. 2. Cicéron expose les principes et les étapes de son argumentation : s'appuyant sur la nature même de l'homme (et non sur des « textes » juridiques), il étudiera 1° le droit naturel, 2° le droit politique, dans ses réalisations concrètes et spécialement dans la législation romaine.

I, 18, p. 11, n. 1. Noter que Platon dans la *République* étudie les notions de justice (δικῄ) et de pouvoir (ἀρχῄ), et non celle de loi ; il ne semble pas non plus dans son traité des *Lois* avoir donné une définition de la « loi » en tant que telle. *Doctissimis uiris* indique que Cicéron songe à toute une école (celle des Stoïciens) et non à un auteur unique, Panaetius, comme on le croit généralement.

I, 19, p. 11, n. 2. Dans *pro Milone*, 19, en 52, Cicéron avait fondé sur le droit naturel (*non scripta, sed nata lex*) la légitimité de défense contre un agresseur. Mais il s'agissait d'un cas concret et déterminé (*si uita nostra in aliquas insidias... incidisset*) et non, comme ici, de l'ensemble de la morale.

I, 20, p. 12, n. 1. Cicéron confirme donc la liaison étroite qui existe entre le *de Republica* et le *de Legibus*.

I, **20**, p. 12, n. 2. Principe admis par toutes les écoles de l'antiquité sans exception, mais pour Cicéron « la nature » se conçoit comme la réalisation d'un « ordre » divin, et sur ce point l'épicurien Atticus ne peut le suivre que par condescendance.

I, **21**, p. 12, n. 3. Les manuscrits portent : *si hoc non probas* : « si tu n'en conviens pas ».

I, **21**, p. 12, n. 4. Allusion à un principe d'Épicure. Cf. Lettre à Ménécée, 123, citée par Robin, *Commentaire* de Lucrèce, t. I, p. cvii. Cicéron sollicite d'une façon un peu tendancieuse le principe de la béatitude divine par l'insouciance absolue.

I, **22**, p. 13, n. 1. Axiome stoïcien, formulé par Chrysippe. Cf. *de Nat. deor.*, II, 16 : « in eo enim solo (homine) est ratio, qua nihil potest esse praestantius. » Cf. I, 25 et 45.

I, **23**, p. 13, n. 2. Les éditeurs séparent : *Si uero...* de *Parent autem...* Il nous semble plutôt que Cicéron a voulu confirmer la solidarité de tous les êtres dans l'obéissance à une loi suprême.

I. **23**, p. 13, n. 3. Vérité stoïcienne, reprise presque dans les mêmes termes, *de Nat. deor.*, II, 154 : « Est enim mundus quasi communis deorum atque hominum domus aut urbs utrorumque : soli enim ratione utentes iure ac lege uiuunt. »

I, **23**, p. 13, n. 4. La relation entre la nature humaine et la nature divine se fonde sur un ensemble de faits : *a*) participation des hommes et des dieux à une *raison* identique, *b*) soumission à un *ordre* commun : *lex, ius, ciuitas*, *c*) enfin, *parenté* réelle (*agnatio*) tenant à l'origine divine de l'âme humaine.

I, **27**, p. 15, n. 1. Cette démonstration de l'état privilégié de l'homme dans la nature sera reprise par Cicéron, *de Nat. deor.*, II. Elle avait fait comme l'auteur l'indique au I, 27, l'objet d'un développement aujourd'hui perdu au l. IV. *de Re publica*. Cf. Lactance, *Opif.*, I, 11, 13. On notera dans cette page qui revêt l'aspect d'un résumé : *a*) une théorie de la finalité des créatures à l'égard de l'homme (cf. *de Nat. deor.*, II, 154 sq.) *b*) une définition du progrès, considéré comme une conquête de la raison humaine bien dirigée et prenant exemple sur la nature. Cicéron s'écarte de la croyance traditionnelle qui attribuait à des bienfaiteurs divins (Cérès, Triptolème, Prométhée) les grandes découvertes civilisatrices. *c*) une description sommaire des facultés physiques et morales de l'être humain. Cf. sur l'expressivité du regard *de Orat.* III, 221-222 : « imago animi uultus ».

I, **28**, p. 16, n. 1. Après avoir montré la communauté existant entre les hommes et les dieux, Cicéron va décrire la communauté résultant, entre les hommes, de la similitude *a*) de leurs principes rationnels, *b*) de leurs réactions psychologiques et affectives, *c*) de leurs réactions morales : solidarité qui sera la base immédiate du droit.

I, **29**, p. 17, n. 1. Cicéron ne conteste pas la diversité effective des caractères, mais au lieu de lui attribuer une signification considérable et de la croire originelle, il l'explique par l'influence des habitudes mauvaises ou des fausses doctrines. Cf. *Tusc.*, I, 108 : « Nationum uarios errores... ».

I, **30**, p. 17, n. 2. Par le mot *intelligentia*, Cicéron semble rendre le grec ἔννοια ou τύπος. Ce sont les mêmes « intuitions » qu'au ch. XII, 33, il nomme par métaphore des « étincelles » : *tanquam igniculi*.

I, **32**, p. 18, n. 1. Il y a ici une lacune dont on a essayé de suppléer le sens. La proposition *quod... meliores efficit* ne peut être directement dépendante de *extremum est*, qui exigerait une prop. infinitive.

I, **33**, p. 19, n. 1. Maxime célèbre de Térence, *Heautontimoroum.*, v. 77.

I, **33**, p. 19, n. 2. Cléanthe, cité par Clément d'Alexandrie (*Strom.*, II, 131) — cf. *Stoic. frag.* I, 558 — disait, περὶ ἡδονῆς, L. II, que Socrate avait prouvé « que le juste et l'homme heureux ne faisaient qu'un ; il maudissait le premier qui avait séparé la justice et l'intérêt, car c'est une impiété de séparer l'utile de la justice fondée sur la loi ». Cf. Cicéron *de Off.*, III, 11 : « Socrate avait coutume de maudire ceux qui avaient séparé en théorie des réalités liées par la nature (*utilitas et honestas*). »

I, **33**, p. 19, n. 3. Au lieu de la sentence τὰ τῶν φιλῶν κοίνα sur la communauté des biens entre amis — citée par Platon, *Lois* V, 739 — qui ne s'adapte que difficilement avec le contexte, nous avons préféré la maxime : *ut unus fiat ex pluribus*, connue de Cicéron, *de Off.*, I, 56.

I, **34**, p. 19, n. 4. Cf. *de Fin.*, I, 70 : « Sunt autem qui dicunt foedus esse quoddam sapientium ut ne minus amicos quam se ipsos diligant. » Idée exprimée en d'autres termes, *de Off.*, I, 56 : « in iis fit ut aeque quisque altero delectetur ac se ipso ».

I, **35**, p. 20, n. 1. Atticus semble exprimer ici une concession faite par une fraction seulement de l'école épicurienne ; la plupart des épicuriens considéraient le « contrat social » comme une invention arbitraire.

I, **36**, p. 20, n. 2. Allusion à la dialectique rigoureuse des écoles modernes (péripatéticiens et surtout stoïciens) par contraste avec la méthode plus ample et discursive des philosophes classiques (Platon).

I, **36**, p. 21, n. 1. Cicéron s'adresse donc à tous les esprits qui reconnaissent la suprématie du bien moral ; mais il écartera délibérément : *a*) les cyrénaïques et les épicuriens, *b*) les hyper-critiques de la Nouvelle-Académie. Parmi les philosophes qui voient dans la morale un bien valable en soi, il distingue ceux qui font du juste et de l'honnête l'objectif exclusif de la nature humaine (stoïciens) et ceux qui, tout en admettant d'autres biens, reconnaissent dans le bien moral un objectif d'ordre supérieur (péripatéticiens). A cette conception tempérée se rattachent, selon lui, les héritiers directs de Platon, c'est-à-dire Speusippe, Xénocrate et Polémon ; les héritiers d'Aristote et de Théophraste, ainsi même que Zénon. Il n'y aurait entre les trois tendances que des divergences de méthode et de vocabulaire ; par contre, il met à part la doctrine intransigeante d'Ariston de Chios pour qui, hors le vice et la vertu, toutes les contingences passent au rang de choses absolument indifférentes (cf. *infra*, 55).

I, **39**, p. 22, n. 1. Les thèses subversives de Carnéade tendant à établir le caractère conventionnel de la justice avaient produit à Rome une forte impression. Cicéron en donne un long exposé, *de Rep.*, III, et juge utile, dans les chapitres qui vont suivre, de reprendre de façon plus serrée la réfutation qu'il avait mise dans la bouche de Lélius.

I, **40**, p. 22, n. 2. Allusion probable aux « purifications » par lesquelles les Pythagoriciens procédaient à l'extinction de certaines fautes : péchés involontaires, fautes rituelles ou alimentaires et peut-être crimes commis envers les animaux. Cf. *de Rep.*, III, 19 : « Pythagoras et Empedocles... clamant inexpiabiles poenas impendere iis a quibus uiolatum sit animal ».

I, **40**, p. 22, n. 3. Lieu commun, inspiré d'Eschine (*contre Timarque*, 190-191) et dont Cicéron a souvent tiré des effets pathétiques : *pro Rosc. Am.*, 24, et *in Pison.* 20 : « Nolite enim putare, Patres conscripti, ut in scaena uidetis, homines consceleratos impulsu deorum terreri Furiarum taedis ardentibus. Sua quemque fraus, suum facinus, suum scelus, sua audacia de sanitate ac mente deturbat. Haec sunt impiorum Furiae, hae flammae, hae faces I. »

I, **40**, p. 23, n. 1. Cf. *infra*, 49.

I, **45**, p. 25, n. 1. La distinction *ius-iniuria* repose donc en dernière analyse sur la distinction réelle des qualités et des défauts (*uirtus-uitium*) ou si l'on préfère, des actions nobles ou déshonorantes (*honesta-turpia*). Il n'est au pouvoir d'aucun législateur de renverser ces notions : la vertu prise dans son ensemble ne peut reposer sur la δόξα, car alors toutes les qualités particulières des êtres, elles aussi, seraient conventionnelles. *Infra*, 47.

I, **47**, p. 27, n. 1. Cicéron s'applique à contredire une assertion de Carnéade, citée dans *de Rep.*, III, 13 : « ius enim... ciuile est aliquod naturale nullum ; nam si esset, ut calida et frigida et amara et dulcia, sic essent iusta et iniusta eadem omnibus ».

I, **49**, p. 28, n. 1. Lactance (*Inst. diu.*, V, 16, 2) résume en ces termes la thèse de Carnéade exposée par Philon, *de Rep.*, III, 21 : « iura sibi homines pro utilitate sanxisse, scilicet uaria pro moribus et apud eosdem pro temporibus saepe mutata, ius autem naturale esse nullum ; omnes et homines et alias animantes ad utilitates suas natura ducente ferri ; proinde aut nullam esse iustitiam aut, si sit aliqua, summam esse stultitiam ».

I, **55**, p. 32, n. 1. Allusion à un texte des XII Tables fixant une tolérance d'usage à l'entour des propriétés et jeu de mots sur le double sens du mot *fines* (« limite » ou « idéal »).

I, **58**, p. 34, n. 1. Une dernière fois Cicéron, avant de s'engager dans l'examen des lois positives, adresse un hommage vibrant à la philosophie.

I, **62**, p. 36, n. 1. Fort de ses connaissances fondamentales, le sage s'appuiera sur les « retranchements » (*saepimenta*) de la logique pour discerner le vrai, mais ne se contentera pas de la logique pure (cf. *Brutus*, 309) : né pour la vie sociale, il cultivera l'éloquence et, au besoin, l'histoire. Comme dans le *de Inuentione* et le *de Oratore*, Cicéron exalte les bienfaits de l'éloquence, mais il rattache étroitement celle-ci à la philosophie : *parens... educatrixque sapientia*.

II, **1**, p. 37, n. 1. Arpinum était le séjour de vacances préféré de Cicéron. Cf. *ad. Quint.*, III, 1, 1, (sept. 54) : « ... in Arpinati summa cum amoenitate fluminis me refeci ludorum diebus. » Tandis que le Liris coule nord-sud dans la direction de Frégelles, son affluent de la rive droite, le Fibrène, coulant d'est en ouest, se divise en deux branches dont l'une passait au pied de la villa de Cicéron.

II, **2**, p. 37, n. 2. On commençait à déployer dans les riches demeures un grand luxe de canalisations artificielles, cascades, fontaines, etc. L'Euripe, bras de mer séparant l'Eubée de l'Aulide, était célèbre par un courant alternatif de ses vagues qui constituait une étrangeté de la nature.

II, **4**, p. 39, n. 1. Sur l'emprise des grands souvenirs historiques ou moraux d'Athènes, *de Fin.*, V, 1, 2.

II, **5**, p. 39, n. 2. Axiome fondamental de droit romain : « Nul ne peut en droit appartenir à deux cités », *pro Balbo*, 28 ; *pro Caecina*, 100. C'est la raison pour laquelle Atticus refusa le titre de citoyen d'Athènes : « quod nonnulli interpretantur amitti ciuitatem Romanam alia adscita » (Corn. Nepos, *Attic.*, 3). Mais ici Arpinum et Tusculum ne sont que des *municipia* et non des « cités ».

II, **5**, p. 40, n. 1. texte corrompu.

II, **6**, p. 40, n. 2. T. Ampius Balbus, tribun en 63, préteur en 58, ami de Cicéron et du parti conservateur. On ne connaît rien du procès en question ni du plaidoyer de Cicéron, auquel fait allusion une remarque incidente de Quintilien, *Inst. orat.*, III, 8, 50. — Marius et Cicéron étaient enfants d'Arpinum.

II, **6**, p. 41, n. 1. Réminiscence littéraire, Platon, *Phèdre*, 230 *b*.

II, **7**, p. 41, n. 2. Villa d'Atticus en Épire, près de la côte adriatique. Dans une lettre écrite en 61, Cicéron se montre très curieux d'avoir des détails sur la situation et la décoration de l'*Amaltheion* d'Atticus et se propose d'en faire son profit pour son installation d'Arpinum (*ad Attic.*, I, 16, 15).

II, **8**, p. 42, n. 1. Cet exposé 8-13 semblerait à première vue une reprise de la démonstration du Livre I. Cependant il ne s'agit plus ici d'édifier à proprement parler une métaphysique du droit, mais de montrer que les lois particulières sont des dérivées nécessaires de la Loi-mère, c'est-à-dire de la raison divine.

II, **9**, p. 42, n. 2. La logique semble exiger ici une négation.

II, **10**, p. 43, n. 1. Expression plus confuse de la même pensée dans Platon, *Lois*, I, 631 : « les choses humaines se ramènent aux choses divines ; les choses divines regardent vers l'intelligence suprême ».

II, **11**, p. 43, n. 2. Texte restitué.

II, **14**, p. 46, n. 1. Sur les prologues de Zaleucus et Charondas, voir A. Delatte, *Essai sur la politique pythagoricienne*, Liège, 1922, p. 177-202. Textes dans Stobée (Hense), IV, 2, 19, 2, 24; Platon, *Lois* 722-723,

II, **19**, p. 49, n. 1. Voir *infra*, II, 28. Cicéron comme beaucoup de Romains (Ennius) s'inspire de la théorie d'Evhémère en vertu de laquelle les dieux sont des personnages historiques ayant mérité l'apothéose. Cf. *de Nat. deor.*, III, 45. — Sur les divinités allégoriques, *de Nat. deor.*, II, 61. Cicéron y mentionne à nouveau la Foi, la Pensée ou l'Esprit (*Mens*), la Vertu, l'Honneur, l'Abondance (*Ops*). la Santé (*Salus*), la Concorde, la Liberté, la Victoire : « Si grande était la force de toutes ces entités que, ne pouvant être dirigées sans l'aide de la divinité, on leur a donné le même nom qu'aux dieux. »

II, **20**, p. 49, n. 2. Cicéron consacre l'autorité des pontifes (mais non du seul *pontifex maximus*) sur l'ensemble du culte et leur prééminence sur les prêtres des différents dieux (les « flamines »), Cf. Tacite, *Ann.*, III, 58.

II, **20**, p. 50, n. 1. Cicéron distingue ainsi dans le personnel religieux : *a*) les prêtres chargés du culte, *b*) les exégètes des prophéties reconnues par l'État (Livres Sibyllins), c'est-à-dire les *quindecemuiri*. Cf. Tacite, *Ann.*, VI, 12. *c*) les interprètes des présages divins, c'est-à-dire les augures romains et, éventuellement, les haruspices.

II, **21**, p. 50, n. 2. Même après la destruction de leur puissance, l'art divinatoire resta le monopole des Étrusques. Cf. Tacite *Ann.*, XI, 15.

II, **21**, p. 50, n. 3. Il s'agit sans doute de supplications nocturnes accomplies par les matrones et aussi des veillées secrètes du culte de la *Bona Dea*.

II, **21**, p. 50, n. 4. Exception en faveur du culte de Cérès, desservi jusqu'à l'époque classique par une prêtresse d'origine campanienne, *pro Balbo*, 55.

II, **22**, p. 50, n. 5. Formule ambiguë qui vise surtout des « vices de forme » dans l'exercice des fonctions religieuses. *Infra*, II, 37 *ad f.*

II, **22**, p. 50, n. 6. Texte obscur et probablement mutilé. Voir commentaire, II, 38.

II, **22**, p. 51, n. 1. Le culte de la déesse phrygienne, *Idaeae Mater* ou *Magna Mater* avait été introduit à Rome en 204, au cours de la seconde guerre punique, Tite-Live, XXIX, 14. Cf. A. Grenier, *Le Génie Romain*, p. 191-193.

II, **22**, p. 51, n. 2. *Parricida* : expression d'origine obscure, ne qualifiant pas exclusivement le meurtre des parents mais encore tout crime monstrueux ou une trahison. On s'étonne de voir un terme si fort employé ici au lieu de *sacrilège*. Cf. II, 40 : « sacrilego poena est ».

II, **22**, p. 51, n. 3. Platon, *Lois*, XII, 948-949 s'était préoccupé de la question du parjure et proposait de renoncer à l'usage du serment. Cicéron se contente d'une sanction morale, très grave, il est vrai, et prononcée ordinairement par les censeurs : *ignominia*, (*de Rep.*, IV, 6.) Cf. *de Off.*, III, 111.

II, **22**, p. 51, n. 4. Plus grave que le *stuprum*, l'*incestum* implique une infraction aux lois du sang et de la religion, et non seulement aux mœurs ; par exemple, le fait de séduire une vestale.

II, **22**, p. 51, n. 5. Loi de Charondas (*apud* Stobée, IV, 2,24), 14 :

« Il faut honorer les morts, non par des larmes et des gémissements, mais par un bon souvenir et l'offrande des fruits de l'année ».

II, **26**, p. 53, n. 1. Loi de Zaleucus, 3 : « Chacun doit maintenir et rendre son âme pure de tout méfait ; car Dieu n'est pas honoré par un méchant homme ni servi par des dépenses ou des discours pompeux comme le serait un méchant homme, mais par la vertu et par l'intention d'agir d'une manière noble et juste. » — Cicéron, *de Rep.*, II, 26-27, insiste sur la simplicité des cérémonies instituées par Numa : « sine impensa... sumptum remouit ».

II, **26**, p. 53, n. 2. Texte mutilé.

II, **27**, p. 54, n. 1. « Les Lares sont les dieux du dehors, tandis que les Pénates sont les dieux de l'intérieur. Leur domaine à la ville, c'est la rue et la place publique ; à la campagne , les champs, les chemins, les carrefours... Ils protègent les serviteurs, les esclaves et tous ceux qui, étrangers par le sang et exclus par là des cultes du foyer, n'en font pas moins partie de la *familia.* » A. Grenier, *Le Génie romain*, p. 441.

II, **27**, p. 54, n. 2. Dans *pro Sestio*, 143, prononcé en 56, Cicéron exprime l'idée que les grands hommes et les héros de la patrie romaine ont droit à des honneurs divins : « quos equidem in deorum immortalium coetu ac numero repono ». Il voit dans Hercule le type même de l'homme qui doit à la vertu son immortalité.

II, **28**, p. 54, n. 3. Sur les divinités allégoriques, voir *supra*, II, 19.

II, **28**, p. 54, n. 4. La purification d'Athènes effectuée sous l'archontat de Solon par le crétois Épiménide après le meurtre sacrilège de Cylon assassiné par les Alcméonides en violation de la parole donnée, a produit chez les anciens une grande impression. Thucydide, I, 126 ; Aristote, *Constit. d'Athènes*, I, 1 ; Plutarque, *Solon*, 12. Les temples furent dédiés à Hybris (l'Outrage) et Anaideia (l'Impudence).

II, **28**, p. 54, n. 1. J.-J. Rousseau, *Émile*, l. IV : « L'ancien paganisme enfanta des dieux abominables qu'on eût punis ici-bas comme des scélérats et qui n'offraient pour tableau du bonheur suprême que des forfaits à commettre et des passions à contenter. Mais le Vice, armé d'une autorité sacrée, descendait en vain du séjour éternel ; l'instinct moral le repoussait du cœur des humains... La chaste Lucrèce adorait l'impudique Vénus ; l'intrépide Romain sacrifiait à la Peur ; il invoquait le dieu qui mutila son père et mourait sans murmure de la main du sien ».

II, **28**. p. 54, n. 2. Attilius Calatinus, consul et censeur au temps de la première Guerre Punique ; toujours nommé avec honneur par Cicéron (*Tusc.*, I, 13 et 110).

II, **29**, p. 54, n. 3. Recommandation rituelle, rappelée par Cicéron, *de Diuinat.*, I, 102 : « Rebusque diuinis, quae publice fierent, ut fauerent linguis imperabatur inque feriis imperandis ut litibus et iurgiis se abstinerent. » Le repos *operum et laborum*, très relatif, accordé aux esclaves, n'excluait que les travaux de force, mais non l'entretien des fossés ou le nettoiement des chemins et des haies. Caton, *de Agricult.*, 2.

II, **29**, p. 54, n. 4. L'année romaine se composait de douze mois de 29 jours ; on y ajoutait, en principe tous les deux ans, un « mois intercalaire » de 22 ou 23 jours. La négligence des pontifes, l'ignorance des faits astronomiques et parfois des complaisances politiques (pour déplacer la date des élections) avaient introduit un grand désordre dans le calendrier. On estime que la date de la mort de Clodius en 52 (18 janvier) correspond au 30 décembre réel. A certains moments le décalage entre l'année civile et liturgique et l'année vraie des saisons et des astres à pu atteindre de 35 à 50 jours, de sorte que, dit Suétone, «les fêtes de la moisson ne tombaient plus en été, ni celles des vendanges en automne » (*Caes.*, 40). Cicéron souhaite rétablir l'harmonie entre le calendrier légal et le cours de l'année agricole. Cf. II, 20. Le désordre dura jusqu'à l'institution du calendrier julien imposé en 46 par César et conçu par le mathématicien Sosigène. A. Grenier, *Le Génie romain*, p. 233-235.

II, **29**, p. 55, n. 1. Tout cela avait été fixé en détail par les lois de Numa définissant les devoirs des pontifes. Cf. *de Rep.*, II, 26-27 et Tite-Live, I, 20, 6 : « quibus hostiis, quibus diebus, ad quae templa sacra fierent ».

II, **29**, p. 55 n. 2. Sur l'importance à Rome du culte de Vesta, Fustel de Coulanges, *La Cité Antique*, III, VI, p. 166-167

II, **30**, p. 55, n. 3. Platon interdit la possession de cultes sacrés dans les demeure privées (*Lois*, X, 909*d*). Cicéron se contente de les soumettre au contrôle des prêtres de l'État, c'est-à-dire des pontifes.

II, **31**, p. 57, n. 1. Cicéron a été profondément flatté de se voir coopté en 53 dans le collège des augures (*Brutus*, I, 1). Octave et Antoine qui firent graver leur titre (AVG) sur les monnaies tiraient un prestige certain de cette fonction. Sur l'importance immense de la consécration augurale dans le droit politique, Fustel de Coulanges. *Cité Antique*, III, 10, p. 214-216.

II, **31**, p. 57, n. 2. *Supra*, II, 14 (Loi Titia).

II, **32**, p. 57, n. 3. Marcus Claudius Marcellus, préteur en 54, qui allait devenir consul en 51 et en 49, et à ce titre, le représentant de la légalité sénatoriale et républicaine au cours de la Guerre civile — à moins qu'il ne s'agisse de son cousin C. Claudius, édile en 56, préteur en 53, consul en 50. Appius Claudius Pulcher, frère aîné du tribun Clodius, consul en 54, proconsul en Cilicie en 53, personnage bizarre, auteur de *libri augurales*, s'intéressait même aux sciences occultes et à la nécromancie (*de Diuin.* I, 32) ; Cicéron appréciait ses connaissances dans l'art augural et le droit (*Brutus*, 267). Aucune mention du traité de M. Valerius Messala, consul en 53, augure, auteur d'un *de Auspiciis*, cité par Aulu-Gelle XIII, 15.

II, **32**, p. 58, n. 1. Argumentation stoïcienne qui sera reprise *de Diuinat.*, I, 82-83.

II, **33**, p. 58, n. 2. Devins des cycles légendaires de la Grèce : Polyeidos de Corinthe, (*Iliade*, V, 148), Mélampode de Pylos (*Odyssée*, XV, 225). Amphiaros jouait un rôle dans l'épopée de Thèbes ; Calchas avait été à Aulis et devant Troie le devin de l'armée achéenne ;

Hélénus était le devin des Troyens. Mopsus, prêtre d'Apollon, participa à l'expédition des Argonautes. Tirésias de Thèbes n'est pas mentionné ici. Cf. *de Diuinat.*, I, 88-89.

II, **33,** p. 58, n. 3. L'histoire merveilleuse d'Attius Navius, augure de Tarquin faisait partie du folklore romain. Cf. *de Diuinat.*, I, 31-32 ; Tite-Live, I, 36, 5. Cicéron confirme *de Rep.*, II, 16 et *de Diuinat.*, I, 11, la science augurale de Romulus et son respect des auspices. Le récit de l'attente des signes divins par Romulus sur l'Aventin et l'apparition des présages favorables, à l'aube de la fondation de Rome, constitue un des épisodes les plus grandioses des *Annales* d'Ennius.

II, **33,** p. 58, n. 4. Solution à la fois conciliatrice et prudente, qui sera reprise *de Diuin.*, I, 75.

II, **34,** p. 59, n. 1. Voir *supra*, II, 20, notes. Cicéron, *de Rep.*, III, 35, a défini les conditions régulières d'une guerre : « nullum bellum iustum habetur nisi denuntiatum, nisi dictum, nisi de repetendis rebus ».

II, **34,** p. 59, n. 2. Les haruspices, devins étrangers souvent tenus en discrédit (à l'encontre des augures), ne furent groupés en « collège » que sous le règne de Claude en 47 ap. J.-C. Tacite, XI, 15. Sur leurs fonctions, *de Diuinat.*, II, 28 sq.

II, **35,** p. 59, n. 3. En l'honneur d'une ancienne divinité italique, *Bona Dea,* plus ou moins apparentée avec Maia, déesse de la végétation, les femmes romaines célébraient en décembre des cérémonies secrètes et nocturnes présidées, semble-t-il, par la femme du grand pontife. A Athènes, pour les Thesmophories de Déméter, les femmes seules organisaient sur la Pnyx un cortège aux flambeaux (Aristophane, *Thesmoph.*, 655 sq.). Les Eumolpides, caste sacerdotale, jouaient héréditairement un rôle dans la célébration du mystère qui s'accomplissait au Iacchéion d'Athènes, dans le Céramique ; dans la nuit du 19 au 20 Boédromion (septembre) une procession nocturne aux flambeaux se rendait à Éleusis. Iacchus est dans la religion orphique un « double » mystique de Dionysos-Bacchus.

II, **36,** p. 60, n. 1. Atticus et Cicéron distinguent expressément de ces fêtes de la foule athénienne les véritables « Mystères » d'Éleusis, auxquels n'étaient admis que des initiés, purs de toute faute grave. Les Romains distingués tenaient à s'y faire admettre. Isocrate, dans son *Panégyrique*, 28, considère que les deux grands bienfaits dus à Athènes sont la découverte du blé et l'accomplissement du mystère (*teleutè*), « dont les participants conçoivent en ce qui concerne la fin de la vie et l'éternelle durée les plus douces espérances ». Cicéron y reconnait au moins les principes d'une vie civilisée et de la foi en l'immortalité.

II, **36,** p. 60, n. 2. Allusion entre autres à l'*Arbitrage* de Ménandre, où une jeune fille a été violentée par un jeune inconnu. Ce genre d'accident était assez fréquent dans les villes grecques.

II, **36,** p. 60, n. 3. Allusion, au scandale, de Clodius qui s'était introduit dans la maison de César à l'occasion des fêtes de la Bonne

Déesse (déc. 62). Clodius, traduit en justice, fut acquitté par 31 voix contre 25 (*ad. Attic.*, I, 16).

II, **37**, p. 60, n. 4. Un temple avait été érigé à Cérès (adorée conjointement avec Liber et Libera) dès 496. Nous ne connaissons pas le caractère de ces initiations, qui devaient coïncider avec les *Ludi Ceriales* (19 avril).

II, **37**, p. 60, n. 5. La répression de la conjuration des Bacchanales (en 186) fut très sévère et le contrôle du culte extrêmement rigoureux : Tite-Live, XXXIX, 13 ; texte du senatus-consulte, dans Ernout, *Textes archaïques*, p. 59. Le Sénat semble avoir profité de l'occasion pour étouffer un soulèvement autonomiste de l'Italie du sud, qui n'en éclata pas moins un siècle plus tard, lors de la Guerre Sociale en 91.

II, **37**, p. 60, n. 6. Diagondas, Dinagoras ? Nous ne connaissons ni l'époque de ce personnage ni la portée de son intervention.

II, **37**, p. 60, n. 7. Allusion à une comédie perdue d'Aristophane : la donnée de cette comédie n'est pas sans rapport avec la discussion burlesque qui fera l'objet de la satire de Sénèque : *Apocolocynthosis*. — Sabazios, dieu originaire de Thrace et des côtes de la Mer Noire, était adoré probablement par les « Scythes » de la police athénienne et les mariniers ou débardeurs du Pirée. — Hostile aux engouements mystiques de la foule à l'égard des dieux étrangers, le Sénat a toujours tenu à sauvegarder la pureté des rites nationaux. Cependant des exceptions étaient prévues et des sacrifices propres à des divinités grecques étaient héréditaires en certaines familles. A l'époque de notre dialogue, le sénat réagit à quatre reprises contre l'introduction de culte d'Isis : en 58, 53, 50 et 48. Cf. Dion Cassius, XL, 47, 3 et XLII, 26, 3.

II, **37**, p. 61, n. 1. Prescription assez obscure que paraît expliquer une remarque de Varron (*de Lingua lat.*, VI, 4, 30) : il s'agit par exemple d'un préteur qui par inadvertance aura rendu la justice un jour « néfaste » : s'il avait agi sciemment, Q. Marcius déclarait la faute irréparable. Mais Cicéron vise évidemment des actes beaucoup plus graves (II, 20, *sacrum commissum*) : innovations sacrilèges ou peut-être engagements exécrables et trahisons perpétrées sous la foi du serment. Exemple : serment des complices de Catilina, Salluste, *Cat.*, 22.

II, **38**, p. 61, n. 2. Texte incertain. Les *corporum certationes* avaient été introduits à Rome en 186 (Tite-Live, XXXIX, 22). L'insistance avec laquelle on souligne la différence de destination entre l'orchestre ou théâtre (*cauea*), réservé aux manifestations musicales et lyriques, et le cirque (*circus*), réservé aux exhibitions sportives, montre que cette spécialisation n'était plus respectée. Question d'actualité : en 55, Pompée, pour l'inauguration de son théâtre, avait successivement produit des tragédies grecques accompagnées d'une mise en scène inouïe, des jeux athlétiques et de gladiateurs et, pendant cinq jours, des *uenationes* de bêtes fauves, le tout couronné par une battue d'éléphants avec mise à mort (*ad fam.*, VII, 1).

II, 38, p. 61, n. 3. Platon, *République*, III, 401-402.

II, 38, p. 61, n. 4. Platon, *Lois*, VIII, 800.

II, 38, p. 61, n. 5. Platon, *Lois*, III, 700.

II, 39, p. 61, n. 6. Platon, *République* IV, 424c : « C'est aussi un grand risque et auquel il faut prendre bien garde que d'adopter un nouveau mode musical ; car nulle part on ne touche aux rythmes sans toucher aussi aux plus grandes lois de la cité ; ainsi parlait Damon et je suis de son avis ».

II. 39, p. 62, n. 1. Texte douteux, que l'on essaye ici de corriger. Cf. *Orator*, 27 : « inclinata ululantique uoce more asiatico canere ». — Nous manquons d'informations sur cette évolution du goût musical qui s'est produite sous l'influence de rythmes orientaux d'Asie ou d'Égypte. Cf. Horace *Art poétique*, 211-215 : « sic priscae motum et luxuriem addidit arti tibicen ». Les airs de Livius et Névius étaient apparemment des *cantica* empruntés à leurs tragédies ; mais qui en avait composé la musique ?

II. 40, p. 62, n. 2. Loi de Zaleucus, 7 (Stobée, IV, 2, 19) : « Tous ceux qui habitent la ville et les autres personnes doivent honorer les dieux selon les rites ancestraux ; les plus belles pratiques nous viennent des ancêtres. »

II, 40, p. 62, n. 3. L'anecdote citée par Xénophon, *Memor.*, IV, 3, 16, n'est pas tout à fait identique à ce récit ; dans Xénophon, l'oracle répond à des particuliers de sacrifier « selon la loi de la Cité ». Lucrèce, *de Rer. Nat.*, II, 626, a décrit en traits expressifs la prodigalité de la foule romaine lors de la grande procession de Cybèle : « aere atque argento sternunt iter omne uiarum || largifica stipe ditantes ».

II, 40, p. 63, n. 1. Prescription qui fut violée en 43 par les triumvirs quand ils se firent livrer les dépôts des citoyens et des étrangers confiés aux Vestales. (Plutarque, *Antoine*, 21). Même d'humbles personnages déposaient leur pécule sous la garde des dieux (Euclion, dans *Aulularia*).

II, 40, p. 63, n. 2. Platon, *Lois*, IV, 716: « Le don offert par un être souillé, il n'est ni un honnête homme ni un dieu qui le tienne pour valable. » Cf. Zaleucus, loi 3 (cité *supra*, II, 25 note).

II, 40, p. 63, n. 3. Texte restitué.

II, 42, p. 64, n. 1. Cicéron rappelle avec amertume les événements qui ont marqué son départ en exil (avril 58). Sa maison fut incendiée et sur l'emplacement on consacra un temple de la Liberté — il dit : de l'Anarchie (*Licentia*). Sur le caractère nul et sacrilège de cette consécration, *pro Domo*, 110-118. A son retour, il lui fallut déployer de grands efforts pour obtenir la restitution du terrain et l'indemnisation de ses dommages. (*ad Attic.*, IV, 1, 7).

II, 42, p. 64, n. 2. Cicéron avant de partir, avait transféré de ses mains au Capitole, demeure de Jupiter, une statuette de Minerve avec l'inscription : « à Minerve, protectrice de Rome » (Plutarque, *Cic.*, 31). D'où la péroraison du *de Domo*, 144, : « Et te, custos Vrbis, Minerua, quae semper adiutrix consiliorum meorum, testis laborum exstitisti. »

II, **42**, p. 64, n. 3. Allusion aux funérailles indécentes de Clodius, brûlé dans la Curie (janvier 52). La plupart de ses compagnons et en particulier Sext. Clodius furent condamnés par le tribunal chargé de juger, en même temps que Milon, tous les perturbateurs impliqués dans le drame de la Voie Appienne et les émeutes qui suivirent.

II, **43**, p. 65, n. 1. Dans son invective *contre Pison* ; 99 (en 56), Cicéron se félicite avec une joie féroce de constater l'effondrement de son adversaire « sed abiectum, contemptum, despectum a ceteris, a te ipso desperatum... uidere te uolui ; uidi ».

II, **44**, p. 65, n. 1. Cicéron, *pro Milone*, 77, évoque l'allégresse universelle ressentie à la nouvelle de la mort de Clodius.

II, **45**, p. 66, n. 1. Traduction d'un passage des *Lois*, XII, 955.

II, **47**, p. 67, n. 1. Sur l'importance suprême de la continuité des *sacra*, Fustel de Coulanges, *La Cité antique*, I, ch. 4 : « la religion domestique » (p. 31-36).

II, **48**, p. 68, n. 1. Primitivement le devoir d'honorer les défunts résultait du sang (ou de l'adoption) ; à une époque ultérieure, il se trouve attaché à la fortune.

II, **49**, p. 68, n. 2. Ainsi, tandis que les jurisconsultes anciens (du IIIe et IIe siècles) ne considéraient que trois cas, *a*) l'héritier, *b*) le possesseur de fait (*usucapio*), *c*) le légataire le plus favorisé (s'il n'y a eu commencement de délivrance de legs), les auteurs du droit classique envisagent cinq éventualités : *a*) l'héritier (par le sang ou l'adoption) *b*) le légataire le plus favorisé, *c*) l'ayant-droit du fait de possession (*usucapio*), *d*) le créancier principal qui se couvre avec les biens du défaut, *e*) le débiteur qui n'aura pas purgé sa dette. Cette évolution tient surtout à la complication croissante de la vie économique, au développement de la richesse monétaire et des opérations financières et à l'importance des « dettes » dans la structure des fortunes. A un certain degré d'endettement, l'emprunteur qui n'a plus rien en propre devient le répondant virtuel et l'héritier possible de son créancier.

II, **50**, p. 69, n. 1. Il faudrait être fixé sur le sens technique du mot *partitio* : peut-être un mode d'attribution « hors part » à des personnes incapables de recevoir un legs : la femme en certains cas, des *peregrini*, des citoyens frappés d'indignité. La *deducta* semble désigner une indemnité forfaitaire ou symbolique de cent sesterces destinée à couvrir les frais des *sacra* (*infra*, II, 53).

II, **50**, p. 69, n. 2. La *donatio* dont il est question concerne les dispositions prises par le fils de famille qui, inapte quel que soit son âge, à faire un testament, ne peut procéder qu'à une *donatio mortis causa*, soumise à la ratification du *pater familias*, *Dig.*, 39, 6, 25, 1: « filius familias qui non potest facere testamentum nec uoluntate patris, tamen mortis causa donare patre permittente potest. »

II, **51**, p. 69. n. 3. Un héritier qui, lors du décès, avait volontairement réduit ses prétentions pouvait (lui ou ses successeurs) essayer de récupérer une part plus importante de l'héritage.

II, **51**, p. 69, n. 4. C'est-à-dire que la *traditio per aes et libram* transforme l'affaire en une transaction commerciale : il n'y a maintenant qu'un contrat de vente, il n'est plus question de succession (cf. 53 *ad f.*). Il ne s'agit donc pas, comme on l'explique, d'un *testamentum per aes et libram*, mais d'un arrangement (*stipulatio*) entre héritiers et légataires après la mort du testateur. Combinaison à laquelle semble faire allusion Gaïus, II, 103, quand il dit qu'autrefois (olim) l'*emptor familiae* « heredis locum obtinebat », tandis que de son temps (nunc) l'*heres* effectif coexistait avec un *emptor familiae* purement théorique. Cf. Gaïus, II, 252 : « Olim autem nec heredis loco erat nec legatarii, sed potius emptoris ; tunc enim in usu erat ei cui restituebatur hereditas nummo uno eam hereditatum dicis causa uenire. » Dans ce cas, le tenant de l'héritage déchargeait l'*heres* en tant que tel : « eo nomine indemnis esset » ; celui-ci d'autre part donnait pleins pouvoirs à son partenaire pour agir en son nom dans le recouvrement des *hereditariae actiones*.

Tout ce passage difficile a été plus ou moins laborieusement expliqué par Savigny, *Vermischte Schriften*, VIII, 1, p. 153 ; Burckhard, *Zeitschrift der Savigny-Stift.*, IX, 1888, p. 305-314 ; G. Lapointe, *C. Mucius Scaevola*, Paris, 1926, p. 112 ; Em. Costa, *Cicerone giureconsulto*, Bologne, 1927. En dernier lieu, étude approfondie de Lescœur : *Des « sacra privata » chez les Anciens*, Paris, 1954. En général, les auteurs ont eu le tort de recourir à des corrections abusives (Savigny, Erdmann) ou de reporter à l'époque de Cicéron des procédures qui n'ont eu cours qu'à l'époque impériale (Burckhard, Costa, Lapointe).

II, **52**, p. 70, n. 1. Cicéron, qui à l'occasion du *pro Domo* s'était trouvé en litige avec les pontifes, a revendiqué la primauté du droit civil sur le droit religieux : 112, « Ego uero si omnia sollemnibus uerbis ueteribus et traditis institutis acta ducerem, tamen me rei publicae iure defenderem. »

II, **53**, p. 70, n. 2. Texte très douteux.

II, **54**, p. 71, n. 1. Passant à l'énoncé des *iura sancta* des dieux Mânes, Cicéron en venait à rappeler que le dernier mois de l'année leur était consacré : non pas décembre, comme l'avait dit Décimus Brutus, érudit contemporain du poète Accius (*Brutus*, 107), mais février selon l'usage traditionnel (Ovide, *Fast.*, II). L'opinion de D. Brutus est mentionnée par Plutarque (*Quaest. Rom.*, 34). Les *feralia*, confondues avec les *parentalia*, tombaient entre le 13 et le 21 février.

II, **55**, p. 71, n. 2. Aulus Manlius Torquatus, pontife, personnage du IIe siècle.

II, **55**, p. 71, n. 3. Définition du *sepulcrum* d'après Aelius Gallus : « sepulcrum est locus in quo mortuus sepultus est, quod antiqui *bustum* appelabant ; isque cippis aut alia aliqua re mortui causa designatus est, intra quos fines sepultura est facta ». Festus, 399. Cf. dans C. G. Bruns, *Fontes iuris Rom. antiqui*, p. 307-313, une série d'inscriptions concernant la protection des *sepulcra*.

II, **56**, p. 72, n. 1. L'autel de la Source (Fons) se trouvait près du Janicule.

II, **56**, p. 72, n. 2. La *gens Cornelia*, à laquelle appartenaient les Scipions, fut pendant tout le cours du IIIe et du IIe siècle une des familles les plus puissantes de l'aristocratie romaine.

II, **56**, p. 72, n. 3. La réaction de Sylla contre Marius et ses partisans, après une guerre civile impitoyable, eut un caractère terroriste très marqué (88-82).

II. **57**, p. 72, n. 4. Le tombeau des Scipions se trouvait sur la voie Appienne au delà de la porte Capène. L'épitaphe du premier Africain par Ennius nous a été transmise par Sénèque, *Ep.*, 108, 33. Dans une autre épitaphe d'un Lucius Scipion, mort à 20 ans vers la fin du IIe siècle, on lit également : « Is hic situs qui numquam uictus est uirtutei » (Ernout, *Textes archaïques*, 16).

II, **57**, p. 72, n. 5. Les manuscrits portent : *et gleba* uocatur. Sur les formalités funéraires, Cf. Daremberg et Saglio, *Dict. des. Antiq.*, t. II, 2, 1393-1398 (art. *funus*).

II, **59**, p. 74, n. 1. L'interdiction d'employer la hache avait pour but d'éviter le contact du fer ; même prescription en ce qui concrenait le pont Sublicius (Plutarque, *Numa*, 9). Il s'agit d'une croyance très ancienne ; il est curieux de constater par contre que le symbole de l'*ascia* sur les tombeaux apparaîtra avec une fréquence singulière aux IIe et IIIe siècles de l'ère chrétienne.

II, **59**, p. 74, n. 2. Rapprochement très approximatif avec le grec *elelizein*, « pousser un cri de deuil (ou de douleur) ».

II, **59**, p. 74, n. 3. Plutarque, *Solon*, 21 : « Il mit une limitation aux sorties des femmes, aux deuils et aux fêtes, écartant tout ce qui était désordonné ou excessif... Il interdisait de se déchirer le visage, les lamentations ou vociférations à l'occasion des funérailles d'autrui. » Cf. *infra*, II, 64.

II, **61**, p. 76, n. 1. Définition du *uestibulum* par Aelius Gallus *apud* Aulu Gelle, XVI, 5, 3 : « locum ante ianuam domus uacuum per quem a uia aditus accessusque ad aedes est ».

II, **62**, p. 76, n. 2. Douteux : le mot grec est *thrênos*.

II, **62**, p. 76, n. 3. C. Marcius Figulus, consul en 64. On ignore la date de sa mort.

II, **63**, p. 77, n. 1. Texte douteux.

II, **64**. p. 77, n. 2. Servius, *Aen.*, XII, 606 : « Mulier faciem ne carpito. »

II, **65**, p. 78, n. 1. Pittacus, personnage légendaire, législateur de Mitylène.

II, **65**, p. 78, n. 2. La dépense : *pecunia*. Les manuscrits portent *poena*.

III, **1**, p. 81, n. 1. Selon Lactance, Cicéron aurait nommé Platon « le dieu des philosophes » (cf. *de Rep.*, IV, 5, Ziegler). — Les épicuriens professaient à l'égard de leur fondateur une admiration exclusive, sinon intolérante. Cf. Lucrèce, *de Rer. Nat.*, V, 8 : « deus ille fuit, deus... ».

III, **3**, p. 82, n. 1. Idée stoïcienne, cf. I, 23. *Hymne à Jupiter*, de

Cléanthe : « A toi obéit tout ce monde qui enveloppe la terre, partout où tu veux le mener, et qui de plein gré est gouverné par toi. »

III, 4, p. 82, n. 2. Les livres *de Republica*, parus en 54.

III, 5, p. 83, n. 1. Platon, *Lois*, III, 701.

III, 6, p. 84, n. 1. C'est le droit d'*intercessio* (ou intervention) de la part d'un magistrat collègue ou supérieur ou, plus tard, des tribuns de la plèbe, mettant obstacle au pouvoir pénal des préteurs ou consuls; et le droit de *prouocatio* ou d'appel, une des premières conquêtes de la révolution républicaine, confirmée par une loi de Valérius Poplicola (*de Rep.*, II, 53-54).

III, 6, p. 83, n. 3. Voir *infra*, III, 44.

III, 6. p. 84, n. 1. La distinction entre magistratures majeures et magistratures mineures repose sur le droit religieux et, en dernière analyse, sur la distinction entre auspices majeurs et auspices mineurs : « Maxima auspicia sunt consulum, praetorum, censorum... Reliquorum magistratuum minora sunt auspicia. » Aulu-Gelle, XIII, 15, 4.

III, 6, p. 84, n. 2. Les *legati*, officiers généraux, étaient nommés par le sénat. Les tribuns militaires assuraient le commandement des légions sous leur autorité. Autrefois désignés par le peuple, leur nomination à l'époque de César et de Cicéron était réservée aux chefs des armées.

III, 7, p. 84, n. 3. Les édiles, au nombre de quatre, élus par les tribus, non par les centuries, assuraient le ravitaillement de Rome, la célébration des jeux et le maintien de l'ordre : c'était le premier degré du *cursus honorum*.

III, 7, p. 84, n. 4. Les censeurs (magistrature créée en 443) avaient une compétence financière et procédaient au classement des citoyens dans les cadres électoraux et civiques de l'État : d'où leur droit d'introduire ou d'exclure les membres du Sénat et de l'ordre équestre. Ils n'exerçaient effectivement leur charge que pendant dix-huit mois. Leur pouvoir avait été considérablement réduit par Sulla.

III, 8, p. 84, n. 5. Le préteur, tant à Rome que dans les provinces, incarne essentiellement le pouvoir judiciaire, soit qu'il juge personnellement ou préside des tribunaux (*quaestiones*), soit que par un *edictum* il fixe en général les principes du droit, soit que par les *formulae* qu'il délivre, il définisse les clauses et conditions de chaque procès particulier.

III, 8, p. 85, n. 1. Faisant des consuls sous la dénomination générale de « préteurs », l'expression la plus haute de la magistrature romaine, Cicéron leur attribue, mais solidairement, le pouvoir suprême : *regio imperio*.

III, 9, p. 85, n. 2. Ces conditions, fixées d'abord par la loi *Villia* en 180, avaient été modifiées par la Loi *Rusca* en 132 (*de Orat.*, II, 261) et la Loi *Cornelia*, de Sylla (en 81). Il y avait aussi des conditions d'âge pour le commandement des armées (*Brutus*, 282).

III, 9, p. 85, n. 3. Magistrature exceptionnelle et de courte durée, la dictature n'était créée que dans des cas d'urgence ; la « dictature » de durée indéfinie exercée par Sulla (82), puis par César (48-44), n'a de commun que le nom avec cette charge ancienne. Le Maître de Cavalerie était sous la République l'adjoint normal du dictateur. — *Aue sinistra*, « sous des auspices de gauche », c'est-à-dire, un auspice venant de l'est quand on regarde vers le midi ; du nord, quand on regarde vers le soleil levant, Cf. Varron, cité par Festus, 454, 1. Romulus, prenant les auspices de Rome, avait vu venir sur sa gauche le présage désiré : « ex alto longe pulcherrima praepes || *laeua* uolauit *auis* ». (Ennius).

III, 9, p. 85, n. 3. Ce paragraphe définit les pouvoirs proconsulaires des magistrats hors de Rome : pouvoirs qui, avec l'expansion des conquêtes, avaient pris une importance considérable et donnaient lieu aux plus grands abus. (Cf. *in Verrem*, III et IV). — *Duella iusta... gerunto*: les adversaires de César, et en particulier Caton, avaient protesté avec violence contre l'illégalité des opérations militaires de César en Gaule. *Cum laude redeunto* : allusion peut-être aux *laudationes* ou actions de grâce que les villes et les provinces adressaient aux magistrats à l'issue de leur commandement.

III, 9, p. 85, n. 4. Le tribunat de la plèbe, qui ne possède pas les auspices, est un organe de défense et non, à proprement parler, une magistrature :ce n'est qu'à la suite d'une évolution qui a demandé plusieurs siècles que les tribuns ont acquis un pouvoir politique, lié lui-même au développement des assemblées de la plèbe, devenues peu à peu souveraines et maîtresses d'imposer leurs décisions (*plebiscita*) au sénat.

III, 10, p. 85, n. 5. Le Sénat est donc le grand conseil des magistrats du Peuple Romain, en charge ou sortis d'exercice.

III, 10, p. 86, n. 1. Voir ci-dessous, 33-38.

III, 10, p. 86, n. 1. Cicéron prévoit pour le peuple la faculté de créer des magistratures ou des missions exceptionnelles dans un but défini il réserve aux magistrats supérieurs et aux tribuns de la plèbe le droit de convoquer le sénat ; ces derniers auront en outre le droit d'initiative des lois.

III, 11, p. 86, n. 2. C'est un axiome du droit grec que tout citoyen « doit venir en aide aux Lois », βοηθεῖν τοῖς νόμοις.

III, 11, p. 86, n. 3. Les comices centuriates : *de Rep.*, II, 61.

III, 12, p. 87, n. 1. Cicéron insiste sur le caractère profondément romain de sa constitution.

III, 13, p. 88, n. 1. Personnage inconnu ; à moins qu'il n'y ait eu erreur de transcription et qu'il ne soit question de Diogène de Séleucie, auteur d'un traité des *Lois*, qui prit part avec Carnéade à l'ambassade des philosophes athéniens à Rome en 155 : « Vir optimus Diogenes... » (*de Diuin.*, II, 91).

III, 14, p. 88, n. 2. Toute cette littérature, inspirée d'un esprit beaucoup plus positif que ne l'étaient les œuvres de Platon, est aujourd'hui perdue à l'exception de la *Constitution d'Athènes* d'Aristote et de quelques fragments de Théophraste. Sur Démétrius de Phalère, *supra*, II, 64.

III, 16, p. 89, n. 1. Théopompe, roi de Sparte, ratifia, peut-être par contrainte, l'amoindrissement du pouvoir royal au profit des éphores. *de Rep.*, II, 58. Cf. Fustel de Coulanges, *La Cité Antique*, IV, 3, p. 286 (Révolutions de Sparte).

III, **16**, p. 89: n. 2. Cicéron définit en termes excellents le caractère négatif du tribunat de la plèbe, institution de protection des droits et des personnes. Cf. *de Rep.*, II. 59.

III, **18**, p. 90, n. 1. Des missions extraordinaires et sans mandat précis (*legationes liberae*) permettaient à des sénateurs de poursuivre en province et aux frais des provinciaux le recouvrement de leurs intérêts privés. Cicéron parle ailleurs d'une Loi *Iulia*, fixant la durée limite de ces *legationes* (5 ans ?) *ad Attic.*, XV, 11, 4.

III, **18**, p. 90, n. 2. Nous ne connaissons rien de cette affaire : s'agit-il du tribun Rullus ?

III, **19**, p. 91, n. 1. Cicéron, maintenant rallié à l'aristocratie, en butte aux attaques de plusieurs tribuns, insiste sur le caractère révolutionnaire de l'institution tribunicienne : *de Rep.*, II, 59 : « duobus tribunis plebis per seditionem creatis, ut potentia senatus atque auctoritas minueretur ».

III, **19**, p. 91, n. 2. C. Flaminius fut un des personnages marquants de la République, à la fin du IIIe s., Tribun en 232, il avait proposé le partage des territoires de Gaule cisalpine et du Picénum. Consul en 223 et 217, mort au Lac Trasimène. Quintus exprime ici non sans partialité la rancune des conservateurs à l'encontre des réformateurs agraires qui voulaient transférer aux plébéiens la propriété des terres conquises.

III, **20**, p. 92, n. 1. D. Brutus Callaecus s'était illustré par ses opérations de guerre en Espagne. P. Scipion, grand pontife, devait se signaler par son opposition énergique aux réformes de T. Gracchus qu'il finit par faire tuer. L'événement s'est produit en 138 à l'occasion d'une levée de troupes. Tite-Live signale un fait semblable qui serait arrivé en 151 et dont auraient été victimes les consuls Postumius Albinus et L. Lucullus (*Epit.*, XLVIII). Cicéron et Polybe ne connaissent rien de cette histoire.

III, **20**, p. 92, n. 2. La tradition des historiens classiques a toujours été de présenter sous des couleurs odieuses l'action des Gracques, et surtout celle de Caius Gracchus : tout projet de loi agraire étant en principe considéré comme subversif et démagogique. Cf. Cicéron, *de Lege agraria*.

III, **20**, p. 92, n. 3. L. Apuleius Saturninus, auteur des *Apuleiae leges* (II, 14) fut l'un des chefs extrémistes du parti de Marius ; massacré en 99. P. Sulpicius Rufus, tribun en 88, promoteur d'une loi tendant à améliorer le statut des Italiens et des non-citoyens, dut recourir à la force pour les imposer ; fut avec Marius victime du *pronunciamento* de Sylla. Tous ces événements coïncident avec la crise aiguë qui se développe, de 133 à 90 av. J.-C., des Gracques à la Guerre dite Sociale.

III, **21**, p. 92, n. 4. Clodius, patricien né dans la *gens Claudia*, se fit adopter par P. Fonteius pour pouvoir se faire élire tribun et exercer une influence plus directe sur la plèbe : cette adoption, dit Cicéron, n'était pas régulière (*de Domo*, 34-38). Pendant les années 58-57, Clodius exerça une véritable dictature par intimidation et fit décréter par le peuple le bannissement de Cicéron.

III, **24**, p. 93, n. 1. Dans *pro Cluentio*, 138, Cicéron, parlant du tribun L. Quinctius, dit que le peuple romain, naturellement calme, ne résiste que difficilement aux appels séditieux : « intelligi potest... populum Romanum hominum seditiosorum uocibus, ut uiolentissimis tempestatibus, concitari » Cf. Introduction, p. XLIX.

III, **26**, p. 95, n. 1. Sur Gracchus et Saturninus, *supra*, III, 20. Popilius Laenas, consul en 132, fut banni par C. Gracchus en 123. Q. Caecilius Metellus, ennemi de Saturninus, joua par ailleurs un grand rôle dans la guerre contre Jugurtha.

III, **26**, p. 95, n. 2. Éloge des grands Athéniens exilés : Thémistocle, Miltiade, Aristide, *pro Sestio*, 141-142 (écrit en 56).

III, **27**, p. 96, n. 1. Cicéron ne dissimule pas le caractère arbitraire des auspices devenus entre les mains des hommes politiques un moyen d'ajournement ou de veto. Cf. *ad fam.* II, 33 et III, 43. Le consul Calpurnius Bibulus, collègue de César en 59, avait discrédité le procédé en y faisant constamment appel.

III, **28**, p. 96, n. 2. En droit, et malgré les dispositions prises par Sylla et vite abrogées, les décisions du Sénat étaient soumises à la ratification du peuple.

III, **30**, p, 97, n. 1. L. Licinius Lucullus, consul en 74, avait pris une part glorieuse en Asie Mineure à la guerre contre Mithridate ; il se retira de la vie politique lors de la formation du triumvirat. Cicéron a célébré ses talents militaires : « ut neque maius bellum commemorari posset neque maiore consilio et uirtute gestum. (*pro Murena*, 33).

III, **32**, p. 98, n. 1. *Supra*, II, 38-39.

III, **35**, p. 100, n. 1. Loi Gabinia en 139, sur les élections ; Loi Cassia en 137, sur les jugements (étendue en 107 par C. Cœlius aux cas de haute trahison) ; Loi de Papirius Carbo en 131 s'appliquant au vote des lois dans les comices. Sur L. Cassius, « ipsa tristitia et seueritate popularis » (*Brutus*, 97 et 106) ; C. Popilius Laenas, battu par une nation helvète, les Tigurins, avait consenti à une capitulation désastreuse (Orose, V, 15). Marcus Gratidianus, grand-oncle de Cicéron, originaire d'Arpinum ; son fils, neveu par adoption du grand Marius, fut un partisan fougueux de Cinna ; mort tragiquement en 82 sur ordre de Catilina. M. Æmilius Scaurus, consul en 105 et 108, chef du parti des nobles, très admiré par Cicéron. (*de Orat.*, I, 214 ; *pro Murena*, 36 ; *pro C. Rabirio*, 21, 26). — Autre critique de la Loi Cassia, *pro Sestio*, 103).

III, **38**, p. 101, n. 1. Dans la *République*.

III, **38**, p. 102, n. 1. Loi Maria, en 119.

III, **39**, p. 102, n. 2. Cicéron ne se fait plus d'illusions, cf. *Epist. ad Quint.*, III, 1 (écrite en sept. 54). Il avait pourtant, étant consul, fait approuver un sénatus-consulte précisant les dispositions de la loi Calpurnia (*pro Murena*, 67). Dans le *pro Plancio*, 44, en 56, il souligne que les lois sur la brigue ne sauraient interdire la mise en jeu des facteurs psychologiques : recommandation, prestige, reconnaissance : « ut suffragatio, ut obseruantia, ut gratia tolleretur ».

III, **39**, p. 102, n. 3. Manque un développement relatif aux charges extraordinaires de *procuratores* ou *legati*, créées par le Sénat.

III, **40**, p. 103, n. 1. Sur la discrétion qu'il convient d'apporter lors des délibérations politiques au Sénat, *de Orat.*, II, 333 : « ergo in suadendo nihil est optabilius quam dignitas ».

III, **40**, p. 103, n. 2. Allusion à l'obstruction fameuse de Caton qui, pour faire échec à César avait occupé la tribune d'où il avait fallu le faire arracher par un licteur (Plutarque, *Cato*, 45) ; Aulu-Gelle, IV, 10.

III, **41**, p. 103, n. 3. Cf. *de Oratore*, I, 159 et 202 ; II, 334 : « ad consilium autem de republica dandum, caput est nosse rem publicam ».

III, **42**, p. 104, n. 1. Licinius Crassus, consul en 95, l'un des protagonistes du *de Oratore*. C. Claudius Pulcher, consul en 92. Cn. Papirius Carbo, tribun en 92, consul en 85, fougueux partisan de Marius et Cinna.

III, **43**, p. 104, n. 2. Cicéron *de Rep.*, II, 46 cite la maxime : « in conseruanda ciuium libertate esse priuatum neminem ». De là vient qu'il approuve sans réserve l'action du pontife P. Scipion Nasica, *priuatus*, meurtrier de Tib. Gracchus (*Catil.*, I, 3).

III, **43**, p. 105, n. 1. La loi Caecilia Dindia, en 89, exigeait l'affichage préalable du projet pendant une durée de *trium nundinum*, interdisait l'amalgame de projets différents. (Cf. Costa, *Cic. giure consulto*, p. 313). Cf. *pro Domo*, 50-53 ; un seul texte, un seul objet.

III, **44**, p. 105, n. 2. La loi doit toujours garder un caractère général. C'est pourquoi Clodius, pour obtenir le bannissement de Cicéron, qui ne fut pas l'objet d'une condamnation par les tribunaux, fit passer une loi interdisant l'eau et le feu à « quiconque » avait fait périr sans jugement un citoyen romain.

III, **44**, p. 105, n. 3. « legem praeclaram », dit Cicéron, *de Rep.*, II, 61.

III, **45**, p. 106, n. 1. Cicéron revient sans cesse sur l'illégalité dont il a été victime. Cf. *pro Domo*, 68 ; *pro Sestio*, 73.

III, **45**, p. 106, n. 2. Lucius Aurelius Cotta, consul en 65, censeur en 64, promoteur de la réforme qui en 70 rendit à l'ordre équestre et aux *tribuni aerarii* la possession des tribunaux : un des chefs du parti démocrate modéré.

III, **45**, p. 206, n. 3. Aristote, *Constit. d'Athènes*, 54, 3-4, appelle ce fonctionnaire γραμμάτευς. Eschine, *Ctésiph.*, 75 se félicite de la conservation des actes publics.

III, **47**, p, 107, n. 1. C'est l'institution de l'*euthyna*, inhérente au droit public d'Athènes. Cf. *Introduction*, p. LII. Pour les questions financières, l'instruction était de la compétence des *logistes* ; elle relevait des *thesmothètes* pour la responsabilité politique des stratèges. Aristote, *Const. d'Ath.*, 59, 2. A Rome, la procédure de la *diuinatio* donnait au tribunal le droit de choisir l'accusateur quand il y avait compétition entre plusieurs *accusatores uoluntarii*.

III, **49**, p. 108, n. 1. M. Junius Congus Gracchanus. Personnage à peu près inconnu ami de l'orateur Antoine et de Titus Pomponius. On ignore à quel titre il était *sodalis* de ce dernier.

TABLE DES MATIÈRES

Ce volume,
le cent cinquante-sixième
de la série latine
de la Collection des Universités de France,
publié aux Éditions Les Belles Lettres,
a été achevé d'imprimer
en février 2022
par La Manufacture Imprimeur
52202 Langres Cedex, France

N° d'édition : 10172
N° d'impression : 220139
Dépôt légal : février 2022